cosystem – February 2022 Update #2
"SOURCES"
SOUTH FRONT
ANALYSIS & INTELLIGENCE
CRIMEA
Source: UST
АФ
ANTIFASHIST
UKRAINE
Source: AP
VT VETERANS TODAY
Serving the Clandestine Community
UNITED STATES
Source: Newsy
TELEGRAM "ANALYSTS"
N OLIGARCHS
OZHIN
KONSTANTIN MALOFEEV
KATEHON
RUSSIA
Source: USDOS
Геополитика.ru
RUSSIA
Source: USDOS
ROUP
ЦАРЬ ГРАД
TSARGRAD TV
RUSSIA
НОВОРОССИЯ
NOVOROSINFORM
RUSSIA
Info ops
Militias
KREMLIN AMPLIFIERS
ZeroHedge
BULGARIA
Source: New Republic/ AP
GlobalResearch
Centre for Research on Globalization
globalresearch.ca / globalresearch.org
CANADA
Source: USDOS
RUSSIA INSIDER
Epstein didn't kill himself
RUSSIA
Source: EUvsDisinfo
THEDURAN
CYPRUS
Source: EUvsDisinfo
Unz Review
RUSSIA
Source:
EUvsDisinfo
FRN
SERBIA
Source: EUvsDisinfo
ARMS WATCH
SERBIA
Source: Myth Detector
The Saker
UNITED STATES
Source: EUvsDisinfo
Center for Syncretic Studies
SERBIA
Source: NYT
gnum
JSSIA
Primary language
French
Spanish
Polish
Arabic
Multiple
Russian
English
Georgian
Source: https://miburo.substack.com/
M. Glicker
R. Chernaskey
C. Watts
L. Mejia
MIBURO

Arndt Freytag von Loringhoven
Leon Erlenhorst

Putins Angriff auf Deutschland

Arndt Freytag von Loringhoven
Leon Erlenhorst

PUTINS ANGRIFF AUF DEUTSCHLAND

DESINFORMATION, PROPAGANDA, CYBERATTACKEN

Econ

Wir verpflichten uns zu Nachhaltigkeit
• Papiere aus nachhaltiger Waldwirtschaft und anderen kontrollierten Quellen
• Druckfarben auf pflanzlicher Basis
• ullstein.de/nachhaltigkeit

FSC www.fsc.org MIX Papier | Fördert gute Waldnutzung FSC® C014496

Econ ist ein Verlag
der Ullstein Buchverlage GmbH
2. Auflage 2024
ISBN: 978-3-430-21119-2

Redaktion: Ulrich Wank

Gesetzt aus der Adobe Caslon Pro
Satz und Repro: LVD GmbH, Berlin
Druck und Bindearbeiten: GGP Media GmbH, Pößneck
Printed in Germany

You may not think you are at war with Russia, but Russia is behaving as if it were at war with you.

Anne Applebaum

INHALT

Einleitung 9

TEIL 1 HYBRIDER KRIEG

Kapitel 1 Russlands Weg in den Krieg 18
Kapitel 2 Propaganda und die sowjetische Erfindung der Desinformation 47
Kapitel 3 Internet und soziale Netzwerke – das neue Spielfeld für russische Propaganda 63
Kapitel 4 Die Akteure – eine Krake, viele Tentakel 77
Kapitel 5: Wie funktioniert Putins Informationskrieg? 102

TEIL 2 ZIELSCHEIBE DEUTSCHLAND

Kapitel 6 Deutschland im Visier 126
Kapitel 7 Eskalation auf allen Ebenen 144
Kapitel 8 Wir schaffen das – nicht. Migration 2015/2016 159
Kapitel 9 Covid-19: Eine Chronologie russischer Informationsmanipulation 169
Kapitel 10 Aufstieg extremistischer Parteien 180
Kapitel 11 »Testlabor« Ukraine 203
Kapitel 12 Deutschland und die Ukraine 215
Kapitel 13 Der Krieg in Gaza und die linke Propaganda des Kreml 227
Kapitel 14 Künstliche Intelligenz und die Propaganda der Zukunft 234

TEIL 3 WAS TUN?

Kapitel 15 Eine Bilanz 262
Kapitel 16 Was tun wir? Was tun andere Länder? 273
Kapitel 17 Empfehlungen für eine wehrhafte Demokratie 288

ANHANG

Danksagung 307
Abbildungsverzeichnis 309
Anmerkungen 311

EINLEITUNG

Am 16. Februar 2024 starb Alexej Nawalny, der einzig verbliebene Regimekritiker, der Präsident Putin hätte gefährlich werden können. Wenige zweifelten daran, dass sein Tod Mord war und, wie so viele andere, vom Kreml befohlen wurde. Doch sofort tauchten in den sozialen Medien die abenteuerlichsten Theorien über die Hintergründe auf. So soll es die CIA gewesen sein, die Nawalny umbrachte, um Putin die Schuld in die Schuhe schieben zu können. Oder die Ukraine, um an milliardenschwere Hilfsgelder aus den USA zu gelangen. Nein, Nawalny wurde von einem Covid-Impfstoff getötet. Alles falsch, niemand anderer als Nawalnys eigene Ehefrau Julija und ihr angeblicher »Boyfriend« steckten dahinter.

Keine Verschwörungstheorie war zu absurd, zu zynisch, zu eiskalt kalkuliert, um nach dem Tod des Oppositionspolitikers von Moskaus Informationskriegern nicht ins Feld geführt zu werden. Es war das typische Muster, das Russland seit vielen Jahren anwendet. Unmittelbar nach dem Ereignis folgt eine Breitseite von Propaganda und Desinformation, um die wahren Hintergründe der Tat zu verschleiern und die Öffentlichkeit zu verwirren und von den Tatsachen abzulenken, bis eine klare Analyse kaum mehr möglich ist. Wir kennen dieses Muster von vergangenen Morden an Regimekritikern wie der Journalistin Anna Politkowskaja oder dem Politiker Boris Nemzow und von den Überfällen auf die Ukraine und Syrien. Dieses Vorgehen wendet der Kreml auch bei der Manipulation des deutschen Informationsraums an.

Spätestens seit 2016 ist offensichtlich, dass Moskau Desinformation, Propaganda und Cyberattacken für seine Ziele in aller Welt einsetzt, ohne jede Rücksicht auf die Souveränität anderer Staaten und Gesellschaften. Der dreiste Cyber-Diebstahl Tausender E-Mails aus dem Umfeld Hillary Clintons, ihre anschließende gezielte Veröffentlichung und die millionenfache Verbreitung von propagandistischen Mitteilungen in sozialen Netzwerken vor den US-Wahlen hätten ein Weckruf für die demokratische Welt sein müssen. Die skrupellose Vorgehensweise bewies, dass Russland den Willen und die Mittel besitzt, um in der digitalen Welt seine Macht mitten in unsere Gesellschaften hinein zu projizieren. Ein neueres Paradebeispiel für die Propaganda des Kremls stellen die Falschnachrichten dar, welche bereits wenige Stunden nach dem Attentat auf Donald Trump im Juli 2024 in Umlauf gebracht wurden. Russische Akteure verbreiteten in sozialen Netzwerken massenhaft die Meldung, dass Biden in Kooperation mit der Ukraine das Attentat geplant habe. Wie wir noch sehen werden, nutzt der Kreml Großereignisse und Krisensituationen wie diese oft als Trittbrettfahrer, da allgemeine Unsicherheit der perfekte Nährboden für Propaganda ist.

Beispiele auch aus vielen anderen Ländern zeigen, dass der Einsatz von Manipulation und Sabotage an der Tagesordnung ist. Schätzungen zufolge wird staatlich gesteuerte Desinformation heute von mehr als 80 Ländern betrieben. Ermöglicht durch einen rasanten technischen Fortschritt, zuletzt durch künstliche Intelligenz, sind Propaganda, Desinformation und

Cyberattacken zu einer Bedrohung erster Güte für alle demokratischen Gesellschaften geworden. Der jährliche Risikoausblick des renommierten Weltwirtschaftsforums bezeichnet Desinformation im Jahr 2024 sogar als größte Bedrohung weltweit, noch vor Kriegen und Klimaerwärmung!

DER RUSSISCHE INFORMATIONSKRIEG GEGEN DEUTSCHLAND

In Deutschland stellen nach Meinung von mehr als 80 Prozent der Bevölkerung vorsätzlich verbreitete Falschinformationen im Internet eine Gefahr für die Demokratie und den gesellschaftlichen Zusammenhalt dar. Dieser erfreuliche Realismus geht indes nicht einher mit einem tieferen Verständnis für die Hintergründe der Bedrohung. Vor allem wird bei uns die Bedeutung *russischer* Akteure dramatisch unterschätzt. Dabei sind Moskaus »aktive Maßnahmen« im Netz und den sozialen Medien gerade bei uns besonders weit verbreitet – wir sehen sie nur nicht oder wollen sie nicht sehen. Deutschland ist das wichtigste europäische Ziel in Putins Informationskrieg. Wir sind einem permanenten Trommelfeuer von Fake News und Propaganda ausgesetzt, gerade im »Superwahljahr« 2024. Bei den meisten Debatten über umstrittene und kontroverse Themen, von Migration, Covid, dem Ukraine- und dem Gazakrieg wie dem Aufstieg der AfD, hatte Moskau seine Finger im Spiel. Systematisch und planvoll legt es Russland darauf an, unsere Demokratie zu schwächen, die Gesellschaft zu spalten und die Unterstützung für die Ukraine zu unterlaufen. Doch arbeitet der Mechanismus dieser Kampagne größtenteils unter dem öffentlichen Radar. Außer einer Handvoll Experten realisiert kaum jemand das wahre Ausmaß der massiven Informationsmanipulation, die aus Moskau gesteuert wird.

Wie ist dies zu erklären? Warum wissen wir so wenig darüber? Oder *wollen* so wenig darüber wissen? Weshalb unterschätzen wir noch immer Putins Entschlossenheit, Deutschland zu schaden und zu schwächen und dafür alle verfügbaren Mittel der Manipulation und Sabotage einzusetzen? Liegt es daran, dass Russland in anderen Ländern noch aggressiver vorgeht? Zwar hat es scheinbar einen Frontalangriff auf die Demokratie wie bei den Präsidentschaftswahlen in den USA und in Frankreich in Deutschland bisher nicht gegeben. Doch erfolgt die Einflussnahme bei uns auf eine subtilere, indirektere Weise, dafür aber in wahrhaft gigantischem Ausmaß.

Oder liegt unser mangelndes Verständnis daran, dass die Menschen mit den rasanten technologischen und gesellschaftlichen Veränderungen der neuen Medien überfordert sind? Tatsache ist, dass die Verbote der russischen Staatsmedien RT DE und Sputnik in Deutschland nur dazu geführt haben, dass der Strom der Propaganda und Desinformation über Nacht andere Wege gefunden hat: TikTok, Telegram, Facebook, Twitter, YouTube und Instagram. Er ist weniger sichtbar geworden, doch gerade deswegen umso gefährlicher. Die Funktionsweisen von sozialen Netzwerken schaffen Räume, die den perfekten Nährboden für effektive Propaganda- und Desinformationskampagnen bieten.

Es könnte auch sein, dass andere Länder, etwa in Osteuropa oder Skandinavien, Russland illusionsloser einschätzen als wir.

Zwar hat sich mit der »Zeitenwende« unser Blick auf Russland verändert, doch ist bei vielen Deutschen immer noch nicht angekommen, dass Russland nicht nur einen militärischen Krieg in der Ukraine, sondern auch einen hybriden Krieg gegen den Westen führt. Wir reagieren immer noch überrascht, wenn sich herausstellt, dass Moskau Spione im BND führt, dass es die Bundeswehr abhört oder die Pandemie als Instrument nutzt, um Vertrauen in die deutsche Regierung und Medien zu unterminieren. Im Land der angeblichen »Russland-Versteher« wird die Bedrohung durch Russland noch immer unterschätzt.

Russland ist heute ein gewaltbereiter, imperialistischer und revanchistischer Staat, viel gefährlicher als die späte Sowjetunion, die in Europa den Status quo erhalten wollte. Die Bedrohung für unseren Kontinent ist heute weitaus größer als damals. Hinzu kommt, dass die Rückkehr Donald Trumps ins Weiße Haus dazu führen könnte, dass die Sicherheitsgarantie, die den NATO-Mitgliedsstaaten 75 Jahre Frieden garantiert hat, erstmals von den USA infrage gestellt und aufgeweicht werden könnte. Auch wenn das noch nicht entschieden ist: Von beiden Seiten, aus dem Westen und dem Osten, verschlechtert sich also gleichzeitig unsere Sicherheit. Eine fatale Koinzidenz. Wir haben kaum noch Zeit, um uns für den Ernstfall zu wappnen.

Mit diesem Buch wollen wir bewusst machen, dass die von Moskau ausgehende Bedrohung nicht weit entfernt an der Peripherie Europas stattfindet, sondern real, massiv und mitten unter uns. Der Informationskrieg schwächt unsere Gesellschaft, ohne dass wir es unmittelbar merken. Er ist wie eine radioaktive Bestrahlung, die wir nicht wahrnehmen, die unseren Organismus aber schleichend schädigt. Wir müssen endlich aufwachen. Ein neuer Realismus, ein strategischer Gesamtansatz und entschiedene Gegenmaßnahmen sind dringend und überfällig.

MACHEN WIR NICHT DASSELBE?!

Gleich zu Beginn möchten wir einige häufig gestellte Fragen zu Russlands Informationskrieg ansprechen:

Warum dürfen russische Staatsmedien sich nicht ebenso ungehindert äußern wie westliche Medien? Russische Staatsmedien wollen nicht objektiv informieren, sie verfolgen eine politische Agenda und sind aus dem Kreml gesteuert. Sie sind, wie Russland selbst sagt, »Waffen« in einem Informationskrieg. Deshalb ist es richtig, sie zu sanktionieren.

Wo liegt die Grenze freier Meinungsäußerung? Wann ist Zensur gerechtfertigt, ja geboten? Hier muss unterschieden werden zwischen den Inhalten und dem Mechanismus der Beeinflussung. Geht es um vorsätzliche systematische Einflussnahme, etwa durch das Amplifizieren prorussischer Positionen durch Bot-Netzwerke, die Mitteilungen millionenfach verbreiten oder um das gezielte Targeting von Bevölkerungsgruppen, so muss sich der demokratische Staat dagegen wehren. Geht es aber um Inhalte, so sind Vorsicht und Zurückhaltung bei der Kontrolle geboten. Der demokratische Staat darf seine Grundwerte auch unter hohem Druck nicht preisgeben. Damit würde er endgültig zum Opfer bösartiger Manipulation. Allerdings hat auch das Recht auf freie Meinungsäußerung Grenzen.

Nutzen westliche Regierungen nicht ähnliche Methoden? Richtig ist: Auch sie streuen ihre Narrative und auch diese sind von Interessen geleitet. Allerdings geschieht dies in einem medial freiheitlichen Umfeld, transparent und unter den Bedingungen eines freien Meinungswettbewerbs. An diesen Kriterien müssen sich demokratische Staaten messen lassen. Tun sie dies nicht, können auch für sie Einschränkungen geboten sein.

Schließlich: *Werden Kampagnen wirklich aus Russland gesteuert und verbreitet? Gehen sie nicht vielmehr von Menschen in unserem Land aus, die aus irgendeinem Grund kremlfreundliche Positionen einnehmen?* Tatsächlich existiert in Deutschland beides, was den Umgang mit Desinformation stark erschwert. Deutschland und die Deutschen haben aus vielerlei Gründen ein historisches Sonderverhältnis zu Russland. Wenn jemand vor diesem Hintergrund Frieden in der Ukraine, billiges Gas oder Migrationsbeschränkung fordert, so ist dies nicht illegitim. Aber wir wollen zeigen, dass eine Parallelität deutscher und russischer Positionen häufig kein Zufall ist und wir in weit größerem Ausmaß von außen manipuliert werden, als wir es wahrnehmen.

Um die Antworten auf solche Fragen müssen wir ringen. Oberste Maxime muss bleiben, unsere demokratischen Grundwerte nicht preiszugeben. Ein »Wahrheitsministerium« wie in George Orwells Vision *1984* kann keine Option sein. Aber das darf nicht bedeuten, dass wir uns dem aggressiven Informationskrieg wehrlos ausliefern. Unsere freiheitlichen Werte werden von außen hemmungslos ausgenutzt. Sie werden von autoritären Staaten als Schwäche angesehen, während gleichzeitig der digitale Fortschritt ungeahnte Möglichkeiten des Angriffs bietet. Demokratien müssen die richtige Balance zwischen Wehrhaftigkeit und Prinzipientreue finden. Schaffen wir das nicht, liefern wir uns schutzlos einer Macht aus, die unsere Demokratie und unsere Sicherheit im Kern bedroht.

Die Manipulation unserer Öffentlichkeit, unseres Informationsraums, muss endlich als eine vorrangige Frage nationaler Sicherheit behandelt werden. Andere Länder haben das schon lange begriffen. Deutschland muss endlich aufwachen.

Berlin, den 13. August 2024
Arndt Freytag von Loringhoven und Leon Erlenhorst

TEIL 1
HYBRIDER KRIEG

KAPITEL 1: RUSSLANDS WEG IN DEN KRIEG

»We would like to play chess, but they are already punching us in the face.«

Jakub Kalenski

In seiner gefeierten Rede vor dem Deutschen Bundestag am 25. September 2001 sagte der russische Präsident Wladimir Putin: »Für unser Land ist der stabile Frieden auf dem Kontinent das Hauptziel.« Und weiter: »Das starke und lebendige Herz Russlands ist für eine vollwertige Zusammenarbeit und Partnerschaft geöffnet.« Nach der Ansprache erhoben sich die deutschen Abgeordneten zu einer stehenden Ovation. Es war eine historische Rede, so die feste Überzeugung der Anwesenden. Ganz Deutschland wünschte sich, dass die Ära, die mit Michail Gorbatschow begonnen hatte, für immer weitergeht. Mit der Rede Putins schien dieser Wunsch Wahrheit zu werden. Die furchtbaren Kriege und Katastrophen des 20. Jahrhunderts, in deren Epizentrum Deutschland und Russland standen, schienen endgültig Geschichte. Eine neue Ära des Friedens und der Kooperation mit Moskau deutete sich an, so der allgemeine Eindruck.

Wie anders ist es gekommen! Seit 2014 führt Russland Krieg in Europa, einen brutalen Angriffskrieg gegen die Ukraine, nur wenige hundert Kilometer von Deutschlands Grenze entfernt, mitten in Europa. Zuvor hatte es Georgien überfallen, große

Teile des Territoriums besetzt und anschließend Syriens Diktator Baschar al-Assad mit seinen Streitkräften und der »privaten« Wagner-Armee militärisch unterstützt. Ihnen verdanken Assad wie inzwischen auch eine Reihe afrikanischer Diktatoren den Erhalt ihrer Macht. Russland befindet sich heute in einem dauerhaften Kriegsmodus.[1] Es herrschen Kriegswirtschaft und Kriegszensur. Beinahe 40 Prozent seines Haushalts gibt Moskau im Jahr 2024 für innere und äußere Sicherheit aus. Hunderttausende junge Männer werden mobilisiert. Neue Massenvernichtungswaffen wurden entwickelt und nahe der westlichen Grenze des Landes stationiert. Seit spätestens 2014 führt Russland einen Krieg auch gegen den Westen[2] – nicht einen militärischen, aber einen »hybriden« Krieg, der auf vielen Ebenen stattfindet – mittels Desinformation, Propaganda, Cyberattacken und nuklearen Drohungen.

Russlands Präsident hat sich also mitnichten als der Friedensbringer entpuppt, den viele nach seiner Berliner Rede in ihm erkennen wollten. Er ist auch alles andere als ein »lupenreiner Demokrat«, als den ihn Bundeskanzler Gerhard Schröder einmal bezeichnete. Nein, Wladimir Putin hat sich als rücksichtsloser Diktator erwiesen, der die zarte Pflanze der russischen Demokratie seiner Gier nach Macht und seiner grenzenlosen Kontrollsucht untergepflügt hat. Nachdem er sein Versprechen, Wachstum und gesellschaftliche Stabilität zu garantieren, nicht erfüllen konnte, zog er die imperiale Karte, um seine Macht zu zementieren. Putin ist heute ein großrussischer Imperialist, dessen wichtigstes Ziel es ist, die alte Größe des Zarenreichs wieder herzustellen, um sein System zu sichern. Sein Weg ist von Leichen gesäumt. Gegner und Kritiker hat er systematisch kaltgestellt, viele von ihnen umbringen lassen. Mit seinem Revanchismus und Größenwahn stellt er eine existenzielle Bedrohung für den Frieden in Europa und der Welt dar.

RÜCKFALL IN DEN IMPERIALISMUS

Wie konnte es zu einer solch fatalen Entwicklung kommen, einem Rückfall in die dunkelsten Zeiten der europäischen Geschichte?

Im Rückblick wird klar: Eine derartige Entwicklung war vielleicht angelegt, aber nicht vorgezeichnet; sie war nicht zwangsläufig. Vielmehr vollzog sie sich schrittweise und häufig in Reaktion auf bestimmte Ereignisse im In- und Ausland. Man kann die Verhärtung von Putins Politik nur nachvollziehen, wenn man die Tiefenschichten der neueren Geschichte Russlands gründlich analysiert und die tektonischen Umbrüche im Land seit 1989 zu verstehen versucht. Auch muss man sich den persönlichen Werdegang Putins vor Augen führen, von seinen bescheidenen Anfängen in den Hinterhöfen Sankt Petersburgs über die tiefe Prägung durch den sowjetischen Geheimdienst KGB bis zu seinem kometenhaften Aufstieg an die Spitze des russischen Staates. Hier ist nicht der Ort, diese Entwicklungen im Einzelnen nachzuzeichnen. Doch ist ein Grundverständnis der Persönlichkeit des Präsidenten und der Befindlichkeit seines Landes unverzichtbar, um die Natur des »Systems Putin« und das Ausmaß der Bedrohung, die Russland heute für Europa und die Welt darstellt, zu ermessen.

Putin trat 1999 an als »pragmatischer Nationalist«[3]. Durch seine Erfahrungen als junger KGB-Spion in Dresden war er, soweit bekannt, schon damals skeptisch gegenüber westlichen Werten und Zielen. Nach seiner Überzeugung war Russland über Jahrhunderte eine Großmacht gewesen, und dies sei heute nicht anders. Trotz dieses ungebrochenen geopolitischen Anspruchs war der neue Präsident der Auffassung, dass die Zukunft Russlands in einer engeren wirtschaftlichen und politischen Zusammenarbeit mit dem Westen liegen müsse. Er war deshalb anfangs zu einer umfassenden Kooperation mit dem Westen, mit Europa und den USA bereit, weil er dies als besten Weg sah, um Russland in die Moderne zu führen. Putin umgab sich mit liberalen Ökonomen. Russland trat dem Europarat, den G7 und der WTO bei und baute die Zusammenarbeit mit der EU und der NATO aus. Nach den Terroranschlägern von 9/11 in New York und Washington öffnete Putin einen militärischen Korridor für die USA in Zentralasien und schloss die russische Abhörstation auf Kuba. All dies zeigt: Putin setzte zu Anfang seiner Herrschaft auf eine Modernisierung seines Landes durch den Westen. Dabei konnte er an sein Vorbild und bedeutenden Petersburger Vorgänger, Zar Peter den Großen, anknüpfen, der seinem rückständigen Reich vor drei Jahrhunderten ein sprichwörtliches Fenster zum Westen öffnete.

Europa und besonders Deutschland gingen damals freudig, ja enthusiastisch auf Putins Werben ein. Man sah in seinem Kooperationsangebot enorme Chancen – einen bedeutenden Zukunftsmarkt für die deutsche Wirtschaft und zuverlässige, billige Energieimporte. Im Auswärtigen Amt entwickelte man die Konzepte einer »Modernisierungspartnerschaft« und der »Annäherung durch Verflechtung«[4], mit der sich Willy Brandts ostpolitische Formel »Wandel durch Annäherung« scheinbar nahtlos in die Gegenwart fortentwickeln ließ. Je enger die Zusammenarbeit, desto unwahrscheinlicher würden Konflikte und Kriege in Europa werden – dieses Denken prägte beharrlich und über lange Jahre nicht nur die deutsche, sondern die gesamte westliche Russlandpolitik. Auch aus heutiger Sicht war es vernünftig, dem Angebot zur Zusammenarbeit eine Chance zu geben und in die Beziehung mit Putin zu investieren. Nach beinahe einem Jahrhundert geprägt von ideologischer Konfrontation und Kaltem Krieg bot sich die historische Chance für eine friedliche Kooperation mit Russland. Doch mischte sich in diese rationale Beurteilung von Anfang an ein erhebliches Maß an Wunschdenken. Ein regelmäßiger nüchterner Realitätscheck, in welcher Form auch immer, fand nicht statt. Wesentliche Entwicklungen in Russland, die nicht in das rosige Bild passen wollten und zur Sorge hätten Anlass geben müssen, wurden übersehen oder ausgeblendet.

So war bereits von Beginn an deutlich, dass Putin zur Erreichung seiner Ziele auf Krieg und Gewalt setzte. Als Präsident Jelzin ihn 1999 zu seinem Nachfolger bestimmte, war Putin, der seine Karriere in der Schattenwelt der Geheimdienste und später in den Korridoren des Kremls gemacht hatte, gerade einmal zwei Prozent der Bevölkerung bekannt. Seine Wahl zum Präsidenten wurde nur durch den Zweiten Tschetschenienkrieg möglich, der ihn auf einen Schlag im ganzen Land bekannt machte und ihm große Popularität verschaffte. Der Vorwurf[5] wiegt schwer, dass dieser Zweite Tschetschenienkrieg nicht durch islamistische Terroristen, so die offizielle Version, sondern vom russischen Geheimdienst ausgelöst wurde. Nach den Bombenanschlägen auf Wohnblocks in Moskau und Umgebung, bei denen 367 Menschen ums Leben kamen und mehr als 1000 verletzt wurden, fanden sich in Rjasan Spuren, die die Handschrift des russischen Inlandsgeheimdiensts FSB trugen. Einiges spricht dafür, dass diese Explosionen vom FSB inszeniert wurden und die Schuld anschließend den Tschetschenen in die Schuhe geschoben wurde, um einen Vorwand für einen neuen Krieg zu erhalten. Sollte das so gewesen sein, ist es kaum vorstellbar, dass Putin als FSB-Chef davon nichts wusste, zumal er maximal von dieser Entwicklung profitierte.

Der Krieg gegen die tschetschenischen Untergrundkämpfer wurde so geführt, wie die Weltöffentlichkeit es später in Syrien und der Ukraine sehen würde – mit unerbittlicher Härte, unmenschlichen Folterungen und Menschenrechtsverletzungen. Er hat das Verhalten der russischen Armee nachhaltig geprägt. Wie sehr, wird erst heute in vollem Ausmaß deutlich. Indem der Westen damals wegschaute und den Terror und die gesetzwidrigen Aktionen der russischen Militärs geschehen ließ, ohne Konsequenzen zu ziehen, gab man Russland ein Signal, dass zur Durchsetzung seiner Interessen alles erlaubt ist.

Der neue Präsident war und ist tief geprägt durch den KGB und dessen geheimdienstliche Methoden. Lügen, Täuschen und Manipulieren gehören ebenso zum Werkzeugkasten des sowjetischen Geheimdienstes wie Belohnung, Erpressung, Gewalt und Mord. Putin hatte in Dresden erlebt, dass der »wind of change«, die Massendemonstrationen für Freiheit und Demokratie, die alte Ordnung hinwegfegte mitsamt den Werten, die ihn geprägt hatten und für die er lebte. Putin hat damals Freiheit und Demokratie nicht als Befreiung, sondern als elementare Bedrohung erlebt – und daraus offensichtlich den Schluss gezogen, dass der Staat, sein Staat, nie wieder einen derartigen Kontrollverlust zulassen dürfe. Die Folge war, dass er später als Präsident die junge, erst im Werden begriffene russische Demokratie zu einem Potemkinschen Dorf umbaute. Demokratische Errungenschaften – freie und faire Wahlen, eine freie Presse und unabhängige Zivilgesellschaft – wurden zügig und konsequent demontiert, bis von ihnen allenfalls noch die Fassaden übrig blieben. Die klarsichtige Moskauer Politologin Lilija Schewzowa prägte bereits in den Nullerjahren den Begriff der »imitierten Demokratie«.

WARNUNGEN WURDEN NICHT ERNST GENOMMEN

Es fehlte nicht an Warnungen. Ehemalige Dissidenten wie der Gründer der Menschenrechtsorganisation »Memorial« Arseni Roginski warnten schon 2002 vor »Rückfällen in die Vergangenheit als Folge eines bis heute nicht überwundenen imperialen und totalitären Staatsbewusstseins«. Zu diesen Rückfällen zählte Roginski den Krieg in Tschetschenien, die Geheimhaltungsmanie und die Schaffung von politischen Mechanismen zur Realisierung der sogenannten »gelenkten Demokratie«.

Bereits 1994, also lange vor Putins Amtsantritt, wies der estnische Präsident Lennart Meri bei der Hamburger Matthiae-Mahlzeit 1994 darauf hin, dass Moskauer Politiker weiterhin eine Rolle als »primus inter pares« im Raum der ehemaligen Sowjetunion beanspruchten. Er machte im demokratischen Westen eine »bedenkliche Tendenz aus, die sich aus Bequemlichkeit als Realpolitik ausgebe«. Dies sei die Neigung zu einer Haltung, die man als »Appeasement« bezeichnen könne. Im Saal befand sich auch der damalige stellvertretende Bürgermeister von Hamburgs Partnerstadt Sankt Petersburg. Er verließ noch während der Rede Meris empört den Saal. Sein Name war Wladimir Wladimirowitsch Putin.

Im Westen, zumal in Deutschland, nahm man solche Warnungen nicht ernst, und tat sie vielfach ab als »emotionale« Reaktionen ehemals unterjochter Völker und Personen. Man äußerte Mitgefühl für deren tragische Geschichte, hielt sie aber nicht für fähig, die Lage »nüchtern« beurteilen zu können. Viele Deutsche waren überzeugt, die besseren »Russland-Versteher« zu sein, rationaler und weitblickender als Polen und Balten, die Jahrhunderte unter der russischen Knute zu leben hatten und deshalb zu einer rationalen Einschätzung des neuen Russlands angeblich nicht in der Lage waren. Deutschland betrachtete Russland weiter als ein Land, mit dem man trotz aller autoritären Entwicklungen vernünftig zusammenarbeiten und gute Geschäfte machen konnte.

Ein wesentlicher Grund für die verbreitete deutsche Überheblichkeit war die Erfahrung mit Michail Gorbatschow. Die deutsche Diplomatie hatte deutlicher und früher als andere die Jahrhundertchance erkannt, die sich durch die neue Politik von Glasnost und Perestroika für Frieden und Freiheit in Europa bot. Die Bundesregierung setzte früh darauf, Gorbatschow »beim Wort zu nehmen«, wie es der deutsche Außenminister Hans-Dietrich Genscher 1986 formulierte. Anfangs im westlichen Ausland und von der Mehrheit der Sowjetexperten belächelt, erwies sich die ausgesteckte Hand Deutschlands später als weitsichtig und ungemein erfolgreich. Sie half, den Weg zur deutschen Wiedervereinigung, dem Zusammenbruch des Kommunismus und des Sowjetreichs zu bahnen. Hieraus jedoch zu schließen, dass Deutsche dauerhaft ein besseres Verständnis Russlands gepachtet hätten und dass auch Gorbatschows Nachfolger vom Geist der Partnerschaft und Zusammenarbeit beseelt sein müsse, erwies sich später als eine ebenso große Fehleinschätzung, wie die Beurteilung von Gorbatschows Politik seinerzeit richtig gewesen war. Die deutschen »Russland-Versteher« galten bald in Osteuropa – und nicht nur dort – als naiv, besserwisserisch und arrogant.

VERHÄRTUNG NACH INNEN UND AUSSEN

Zwar strebte Putin zu Beginn seiner Amtszeit eine enge Zusammenarbeit mit dem Westen an. Doch war diese Haltung wohl schon damals ambivalent. Denn er betrachtete den Westen zwar wirtschaftlich als Kooperationspartner, aber politisch mit seiner Demokratie und den Menschenrechten einerseits als schwach und dekadent, andererseits aber auch als eine Bedrohung für sein autokratisches System. Es dauerte nicht lange, bis Putin begann, nach innen wie nach außen einen härteren Kurs einzuschlagen. Den Ausschlag dafür gaben die sogenannten Farbrevolutionen, demokratische Machtwechsel in einigen Nachfolgestaaten der Sowjetunion, von denen noch die Rede sein wird. Putin und der Kreis, der mit ihm an die Macht gekommen war, sah in diesen Umwälzungen eine Gefahr für den eigenen Machterhalt. Nach den aus seiner Sicht chaotischen Jelzin-Jahren bestand die wichtigste Aufgabe darin, den Staat wieder stark zu machen. Die Angst vor einem

Sturz durch die Bevölkerung war bei Putin immer präsent, so sein damaliger enger Vertrauter, der Politologe Gleb Pawlowski.[6] Putin ließ deshalb die »Vertikale der Macht« ausrufen, um den Einfluss der Zentrale gegenüber den russischen Föderationssubjekten, also den Verwaltungseinheiten Russlands, wieder zu stärken. Ergänzt wurde die Machtvertikale durch die von Putins Spindoktor Wladislaw Surkow ersonnene »gelenkte« oder »souveräne« Demokratie.

Es waren von Anfang an Konzepte, die gegen ein liberales, pluralistisches Demokratieverständnis gerichtet waren, und Formeln, die dazu dienten, die allmähliche Aushöhlung der Demokratie zu beschönigen und zu verschleiern. Wahlen wurden gefälscht und die freie Presse schrittweise gleichgeschaltet. Die unter Jelzin nahezu allmächtig gewordenen Oligarchen wurden der Putinschen Vertikale untergeordnet. An dem unbeugsamen, politisch ambitionierten Michail Chodorkowski wurde ein Exempel statuiert. Sein modernes Ölimperium Jukos wurde zerschlagen, Chodorkowski selbst zu zehn Jahren Straflager verurteilt. Mutige Regimekritiker wie Boris Nemzow und später Alexej Nawalny oder unerschrockene Journalistinnen wie Anna Politkowskaja wurden umgebracht, aller Wahrscheinlichkeit nach im direkten Auftrag des Kremls.

Der obsessive Drang, alles und jedes bis ins Letzte unter staatlicher Kontrolle zu haben, bestimmte durchweg Putins Herrschaft. Anfangs achtete Putin noch auf ein Gleichgewicht zwischen Liberalen, Technokraten und sogenannten »Silowiki«, hohen Beamten aus den »Machtministerien«. Doch bereits im Verlauf der ersten Amtsperiode Putins begannen sich die Silowiki durchzusetzen. Wirtschaftsreformer wie Premier Michail Kassjanow oder später Putins Berater Andrej Illarionow gingen in die Opposition oder ins Ausland. Die Politologin Olga Kryschtanowskaja fand schon 2004 heraus, dass 78 Prozent der Moskauer Machtelite sich die Sporen beim KGB oder der Armee verdient hatten. Dieser Trend setzte sich konsequent fort. Russland ist heute – einmalig zumindest in Europa – ein Geheimdienststaat. Von Verschwörungsdenken und Kontrollwahn bis zur Tradition »aktiver Maßnahmen« im Ausland ist Putins Russland zutiefst durch diese Erfahrung geprägt.

Zugleich nahm die Ideologisierung aus dem national-patriotischen Lager immer stärker zu. Typisch hierfür ist der 2012 gegründete »Izborski Club«, eine Vereinigung ultarechter Nationalisten und »Eurasier« wie Alexander Dugin, Alexander Prochanow oder Sergej Glasjew. Dugin, einer der wichtigsten Ideengeber einer aggressiven, antiwestlichen Großmachtpolitik, geht von einer Konfrontation zwischen der atlantischen Welt und Eurasien aus, die prinzipiell unvermeidlich und unlösbar ist. Für ihn ist der Wiederanschluss der Krim und der gesamten Ukraine nur der erste Schritt auf dem Weg zu einer russischen Rückeroberung von Teilen Osteuropas und Asiens.

Der Abbau der Demokratie in Russland nahm mit Putins Rückkehr an die Macht 2012 dramatisch zu. Dieses Jahr beginnt mit dem Arabischen Frühling, dem scheinbaren Siegeszug der Demokratie in der arabischen Welt – ein Albtraum aus Putins Sicht. Es endete in Russland mit 120.000 Demonstranten auf dem Moskauer Sacharow-Prospekt. Nach einer durchsichtigen Rochade, dem vierjährigen Ämtertausch mit seinem Intimus Dmitri Medwedew, wollte Putin 2011 ins Präsidentenamt zurückkehren. Die Wahlen wurden massiv gefälscht und die Massenproteste gegen die Fälschungen niedergeschlagen. Danach nahm die Repression erheblich an Schärfe zu.

Putin beschuldigte die damalige US-Außenministerin Hillary Clinton, das »Signal« für die Protestversammlungen in Russland gegeben zu haben. Russland müsse seine Souveränität schützen. Keinesfalls dürfe es zu einem »Chaos« wie bei den sogenannten Farbrevolutionen, der »Orangenen Revolution« in der Ukraine 2004 oder der »Tulpenrevolution« in Kirgisistan 2005, kommen. In der wachsenden Furcht, dass der Widerstand gegen Putins Herrschaft anschwellen könnte, wurde die Tätigkeit der politischen Opposition, der freien Presse und der Zivilgesellschaft immer drastischer eingeschränkt. Heute gibt es nach Angaben der Menschenrechtsorganisation Memorial wieder mehr als 600 politische Gefangene in Russland, mehr als dreimal so viel wie in der späten Sowjetunion. Die Paranoia der Obrigkeit geht so weit, dass schon für das Niederlegen einer Nelke am Grab des Oppositionspolitikers Alexej Nawalny oder die geringste Kritik an der »Spezialoperation« in der Ukraine ein mehrjähriger Freiheitsentzug verhängt werden kann.

Schon im Jahr 2005 hätte man hellhörig werden sollen, als Putin den Zerfall der Sowjetunion als »größte geopolitische Katastrophe des 20. Jahrhunderts« bezeichnete. Dabei ging es ihm nicht um das Ende des Kommunismus, dem Putin keine Träne nachweinte. Nein, ihm ging es um das verloren gegangene russische Imperium, das über Jahrhunderte gewachsen war, rund um den Globus respektiert beziehungsweise gefürchtet wurde und plötzlich jäh implodiert war. Für Putins Herrschaft bestimmend wurde der Gedanke der Revanche, die Wiederauferstehung des großen russischen Reiches. Dieser Leitgedanke ersetzte bald die anderen Ziele, die noch zu Beginn seiner Amtszeit eine ebenfalls wichtige Rolle gespielt hatten, wie die Modernisierung von Staat, Wirtschaft und Gesellschaft.

PUTIN – DER ANTI-GORBATSCHOW

Nach Auffassung von Steve Covington, dem langjährigen Russlandberater des Oberbefehlshabers der NATO, hat Putin um 2007 eine weitreichende strategische Weichenstellung getroffen.[7] Der Präsident habe damals begriffen, dass Russland mit dem Westen ökonomisch nicht mithalten könne, weil dies einen politischen Wandel erfordern würde, der Putins Herrschaft gefährlich geworden wäre. Es sei, so Covington, nicht die militärische Macht der NATO, die Putin fürchte, sondern seien die Prinzipien, auf die das Bündnis gründe: Freiheit, Demokratie und Rechtsstaatlichkeit. Diese bedrohten Putins Herrschaft in existenzieller Weise. »Wir sehen, dass die Doktrin der Menschenrechte angewandt wird, um die Souveränität der Staaten zu zerstören, die politische, finanzielle, wirtschaftliche und ideologische Dominanz des Westens zu rechtfertigen«, erklärte Putin im Dezember 2022. Putin habe sich deshalb, so Covington, für einen Kurs der Konfrontation mit dem Westen entschieden und strebt seither das Ziel an, das europäische und internationale Sicherheitssystem aus den Angeln zu heben.

Nach dieser Logik stand Putin letztlich vor einer ähnlich fundamentalen Weichenstellung wie Gorbatschow zwanzig Jahre vor ihm: wirtschaftliche Modernisierung oder Konsolidierung der Großmacht zur Absicherung der präsidialen Herrschaft. Gorbatschow entschied sich für die Modernisierung des Landes durch Glasnost und Perestroika und verspielte damit am Ende, wie Putin und seine Anhänger es sehen, die Sowjetunion. Putin, der Gorbatschow zutiefst verachtet und nicht einmal zu seinem Begräbnis erschien, traf die entgegengesetzte Entscheidung. Er erkannte, dass sein anfänglicher Gesellschaftsvertrag – Stabilität und Wohlstand fürs Volk gegen unangefochtene Herrschaft – dauerhaft nicht ohne liberale Reformen erfüllt werden konnte. Das »System Putin« beruht auf einer Staatswirtschaft, in der die Einnahmen aus dem Energiesektor ganz von Putin treuen Silowiki kontrolliert werden. Eine Vertikale der Macht, die Putins Stellung garantiert, aber Russland keine Entwicklungsperspektiven bietet. Wirkliche Reformen fanden in Russlands Volkswirtschaft niemals statt, hätten diese doch früher oder später die Herrschaft der kleptokratischen Silowiki-Clique des Präsidenten auf eine existenzielle Probe gestellt. Liberale Reformen hätten früher oder später ein Maß an Transparenz und Partizipation erfordert, das den Machtinteressen des Kremlherren und seiner Vertrauten diametral entgegenstand. Putin entschied sich deshalb gegen liberale Wirtschaftsreformen. Da er damit aber seinen Gesellschaftsvertrag nicht mehr dauerhaft aufrechterhalten konnte, musste er ihn verändern. Die Wiederherstellung des Imperiums ersetzte die Modernisierung des Landes als erstes Staatsziel. Damit wurde der Angriff auf die Ukraine unausweichlich. Zugespitzt ist Putin damit der Anti-Gorbatschow – während ihn in Deutschland viele noch lange in Gorbatschows Fahrwasser wähnten.

Folgt man dieser Logik, geht es Putin bei seinem heutigen Kampf nicht primär um das Territorium in der Ukraine. Dieses ist nur der erste Schritt, um das System der politischen Kontrolle über Russland hinaus zu festigen und auszudehnen. Dreh- und Angelpunkt von Putins Denken ist sein eigener Machterhalt. Ihm ist alles untergeordnet, die Repression nach innen und auch die aggressive Außenpolitik.

Fakt ist: Putin verlegte sich seit der zweiten Hälfte der Nullerjahre immer stärker auf eine konfrontative, auf Rivalität angelegte Geopolitik. Maßgeblich dafür war sicher auch die vom KGB-Verschwörungsdenken geprägte Wahrnehmung, vom Westen und besonders den USA immer wieder gedemütigt zu werden. Die Bemerkung Präsident Obamas, Russland sei nur mehr eine »Regionalmacht«, muss Putin im Kern getroffen und massiv erzürnt haben. Er verlegte sich von nun an auf das Prinzip »Russland stark und den Westen schwach machen«. Ein aggressiver Nationalismus, der auf Drohgebärden und klaren Feindbildern beruht, wurde zur wesentlichen Stütze seiner Macht. Äußere Feinde legitimieren die Herrschaft im Inneren – dieses klassische Motiv autoritärer Diktatoren bestimmt schon lange, spätestens seit 2012, Putins Politik. Umfragen des renommierten Moskauer Lewada-Zentrums zeigen, dass immer dann, wenn Putin Militäreinsätze durchführte – in Tschetschenien, in Georgien, Syrien und der Ukraine –, seine Zustimmungswerte deutlich nach oben gingen.[8] Machtpolitisch zahlte sich der Konfrontationskurs also aus, und die weiter sprudelnden Gewinne aus den Öl- und Gasexporten verdeckten, dass Moskau seine wirtschaftliche Zukunft, die Aussicht auf Innovation und Fortschritt, verspielte. Immer deutlicher klafften damit die kaltblütige Machtpolitik des Kremlherren und die weiter auf »Annäherung durch Verflechtung« setzende deutsche und westliche Sichtweise, die wie ein Supertanker unbeirrbar Kurs hielt, auseinander.

Zu Putins Verhärtung trug auch eine übersteigerte Paranoia bei. Er sieht Verschwörungen überall und unterstellte dem Westen, seinen Einfluss in Moskaus »nahem Ausland« ausbauen, Russland schwächen und letztlich zerstören zu wollen, und das alles unter dem Deckmantel der Verbreitung von Demokratie und Menschenrechten. Die »Orangene Revolution« auf dem Kiewer Maidan, bei der 2004 nicht Putins Marionette Viktor Janukowitsch, sondern der auf einen eigenständigen Kurs bedachte Viktor Juschtschenko die Präsidentschaftswahl gewann, schob Moskau der CIA in die Schuhe. Der Maidan war ein entscheidender Wendepunkt für Russlands Außenpolitik. Wie sehr, wurde spätestens bei Putins Rede auf der Münchner Sicherheitskonferenz 2007 deutlich, die die Weltgemeinschaft aufrüttelte. »Für die heutige Welt ist das monopolare Modell unmöglich.« »Die NATO-Erweiterung ist ein provozierender Faktor, der das Niveau des gegenseitigen Vertrauens senkt.« Solche Töne hatte man aus Moskau lange nicht mehr gehört.

Ein Jahr später, 2008, besetzte Russland weite Teile des georgischen Staatsgebiets und führte damit erstmals Krieg jenseits russischer Grenzen. Kurz darauf, 2011, erschreckte den Kreml der Weckruf der Protestwelle in der arabischen Welt: »Das Volk will den Sturz des Machthabers.« Das Putin-Regime musste sich vor Nachahmern im eigenen Land schützen. Russland verlor an geopolitischem Einfluss im Mittleren Osten und mit Gaddafi einen weiteren Alliierten. Auch im Mittleren Osten wähnte Putin den Einfluss des Westens am Werk, der die arabischen Gesellschaften aufgebrochen habe.

Eine US-amerikanische Verschwörung witterte man im Kreml auch hinter der Veröffentlichung der sogenannten »Panama Papers« im April 2016. Diese brachten äußerst sensible Informationen über russische Entscheidungsträger im Umfeld Putins und deren korrupte Machenschaften ans Licht. Kurz nach ihrer Veröffentlichung wurde im Moskauer Nationalen Sicherheitsrat über eine Vergeltung gesprochen. Eine Informationsattacke gegen Hillary Clinton wurde losgetreten. Lag hier die Wurzel für jene 2016 durchgeführte »Hack-and-Leak«-Operation gegen die demokratische Präsidentschaftskandidatin, die Donald Trumps Streben ins Weiße Haus zugutekam?

NEUE DOKTRIN – DIE »RUSSISCHE WELT«

2013 formulierte Putin die Idee der »Russischen Welt«, des »Russkij Mir«. Diese besagt: Dort, wo Russen leben, ist Russland, und der russische Staat ist gefordert, einzugreifen, wenn seine Interessen bedroht sind. Es ist ein Gedanke, den Putin schon länger im Kopf hat, ein Konzept, in dem sich Religion, russische Werte und Großmachtpolitik vermischen. Was die Idee so gefährlich macht: Sie begründet ein Interventionsrecht jenseits der Grenzen Russlands. Sie verschafft Putin einen Hebel, um sein Vorhaben der Wiederherstellung des großrussischen Reichs in die Tat umsetzen. Der imperiale Gedanke wird mit dieser Konzeption endgültig zur Leitidee seiner Herrschaft.

Noch 2008 hatte Putin in einem ARD-Interview auf die direkte Frage des Journalisten Thomas Roth versichert: »Russland hat längst die jetzigen Grenzen der heutigen Ukraine anerkannt.« Sechs Jahre später ließ er seine Truppen, als »kleine grüne Männer« maskiert und nicht als offizielle russische Soldaten kenntlich, auf die Krim eindringen, um dort das Referendum zur Annexion der Halbinsel abzusichern. Acht weitere Jahre später erfolgte 2022 der Versuch der vollständigen Invasion des Landes. Der Ukraine kam für Russlands Großmachtstreben immer eine besondere Rolle zu. Sie war das Kronjuwel in Moskaus Imperium, das Land, dessen Besitz Russland überhaupt zu einer Großmacht machte, wie der US-amerikanische Präsidentenberater Zbigniew Brzezinski bereits in den 1980er-Jahren messerscharf erkannte. Moskau spricht heute der Ukraine die Existenzberechtigung ab und gründet seinen Herrschaftsanspruch auf die Kiewer Rus, eine mittelalterliche Vereinigung ostslawischer Fürstentümer, die das Vorläuferreich von Russland, der Ukraine und von Belarus bildeten. Seit über zehn Jahren führt Russland einen unfassbar brutalen Angriffskrieg in der Ukraine, einen Krieg, dem jede noch verbliebene Hoffnung auf Kooperation mit dem Westen geopfert wurde und der Europa an den Rand eines noch weit größeren Konflikts gebracht hat.

Putins Kriege, beginnend mit Georgien und der Ukraine, wurden von Anfang an nicht nur militärisch geführt, sondern von massiven Propaganda- und Desinformationskampagnen begleitet. Der sogenannte »hybride Krieg« war immer eine Spezialität der Sowjetunion, der Roten Armee und besonders des KGB gewesen. Putin, in seiner aktiven Zeit als Geheimdienstoffizier durch und durch hiervon geprägt, konnte als Präsident nahtlos daran anknüpfen und dieses Erbe mit den Instrumenten der neuen digitalen Welt, des Internets und der sozialen Netzwerke zu einem modernen und schlagkräftigen hybriden Waffenarsenal weiterentwickeln.

GEOPOLITISCHE MYTHEN – UND IHRE ENTKRÄFTUNG

Häufig führen russische Propagandisten an, Russland werde ständig vom Westen angegriffen und verteidige lediglich seine legitimen Interessen. Zur Begründung dieser Opferrolle wird eine lange Reihe von Vorwürfen angeführt: die angeblich von der CIA provozierten demokratischen »Farbrevolutionen« (die georgische »Rosenrevolution« 2003, die »Orangene Revolution« in der Ukraine 2004, die »Tulpenrevolution« in Kirgisistan 2005 und die »samtene Revolution« in Armenien 2018); die NATO-Erweiterung, mit der die USA ihren Herrschaftsanspruch bis an die Grenzen Russlands ausgedehnt hätten; der völkerrechtswidrige NATO-Krieg gegen den serbischen Diktator Slobodan Milošević; die Einforderung der Menschenrechte und individuellen Freiheiten als, so der Publizist Fjodor Lukjanow, »zynische Instrumente, um Druck auf Russland auszuüben«[9]. Der langjährige Sekretär des nationalen Sicherheitsrats, Nikolai Patruschew, einer von Putins engsten Vertrauten, ging so weit zu behaupten, dass es den USA am liebsten wäre, wenn Russland aufhören würde zu existieren.

Solche Schuldzuweisungen fallen in der russischen Gesellschaft und teilweise auch in Deutschland bis heute auf fruchtbaren Boden. Die Überfälle aus dem Westen durch Napoleon und Hitler haben sich als kollektives Trauma in die russische Volkspsyche eingegraben. Erneut werde Russland heute angegriffen, durch ein Amerika, das den Kalten Krieg gewonnen hat und seinen »unipolaren Moment« ausnutzen will, um Russland noch weiter zurückzustutzen – so die Legende. Russland habe deshalb alles Recht, sich zu verteidigen, auch durch einen militärischen Gegenangriff.

Verschwörungstheorien und einseitige Schuldzuweisungen an die westlichen Staaten liegen in einer langen Tradition des Kremls und der Geheimdienste. Dort geht man von einer strategisch geplanten Kampagne der USA aus, die auf den Sturz der Regierungen in autoritär geführten Staaten gerichtet ist und deren ultimatives Ziel Moskau sei. Auch registrierte man dort, dass einige Diktatoren nicht nur abgesetzt, sondern wie Saddam Hussein und Muammar al-Gaddafi am Ende auch getötet wurden. Doch entspricht ein solch schwarz-weißes Verschwörungsdenken wirklich der Überzeugung des Kremls, der schließlich über ausgezeichnete nachrichtendienstliche Erkenntnisquellen verfügt und auch wahrnehmen müsste, welche Anstrengungen der Westen in Richtung Kooperation mit Moskau unternommen hatte? Hat man sich in der Kreml-Blase, die durch einen immer stärkeren Realitätsverlust gekennzeichnet ist, in solche Fantasien hineingesteigert? Oder sind die angeblichen westlichen Dauerangriffe auf Russland vielleicht sogar teilweise oder zur Gänze fabriziert und vorgeschoben, um ein eigenes Ausgreifen zu legitimieren? Von außen ist dies kaum zu beurteilen, selbst für die besten Geheimdienste. Aber selbst wenn man im Kreml alle Verschwörungstheorien tatsächlich glaubte, würde ihn das noch lange nicht legitimieren, völkerrechtswidrige Kriege vom Zaun zu brechen, politische Gegner zu ermorden, zivile Wohngebiete zu bombardieren und in großem Maßstab ukrainische Kinder zu deportieren.

Nüchtern betrachtet, lässt sich die lange Liste von Moskaus Anschuldigungen unschwer entkräften. Die Farbrevolutionen in den postsowjetischen Staaten waren keine Machenschaften westlicher Geheimdienste, sie entsprangen vielmehr dem demokratischen Bedürfnis der Gesellschaften, vergleichbar mit 1989 in Ostmitteleuropa. Ähnlich war es beim arabischen Frühling und den darauffolgenden Bürgerkriegen. Sie waren vor allem eine Folge des Machtmissbrauchs durch die arabischen Diktaturen, keine Inszenierung durch die USA.

Auch die NATO-Erweiterung ging nicht von Washington (oder Berlin) aus, sondern von Polen, Tschechien, der Slowakei und Ungarn. Diese Länder beobachteten voller Sorge die Entwicklungen im postsowjetischen Russland. Moskau hatte nach dem Zusammenbruch der Sowjetunion bereits eine Reihe brutaler lokaler Kriege geführt – in Tschetschenien, in Georgien und in Moldau –, und in Russland selbst übernahmen die Oligarchen die Macht. Besorgt darüber, dass Russland in Chaos und Imperialismus zurückfallen könnte, strebten die mitteleuropäischen Länder den baldigen Schutz und die feste Sicherheitsgarantie des Atlantischen Bündnisses an. Hierzu hatten sie aufgrund der auch von Moskau unterzeichneten KSZE-Schlussakte (1975) und der Charta von Paris (1990) das verbriefte Recht. Erst nach einigen Jahren unterstützten die

USA und Deutschland die Ambitionen der Ostmitteleuropäer. Zwar hatten der US-amerikanische und der deutsche Außenminister Anfang 1990 im Kontext der deutschen Wiedervereinigung öffentlich einer Erweiterung des Bündnisses nach Osten eine Absage erteilt. Doch teilten ihre Regierungschefs ausdrücklich nicht diese Position, und es wurden niemals verbindliche Zusagen gemacht. Zu dieser Zeit existierte noch der Warschauer Pakt, und eine über Deutschland hinausgehende Erweiterung des Bündnisses stand gar nicht auf der Tagesordnung. Gorbatschow selbst bezeichnete die Behauptung einer Nichterweiterungs-Zusage später als »Mythos«. Und sogar Putin hat noch 2004 dem deutschen Kanzler Gerhard Schröder versichert, keine Probleme mit der NATO-Erweiterung der baltischen Staaten zu haben.[10]

Ein weiterer Mythos lautet, dass Russland gezwungen gewesen sei, die Ukraine anzugreifen, weil diese der NATO beitreten wollte. Diese Behauptung ist wie das angebliche Versprechen der Nichterweiterung nach Osten Gegenstand einer russischen Desinformationskampagne. Die Ukraine hatte zwar auf dem Bukarester NATO-Gipfel 2008 eine grundsätzliche Beitrittsperspektive erhalten, doch blieb diese ohne praktische Umsetzung, politisch umstritten und ohne großen Rückhalt in der Bevölkerung. Im Februar 2014, als Russland sie zum ersten Mal überfiel, war die Ukraine formal ein neutrales Land. Es ging damals um ein engeres Verhältnis mit der EU, nicht um einen NATO-Beitritt. Erst im Herbst 2014, nach der Krim-Annexion und Monaten eines brutalen Krieges, änderte sie ihre Position. Die Abfolge ist also völlig klar: Hätte Russland nicht die Existenz der Ukraine bedroht, hätte diese keinen Grund gehabt, den Beitritt zum Atlantischen Bündnis anzustreben.

Der Grund für den Angriff auf die Ukraine ist kein US-amerikanischer Herrschaftsanspruch und nicht die NATO-Erweiterung. Russland hat das Prinzip der freien Bündniswahl anerkannt. Die NATO bedroht Russland nicht, sie ist ein defensives Bündnis. Der Grund für den Angriff liegt in Putins »Revanche«, dem Versuch, das Rad der Geschichte zurückzudrehen und das russische Großreich wiederherzustellen. Diese Revanche wurzelt nicht, wie behauptet, in einer äußeren Bedrohung. Sie folgt vielmehr der innerrussischen Logik von Putins neuem Gesellschaftsvertrag, der sich künftig auf Imperialismus und nicht mehr auf die Modernisierung von Staat und Gesellschaft gründen soll.

Auch den EU-Beitritt der Osteuropäer von 2004 sah Putin anfangs nicht als Bedrohung an und sprach sogar lange positiv über eine mögliche EU-Mitgliedschaft der Ukraine.[11] Insgesamt ist also deutlich: Es geht Russland in Wahrheit nicht um eine Einkreisung oder Einkesselung. Der wahre Grund seines Widerstands war der Verlust von Macht und Territorium. Es geht um den verlorenen Rang, um verlorene Führung, um die Rückkehr als Großmacht, die Putin inzwischen braucht, um seine Macht zu erhalten, nachdem alle anderen Ressourcen aufgebraucht sind.

WAS SIND PUTINS ZIELE HEUTE?

Was treibt Putin im Innersten an? Welche Ziele leiten ihn am Beginn einer weiteren sechsjährigen, womöglich noch längeren Amtsperiode? Man muss davon ausgehen, dass er seine Mission, Russland wieder groß zu machen und das Imperium neu zu begründen, konsequent weiterverfolgen wird. Putin hat sein politisches Schicksal mit dem Krieg verknüpft, Krieg ist heute sein wichtigstes Herrschaftsinstrument. Er stützt sich dabei auf einen russischen Nationalismus, den er selber entfacht und angeheizt hat und der sich längst nicht mehr nur gegen benachbarte Länder, sondern gegen den Westen insgesamt richtet. Er kann sich dabei auf die Unterstützung einer breiten Mehrheit der Russen stützen, auch wenn diese überwiegend passiv ist.

Putins *strategische* Ziele sind klar: Er will eine Weltordnung etablieren, in der Russland wieder den Platz einnimmt, der ihm nach seiner Auffassung gebührt. Er möchte die Länder der ehemaligen Sowjetunion dominieren, die USA und die europäischen Demokratien schwächen und die EU spalten. Das offizielle Ziel einer »multipolaren Weltordnung« ist ein Euphemismus, hinter dem der Anspruch auf eine regionale Vorherrschaft und auf Anerkennung als globale Macht steht.

Die *taktischen* Ziele sind dagegen weniger klar erkennbar und möglicherweise nicht immer klar definiert. Häufig sind seine Absichten hinter einem dicken Teppich von Lügen und Halbwahrheiten verborgen. Nur selten gewährt Putin einen Blick in seine wahren Absichten, wie in seiner Brandrede bei der Münchner Sicherheitskonferenz 2007 oder dem Artikel zur »historischen Einheit von Ukrainern und Russen« in der Zeitschrift *Foreign Policy*[12] im Sommer 2021. Auch werden seine Ziele häufig taktisch den Entwicklungen angepasst, wobei er stets die Schwächen seiner Gegner genau im Blick hat und diese auszunutzen bemüht ist.

Offensichtlich ist, dass Putin zusammen mit der Ukraine und Belarus eine neue slawische Union wiederherstellen will.

Aber der Eindruck verfestigt sich, dass seine Ambitionen weiter reichen. Will er sich Moldawien, Georgien oder Teile Kasachstans zurückholen? Beide waren Bestandteile des russischen Imperiums und in ihnen leben heute zahlenstarke russische Minderheiten. Wird er es wagen, den Zusammenhalt in der NATO zu testen und versuchen, die baltischen Staaten zurückzuerobern? Hat er gar Polen im Blick, das von 1772/1795 bis 1918 teilweise von Moskau aus regiert wurde und nach 1945 jahrzehntelang Teil des sowjetischen Machtbereichs war? Es fällt auf, dass sich seit geraumer Zeit ein besonderer Hass Putins auf Polen richtet. Ist dies ein Vorbote einer kriegerischen Bedrohung? Wir wissen es nicht, aber der Westen wird gut daran tun, sich für das Schlimmste zu wappnen und Russland abzuschrecken, um eine militärische Auseinandersetzung zu verhindern.

Was die Ukraine angeht, ist spätestens seit Putins Artikel zur ukrainischen Geschichte klar, was der Kremlherrscher beabsichtigt. Er spricht dem Land unter Hinweis auf die tausendjährige gemeinsame Geschichte mit Russland die Existenzberechtigung ab. Er will den unabhängigen ukrainischen Staat auflösen und das Land und seine Menschen wieder in die Russische Föderation eingliedern. Bereits 2008 hatte er dem US-amerikanischen Präsidenten George W. Bush gesagt, dass die Ukraine »kein wirkliches Land« sei. Mit einem »Einfrieren« des Krieges, wie es der SPD-Fraktionsvorsitzende Rolf Mützenich fordert, und der Aufnahme von Verhandlungen über einen territorialen und politischen Kompromiss sind Putins Kriegsziele nicht zu vereinbaren. Frieden und Kompromiss sind keine Kategorien für Putin. Jede Art von Nachgiebigkeit löst in seinem von Macht und Stärke geprägten Denken die Ermutigung aus, dass seine Methode eben funktioniert.

Einlenken wird er letztlich nur, wenn er um seine Macht zu Hause fürchten muss, nicht um den Krieg zu beenden.

Putin kann dabei darauf bauen, dass sein Krieg von weiten Teilen der russischen Bevölkerung, wenn auch nicht enthusiastisch, aber dennoch von 70–75 Prozent der Menschen unterstützt wird.[13] Auch rechnet er auf eine zunehmende Ermüdung des Westens und der ukrainischen Bevölkerung. In seiner Verachtung für die westlichen Demokratien geht er davon aus, dass autoritäre Staaten einen längeren Atem haben als der »dekadente« schwache Westen. Und ganz konkret setzt er bei den Präsidentschaftswahlen 2024 auf die Rückkehr von US-Präsident Donald Trump ins Weiße Haus, die für Putin das Blatt im Ukraine-Krieg schlagartig zum Positiven wenden könnte.

Dieser Hintergrund macht deutlich: Das weitere Schicksal Europas entscheidet sich in der Ukraine. Gewinnt Russland diesen Krieg und kehrt obendrein Donald Trump als US-Präsident zurück, wird die Sicherheit Europas bedroht sein wie seit Jahrzehnten nicht mehr. Angriffe Russlands auf weitere Staaten, ja ein großer Krieg wären nicht mehr auszuschließen. Auf diese existenzielle Bedrohung, die in Osteuropa und Skandinavien bislang sehr viel deutlicher wahrgenommen wird als in Deutschland, gibt es nur eine Antwort: Russland muss den Krieg in der Ukraine verlieren, und der Westen muss alles in seiner Macht Stehende unternehmen, um der Ukraine in ihrem Kampf zu helfen. Vor allem muss der Westen endlich begreifen, dass Russland schon längst einen hybriden Angriffskrieg gegen ihn führt.

HYBRIDER KRIEG HEUTE

Kriege wurden niemals allein mit rein militärischen Mitteln geführt. Propaganda und Desinformation waren schon in der Antike Teil der Kriegstaktik. Auch im Kalten Krieg spielten Einflussoperationen und sogenannte »aktive Maßnahmen« im Ausland eine große Rolle – vonseiten der Sowjetunion, aber ebenso von der CIA, die hier auch nicht zimperlich vorging. Seit Putin den Hebel in Richtung Imperialismus und antiwestliche Außenpolitik umgelegt hat, ist Moskaus hybride Kriegsführung massiv verstärkt worden.

Kaum jemand hat dieses Prinzip bisher so weit ausgelegt wie der russische Generalstabschef Waleri Gerassimow. In einer in der westlichen Welt nur von Experten wahrgenommenen Rede Ende Januar 2013 vor der russischen Militärakademie erklärte er:

> »Im 21. Jahrhundert besteht die Tendenz, die Unterschiede zwischen Kriegszustand und Frieden zu verwischen. [...] Die Kriegsregeln selbst haben sich erheblich geändert. Die Bedeutung nichtmilitärischer Methoden bei der Erreichung politischer und strategischer Ziele, die in einigen Fällen die Stärke von Waffen in ihrer Wirksamkeit deutlich übertreffen, hat zugenommen. Unter Nutzung des Protestpotenzials der Bevölkerung werden politische, wirtschaftliche und andere nichtmilitärische Maßnahmen umfassend eingesetzt. All dies wird durch verdeckte militärische Maßnahmen ergänzt, einschließlich der Durchführung von *Informationskriegen* und der Aktionen von Spezialeinheiten. Die Informationskonfrontation eröffnet breite,

asymmetrische Möglichkeiten, um das Kampfpotenzial des Feindes zu verringern.«[14]

Bereits ein Jahr später, beim Überfall auf den Donbass und der Krim-Annexion, las sich diese Ankündigung des Generalsstabschefs wie ein konkreter Aktionsplan Moskaus.

Seither führt Moskau einen facettenreichen, hybriden Krieg in alle Richtungen, nach innen wie nach außen. Propaganda und Desinformation richten sich zuallererst gegen die eigene Bevölkerung. Sie zielen auf die Legitimation des »Systems Putin« und nutzen verschiedene Narrative, darunter eine immer stärkere Verherrlichung Stalins als Retter des Imperiums und andere Geschichtsklitterung, die »russische Welt« als Grundlage für Interventionen im Ausland oder die Einheit von Russland und der Ukraine.

Im Ukraine-Krieg wurde das hybride Arsenal zur vollen Entfaltung gebracht. Das gebeutelte Land wurde zum Testlabor des modernen hybriden Krieges. Nicht nur modernes Kriegsgerät, auch Desinformation und Cyberattacken, Energie und andere Rohstoffe wurden als Waffen getestet und eingesetzt. Nicht einmal vor der Behinderung von Weizenexporten, die an die ärmsten Länder der Welt geliefert wurden, machte der Kreml halt, um die Ukraine unter Druck zu setzen. Dieses Vorgehen zeigt: Alles, aber auch alles kann heute als Waffe ge- und missbraucht werden. Der Kreml schreckt vor keinem Verbrechen, keiner Menschenrechtsverletzung zurück, um seine Ziele durchzusetzen. »Alle Hoffnung liegt auf dem Weizen«, lautete der in seinem Zynismus nicht zu überbietende Kommentar von Putins Chefpropagandistin und RT-Chefin Margarita Simonjan auf dem Höhepunkt der Weizenkrise.

Auch gegen den Westen setzt Russland seit Jahren Desinformation, Propaganda und Cyberattacken ein. Sie wurden gezielt für die Auseinandersetzung im digitalen Zeitalter ausgebaut und spielen in ihr eine zentrale, aber oft wenig sichtbare Rolle. Im Kern ist diese Auseinandersetzung destruktiv. Moskau geht es um die Spaltung und Schwächung der westlichen Demokratien. Alles, was diesem Ziel dient, was zur Verunsicherung und Zersetzung führt, wird angewandt. Davon wird dieses Buch handeln. Der hybride Krieg gegen den Westen begann mit der beschriebenen Verhärtung von Russlands Außenpolitik, also ab der zweiten Hälfte der Nullerjahre. Putins nationalpatriotischer Populismus braucht den Westen als Feindbild. Er muss dämonisiert werden, damit Russland umso strahlender dasteht und sein Kampf legitimiert wird. Desinformation und Propaganda richteten sich wie bereits im Kalten Krieg gegen Deutschland. Neuartige digitale Techniken des Internets, der sozialen Netzwerke und des Cyberkriegs wurden gezielt für eine neue große Auseinandersetzung im 21. Jahrhundert entwickelt und ausgebaut. Es gehört zu den Paradoxien von Putins Russland, dass es einerseits auf alte Mythen setzt wie Großmacht, Kirche und Familie, andererseits aber ein hypermodernes Arsenal für den hybriden Krieg geschaffen hat. Mehr dazu in den folgenden Kapiteln.

KAPITEL 2: PROPAGANDA UND DIE SOWJETISCHE ERFINDUNG DER DESINFORMATION

PROPAGANDA BILDET IDENTITÄT

Wenn wir heute allgemein von Propaganda sprechen, meinen wir meistens eine Kommunikationstechnik, die Menschen durch direkte Ansprache von einer totalitären, menschenverachtenden Weltanschauung überzeugen will. Das liegt maßgeblich daran, dass wir Propaganda in Deutschland nicht ohne die Verbrechen der Nationalsozialisten denken können. Der Begriff an sich wurde indes früher geprägt; vor fast genau 400 Jahren ist das Wort »Propaganda« durch die Katholische Kirche in den allgemeinen Sprachgebrauch eingeführt worden. Etymologisch kommt Propaganda vom lateinischen »propagare«. Das heißt so viel wie ausbreiten, erweitern, dehnen oder verlängern im zeitlichen sowie räumlichen Sinne. Die zunächst wertfreie Bedeutung steht im krassen Kontrast zur Wahrnehmung von propagandistischen Narrativen, die man verbreiten oder beim politischen oder weltanschaulichen Gegner bekämpfen möchte. Ein Blick in die Propagandageschichte zeigt, dass Propaganda mehr ist, als man alltäglich mit dem Wort assoziiert. Die folgenden Ausschnitte der Propagandageschichte schaffen ein Bewusstsein dafür, dass wir es gegenwärtig mit einer ganz neuen Form der Propaganda zu tun haben. Klassische Propagandamethoden ergeben in Kombination mit neuen Medien einen Werkzeugkasten, den der Kreml nutzt, um Propaganda auf ein neues Level zu heben.

In Martin Scorseses Film *Silence* aus dem Jahr 2016 bringt uns der Regisseur die ursprüngliche Propaganda der Katholischen Kirche historisch akkurat näher. Die erste populäre Prägung des Wortes geht nämlich zurück auf die Gründung der »sacra congregatio de propaganda fide« im Jahr 1622. Diese Kongregation verantwortete die Missionsarbeit der Katholischen Kirche und sollte dem wachsenden Protestantismus entgegentreten. Sie orchestrierte auch, um nur ein Beispiel heranzuziehen, die Missionierung von Buddhisten in Japan. Zur Mitte des 16. Jahrhunderts begannen christliche Missionare in Japan immer mehr Anhänger zu gewinnen, sodass es zu Spitzenzeiten etwa 300.000 Christen in Japan gab. Christlicher und buddhistischer Glaube schlossen sich gegenseitig aus; es waren unvereinbare persönliche wie – im weitesten Sinne – politische Überzeugungen, die in vielen Fällen letztlich mit dem Leben bezahlt wurden. Denn die japanische Regierung ging rigide und gewaltsam gegen die katholischen Missionare ebenso wie gegen die missionierten Japaner vor. Die christliche Propaganda in Japan war ein aufwendiges Unterfangen; Missionare besuchten kleine Dörfer und Gemeinschaften und verbreiteten mit Unterstützung von Bibeln, Rosenkränzen, Kreuzen und Jesusbildern die großen Geschichten des Christentums.

1587 wurde das »Paterausweisungsedikt« beschlossen, in dessen Folge die verbleibenden Missionare verfolgt wurden. Konvertierte Japaner testete man mit dem sogenannten Bildertreten in ihrem neuen Glauben. Bei diesem Test forderte man Bürger und Bürgerinnnen auf, ein Abbild Jesu mit den Füßen zu treten. Der – durch die christliche Propaganda geformte – Glaube der Konvertierten war oft so gefestigt, dass die Geprüften es nicht vermochten, ihren Fuß auf das Gesicht Jesu zu stellen, obwohl sie damit Folter und Tod in Kauf nahmen. Dabei muss man bedenken, in welch kurzem Zeitraum diese Menschen von den christlichen Missionaren so weit beeinflusst werden konnten, dass sie das eigene Leben opferten, statt ihren neu gewonnenen Glauben zu verraten.

Wieso ist dieses Beispiel der katholischen Missionsarbeit im 16. Jahrhundert relevant für die Manipulation des deutschen Informationsraums durch den Kreml heute? Der Blick auf die ursprüngliche Propaganda ist wichtig, weil sie uns vier integrale Eigenschaften von Propaganda allgemein veranschaulicht. 1. Alle Formen von Propaganda sind fest an die Medien der Zeit geknüpft; so waren Bücher und Jesusabbilder die wichtigsten Medien zur Glaubensbildung im 16. Jahrhundert. Heute sind es maßgeblich die sozialen Netzwerke. 2. Propaganda wird immer dann notwendig, wenn es widersprüchliche Wahrheitsansprüche gibt; ohne Antagonist gibt es keine Propaganda. Die rivalisierenden Wahrheitsansprüche beispielsweise zwischen Buddhismus und Christentum beziehungsweise zwischen Protestantismus und Katholizismus bedeuteten eine Wahl zwischen A und B. 3. Propaganda ist identitätsstiftend und fungiert als gesellschaftliches Bindemittel, als verbindlicher Konsens über die Weltordnung und die darin enthaltenen moralischen Richtlinien. Propaganda ist die Verbreitung identitärer Grundannahmen, die diktieren, was gut ist, was schlecht ist, wer ehrenhaft und wer verkommen ist. Die Wirkung von Propaganda ist nicht beschränkt auf die

Beeinflussung von einzelnen Meinungen, sondern gesamtheitlich identitätsbildend. 4. Die vermittelten Weltanschauungen sind große, kohärente Narrative, die in sich geschlossen widerspruchslos sind.

PROPAGANDA IN DER SOWJETUNION

Die lange Geschichte intensiver Propaganda und Indoktrination der Sowjetunion zeigt, weshalb der Rückhalt der russischen Bevölkerung für Putin so hoch ist, und macht evident, wie erfahren und virtuos man in Moskau seit mehr als einem Jahrhundert mit Propaganda hantiert.

1903 wird die Schrift *Protokolle der Weisen von Zion* im zaristischen Russland veröffentlicht. Die antisemitische Erzählung einer angeblichen jüdischen Weltverschwörung wurde in der Sowjetunion später als antizionistische Propaganda genutzt, was erklärt, weshalb antisemitische Verschwörungserzählungen bis heute aus dem Kreml verbreitet werden. Auch bei der in Deutschland verbreiteten Propaganda und Desinformation im Kontext der Migration 2015/2016 kommen antisemitische Narrative zur Anwendung, wie wir im Kapitel 8 sehen werden.

1922 gründet die Sowjetregierung die »Glawlit« (Hauptverwaltung der Angelegenheiten der Literatur und des Verlagswesens) als untergeordnete Behörde des Volkskommissariat für Bildungswesen (Narkompros). Zunächst überwachte die Glawlit alle gedruckten Medien und zensierte diese. Der Marxismus und Leninismus als vorherrschende ideologische Prägung der Sowjetunion war grundlegend antireligiös, propagierte ein vermeintlich friedliebendes Leben und erklärte liberale Wirtschaftssysteme zum menschenverachtenden Feindbild.

Ab 1930 war die Glawlit auch für die Zensur von allen anderen medialen Erzeugnissen von Radio bis Theater verantwortlich. Inhalte, die auf Missstände in der Sowjetunionen aufmerksam machten, wurden kaschiert. Positive – wenn auch unwahre – Inhalte wurden amplifiziert. Die Glawlit war bis zwei Jahre vor dem Ende der Sowjetunion aktiv; das sind mehr als 60 Jahre Indoktrination und Zensur am Stück. Man muss sich vor Augen führen, wie tiefgreifend der Zugriff auf das kollektive und intergenerationelle Bewusstsein der Bevölkerung der Sowjetstaaten war.

WIE DER KGB IM KALTEN KRIEG DIE DESINFORMATION ERFINDET

Gesellschafts- und medienhistorisch stellen die 1950er ein Jahrzehnt dar, in dem die Menge an medial verbreiteten Informationen mit rasantem Tempo steigt. Der einfachere Zugang zu Informationen erschwert es für Propagandisten, Absenderkreise zu dominieren. Effektive Propaganda lebte bis dahin davon, dass sie Individuen regelmäßig und störungsfrei erreichte. Je weniger informative Gegenangebote es gibt, desto effektiver die Propaganda. Der einfachere Zugang zu unterschiedlichen Informationsquellen seit den 1950er-Jahren torpediert dieses alte propagandistische Gebot.

Der neue massenmediale Zugriff via Rundfunk und Fernsehen ermöglicht eine schnellere Propaganda, die situativ reagieren kann, ohne vorher gedruckt und physisch verteilt werden zu müssen. Das Radio ermöglicht es auch, Propaganda in höherer Taktung zu senden; das Propagandasubjekt rückt näher an den Propagandisten.

Der Kalte Krieg wird international über Zeitungen, Rundfunk und Fernsehen ausgetragen, und dabei machen die neuen Medien keinen Halt vor kartierten Landesgrenzen. Das führt dazu, dass Menschen öfter mit Gegenpropaganda in Kontakt kommen. In dieser beschleunigten Medien- und Informationswelt wird im KGB der 1950er-Jahre ein neuer Begriff geprägt: »Dezinformatsia« (Desinformation). Ion Mihai Pacepa, ehemaliges Mitglied der rumänischen Geheimpolizei, schreibt in seinem 2015 erschienen Buch *Disinformation*, dass der Begriff von Josef Stalin selbst erfunden wurde und dieser ein französisch klingendes Wort wählte, um die Taktik dem Westen unterzujubeln. Das lässt sich im Detail nicht einwandfrei belegen, aber es herrscht Konsens darüber, dass »Dezinformatsia« als Begriff in den 1950er-Jahren den Weg aus sowjetischen Geheimdienstkreisen in den allgemeineren Sprachgebrauch fand. Gemessen daran, wie weit verbreitet und allgemein verwendet der Desinformationsbegriff heute ist, ist es eine kleine Sensation, dass der Ursprung des Wortes allgemein unbekannt blieb. Er kommt genau aus der Ecke, aus der wir auch heute die manipulierende Desinformation empfangen. In der *Großen Sowjetischen Enzyklopädie* von 1952 wird Desinformation erstmals definiert. Dort heißt es:

> »Verbreitung (in der Presse, über das Radio usw.) unwahrer Informationen mit dem Ziel, die öffentliche Meinung irrezuführen. Kapitalistische Presse und Radio setzen die D. breit ein, um die Völker zu täuschen, sie mit Lüge zu um-

garnen und den neuen Krieg, der vom amerikano-englischen imperialistischen Block vorbereitet wird, als Verteidigungskrieg hinzustellen, die Friedenspolitik der UdSSR, der Länder der Volksdemokratie und der übrigen friedliebenden Länder dagegen als angeblich aggressiv.«[15]

Diese sowjetische Definition ist – wenn man so will – selbst eine desinformative Mitteilung, weil vorgegeben wird, dass die trügerische Taktik meist vom Westen eingesetzt werde. Den Begriff zu erfinden und anschließend diese Unwahrheit in die Welt zu setzen, ist ebenso dreist wie genial. Die Definition diskreditiert die Politik der USA und die »kapitalistische Presse« vorbeugend als unwahr, für den Fall, dass die Bürger der Sowjetunion mit westlicher Propaganda in Kontakt kommen – darin liegt der strategische Nutzen des Desinformationsbegriffs für die Heimatfront. Die desinformative Strategie als vorbeugende Denunzierung der gegnerischen Position ist ein kluger Versuch, der schnelleren informativen Umwelt Herr zu werden und den eigenen propagandistischen Standpunkt zu schützen. Die Sowjetunion impft ihre Bürger präventiv gegen feindliche Propaganda.

Entgegen ihrer eigenen Definition der Desinformation verbreitet die Sowjetunion im Kalten Krieg strategisch und offensiv Desinformation und betreibt ab 1959 im KGB sogar ein eigens konzipiertes Desinformationsbüro: die Abteilung D. Dort entwickeln Geheimdienstmitarbeiter verschiedenste Manipulationsstrategien mit dem Ziel, sowjetische Interessen weltweit durchzusetzen.

Die öffentliche Meinung ist zu dieser Zeit so stark umkämpft, dass der informativ-propagandistische Krieg von West wie Ost mit enormen finanziellen Mitteln bestritten wird. Radio Luxemburg, heute RTL, vertrat US-amerikanische Standpunkte und wurde von den Staaten des Warschauer Pakts als enorme Gefahr betrachtet. Das Gleiche gilt für Radio Free Europe und Radio Liberty. Michael Nelson, Reuters-Korrespondent zur Zeit des Kalten Krieges, erklärt, dass die Staaten des Ostblocks Milliarden ausgaben, um Bürger vor westlichem Radio abzuschirmen. Das zeigt, als wie bedrohlich der ideologische Antagonist begriffen wurde, und ist auch ein Mitgrund für die hinterhältigen Manipulationsversuche auf deutschem Boden.

Freilich waren die USA auch nicht zimperlich im ideologischen Kampf des Kalten Krieges. Aus dem Ersten und Zweiten Weltkrieg gelernte Taktiken wendete die CIA an, um die öffentliche Stimmung gegen die Sowjetunion und den Kommunismus auszuspielen. Unter der sogenannten »political warfare« (politische Kriegsführung) verantwortete die CIA zahlreiche propagandistische Kampagnen gegen den Kommunismus und die Sowjetunion. Die britische Historikerin und Literaturwissenschaftlerin Frances Stonor Saunders hat zur sogenannten Kultur-Operation der CIA geforscht und unter anderem herausgefunden, dass die CIA führende Intellektuelle bezahlte, damit sie sich gegen den Kommunismus aussprachen. 1950 wurde in Berlin der »Congress for Cultural Freedom« (CCF) gegründet. Bei der Gründungsfeier waren unter anderem Karl Jaspers, John Dewey, Tennessee Williams und Irving Brown anwesend. Der CCF organisierte zahllose antikommunistische Konferenzen und nutzte insbesondere die Kunst- und Kulturszene als Vehikel zur Verbreitung von liberalen, antikommunistischen Idealen. Bereits 1966 veröffentlicht die *New York Times* Recherchen, die nahelegen, dass die

CIA mehrere Organisationen aus dem Verborgenen kontrollierte. 1967 wird durch einen CIA-Mitarbeiter öffentlich, dass die CIA den CCF gründete, finanzierte und managte.

Im weiteren Verlauf des Kalten Krieges wurde »Dezinformatsia« zu einem spezifischen Werkzeug der informativen Kriegsführung mit dem Ziel, Ereignisse und Verhalten zu manipulieren, die das KGB neben anderen Mitteln unter »aktivniye meropriyatie« zusammenfasste. Unter diese »aktiven Maßnahmen« fielen drei Institutionen, die sich verschiedenen offenen und verdeckten Maßnahmen im In- und Ausland widmeten. Die »Internationale Informationsabteilung« verantwortete internationale Zeitungen und Radiosender der Sowjetunion. Die »Internationale Abteilung« betrieb zehn internationale Propagandaorganisationen wie das »World Peace Council« und die »Christian Peace Conference«. Die Abteilung D des KGB widmete sich den verdeckten Propagandaoperationen und der Desinformation. Zu den offenen Maßnahmen gehörten die international sendenden Medienkanäle wie Radio Moskau oder die Zeitung *Nowoje Wremja* (Neue Zeit). Zu den verdeckten Maßnahmen gehörten auch Nachrichtenfälschungen und paramilitärische Unterstützung.

Man könnte an dieser Stelle fragen, ob es überhaupt einen Unterschied zwischen Nachrichtenfälschungen und Desinformation gibt; die Antwort ist: Ja. Ladislav Bittman, tschechoslowakischer Geheimdienstoffizier, erklärt in seinem Buch *The KGB and Soviet Disinformation*, dass russische Desinformation oft zugleich wahre und falsche Informationen enthält. Seine Aussagen über die Taktiken der sowjetischen Geheimoperationen sind glaubwürdig, weil der KGB und die tschechoslowakischen Geheimdienste eng kooperierten. Bittman führt weiter aus, dass die manipulierende Desinformation gerade dann am effektivsten ist, wenn zwischen die Lügen immer wieder wahre Informationen gemischt werden. Man kennt das auch aus nicht politischen Kontexten; die glaubwürdigsten Lügengeschichten sind die, die sich an wahren Begebenheiten entlanghangeln.

Russische Desinformation hat speziell in Deutschland eine lange Tradition. KGB, Stasi und ihre östlichen Partnerdienste investierten über Jahrzehnte enorme Summen, um die deutsche Politik und die öffentliche Meinung in ihrem Sinne zu manipulieren. Das meiste geschah genau wie heute im Verborgenen. Und ebenfalls wie heute hatten die Dienste keine Scheu, sich massiv in die inneren Angelegenheiten Deutschlands einzumischen. Die deutsche Öffentlichkeit hatte nicht den blassesten Schimmer, in welchem Umfang KGB und Stasi bei vermeintlich rein innerdeutschen Debatten und Ereignissen ihre Hände im Spiel hatten. Erst Jahrzehnte später, nach der Öffnung der Archive der Stasi und anderer gegnerischer Geheimdienste, wurde das wahre Ausmaß dieser massiven Einfluss- und Manipulationskampagnen deutlich. Erstaunlicherweise ist dies der breiten Öffentlichkeit in Deutschland noch immer weitgehend unbekannt.

Moskau verbreitet Desinformation, die immer wieder bestimmte Kernthemen aufgreift. Schon in den 1980er-Jahren lassen sich Narrative identifizieren, die zu großem Teil auch heute durch russische Akteure in Deutschland noch verbreitet werden. Die »Krise des Westens« ist ein Narrativ, das angebliche politische, ökonomische und soziale Verwerfungen in westlichen Staaten vorführt. Eine »mangelnde Verhandlungsbereitschaft« mit der Sowjetunion wurde den westlichen Staaten hauptsächlich in den 1970er-Jahren vorgeworfen. Der »Verfall der NATO« wird mit unüberwindbaren Differenzen zwischen Mitgliedsstaaten als unausweichlich dargestellt. Allen NATO-

Mitgliedsstaaten, vorneweg den USA, schreibt die russische Desinformation während des gesamten Kalten Krieges eine Aggressivität zu, eine provokative und imperialistische Grundhaltung, die echten Frieden unmöglich mache. Weitere desinformative Narrative sind nachzulesen im 1984 veröffentlichten Buch *Dezinformatsia* von Richard H. Shultz und Roy Godson; ein ebenso gut recherchierter wie verblüffender Einblick in die desinformativen Strategien und Praktiken der Sowjetunion im Kalten Krieg. Und obwohl Shultz und Godson schon vor vierzig Jahren erklärten, wie der Kreml die Informationsräume anderer Staaten manipuliert, blieben gesellschaftliche und politische Gegenmaßnahmen weitestgehend aus.

DESINFORMATIONSKAMPAGNEN GEGEN DEUTSCHLAND IM KALTEN KRIEG

Besonders die Instrumentalisierung des Wunsches nach Frieden ist seit Langem integraler Bestandteil der sowjetischen Propaganda; die Strategie ist im selben Maße moralisch verkommen wie brillant. Das menschliche Streben nach Frieden wird von der Sowjetregierung eingesetzt, um die eigene politische und militärische Position zu stärken. 1969 veröffentlicht die *Nowoje Wremja* (Neue Zeit) beispielsweise einen Artikel, in dem es heißt:

> »Das Programm der westdeutschen Regierung zur Rache und Revision der Grenzen Europas ist für alle sichtbar. Es wurde von Franz Josef Strauß ausgearbeitet, der Anfang der Vierzigerjahre Propagandaoffizier in Hitlers Wehrmacht war und sich in der westdeutschen Politik als Protegé der

Amerikaner etablierte. […] Bonn bereitet den Boden für den Krieg gegen den Osten in jeder Hinsicht vor: militärisch, psychologisch, ideologisch.«[16]

Die Dämonisierung der westdeutschen Regierung als Teil von »Hitlers Truppe« und Kriegstreiber zielte als propagandistische Nachricht auf die Heimatfront und die europäische Bevölkerung. Moskau warnte über verschiedene Medienkanäle immer wieder, dass Europäer sich ernsthafte Gedanken über die Gefahr machen müssten, der sie sich selbst aussetzten. Durch die Militarisierung Europas und die Aufrüstung der Bundeswehr mit Atomwaffen rücke die Möglichkeit eines atomaren Kriegs auf europäischem Boden in greifbare Nähe.

In der deutschen Zivilbevölkerung entstehen zu dieser Zeit mehrere Initiativen, die gegen die atomare Aufrüstung protestieren. Die Gesamtheit des Widerstands in Deutschland ist *nicht* als Folge der sowjetischen Propaganda zu verstehen – natürlich gab es vernünftige Gründe, sich der atomaren Aufrüstung entgegenzustellen. Es ist vielmehr so, dass – damals wie heute – die östlichen Propagandisten die finanzielle Bestechung von Schlüsselfiguren kombinieren mit subtileren Methoden, die den gesellschaftlich stattfindenden Diskurs zu ihren Gunsten beeinflussen und einen Keil in die Mitte der Gesellschaft treiben sollen.[17]

Anfang der 1980er verbreitet sich HIV weltweit, und Spekulationen über den Ursprung und die Verbreitungswege des Virus überschlagen sich. Es wird behauptet, dass Impfungen gegen Pocken, Hepatitis oder Polio die Krankheit auslösen. All diese Erklärungen führen den Ursprung von HIV auf die US-Regierung zurück, die das Virus angeblich im Labor entwickelt hätte. Die Verschwörungserzählungen stützen sich auf Bücher wie *AIDS and the Doctors of Death: An Inquiry into the Origin of the AIDS Epidemic*, das 1988 von einem Dermatologen selbst verlegt wird. Da es zu dieser Zeit keine verlässlichen Beweise für den Ursprung des Virus gab, verbreiteten sich die antiamerikanischen Narrative bestens. Hinter dieser *aktiven Maßnahme* steckten – wie sich erst viel später herausstellte – nicht nur der Kreml, sondern auch das Ministerium für Staatssicherheit der DDR. Die beiden Geheimdienste orchestrierten zusammen die Operation »Infection«. Der KGB schreibt in einem Telegramm im September 1985:

> »Wir führen eine Reihe von [aktiven] Maßnahmen im Zusammenhang mit dem Auftreten einer neuen und gefährlichen Krankheit, dem ›Acquired Immune Deficiency Syndrome – AIDS‹ durch, das sich in den letzten Jahren in den USA und anschließend in andere Länder, auch in Westeuropa, verbreitete. Ziel dieser Maßnahmen ist es, im Ausland die – für uns vorteilhafte – Meinung zu verbreiten, dass diese Krankheit das Ergebnis geheimer Experimente der Geheimdienste der USA und des Pentagons mit einer neuartigen biologischen Waffe ist, die außer Kontrolle geraten sind.«[18]

Stasi und KGB streuen das Gerücht zunächst erfolgreich in verschiedenen Massenmedien und produzieren dann Studien, die beweisen sollen, dass das Virus künstlich erzeugt wurde. 1986 veröffentlicht der ostdeutsche Biologe Jakob Segal zusammen mit seiner Frau Lilli das Paper »AIDS: Its Nature and Origin«, das bei einer Versammlung der Blockfreien Staaten im September desselben Jahres mit der Broschüre »AIDS: USA home-made evil, NOT out of AFRICA!« verteilt wird. Die USA als technologisch-hegemoniale Weltmacht darzustellen, die durch ihren Fortschrittswillen das Geheimwohl schädigt, ist als Narrativ höchst erfolgreich. Erst 2005 wiesen Wissenschaftler eindeutig nach, dass das HI-Virus vom Affen auf den Menschen übertragen worden war. Und vor gerade einmal zehn Jahren konnten Christopher Nehring und Douglas Selvage mit Geheimdokumenten beweisen, dass der KGB und die Stasi gezielt Falschbehauptungen in die Welt gesetzt hatten. Mit der Coronapandemie fand der Kreml ein weiteres Virus, das als Propagandavehikel eingesetzt werden konnte.

Die Unterstützung der deutschen Friedensbewegung war im Kalten Krieg eines der wichtigsten Ziele des KGB und der Stasi. Millionen Friedensbewegte gingen damals auf die Straße. Nach der Aufstellung sowjetischer Mittelstreckenraketen vom Typ SS20 waren KGB und Stasi nach Kräften bemüht, den öffentlichen Widerstand gegen die von der Bundesregierung geplante Nachrüstung zu stärken. Im Oktober 1979 wurde in Moskau eine Kampagne gegen die Stationierung US-amerikanischer Mittelstreckenraketen beschlossen.[19] Im Dezember wurden die Bruderparteien im Westen aufgefordert, taktische Bündnisse mit den Sozialdemokraten einzugehen. So konnte der Eindruck verwischt werden, die Friedensbewegung sei von Kommunisten gesteuert.

In der Bundesrepublik wurde diese Aufgabe von der Deutschen Kommunistischen Partei DKP übernommen. Sie erhielt dafür Geld von der DDR und der Sowjetunion. Eine Meisterleistung der DKP, so nennen es die Autoren Markus Wehner und Reinhard Bingener in ihrem Buch *Die Moskau-Connection*, war der Krefelder Appell von 1981 unter dem

Titel »Der Atomtod bedroht uns alle – keine Atomraketen in Europa«. Bis 1983 unterzeichneten ihn mehr als vier Millionen Menschen. Einer der Verfasser des Appells war der ehemalige Bundeswehrgeneral Gert Bastian, eine Ikone der Friedensbewegung. Bastian war auch einer der »Generale für den Frieden«, einer Gruppe von mehr als einem Dutzend hochrangiger Generäle aus mehreren NATO-Ländern, die vor den Gefahren eines Nuklearkriegs warnten und vehement gegen die Nachrüstung eintraten. Als Fachleute und Autoritätspersonen genossen die Generäle eine hohe Glaubwürdigkeit. KGB und Stasi leisteten Unterstützung bei der Rekrutierung dieser Generäle, der Finanzierung ihrer Tätigkeit sowie der Publikation von Tausenden von Artikeln, Filmen und Büchern.[20]

Den größten Coup leisteten Stasi und KGB beim konstruktiven Misstrauensvotum gegen Bundeskanzler Willy Brandt im April 1972, unmittelbar vor der Ratifizierung der Ostverträge durch den Deutschen Bundestag. Wie ebenfalls erst Jahre später an die Öffentlichkeit gelangte, gelang es der Stasi, zwei Abgeordnete der CDU/CSU-Fraktion, Julius Steiner und Leo Wagner, zu bestechen, sich bei der Abstimmung ihrer Stimme zu enthalten.[21] Steiner räumte bereits 1973 ein, er habe von der Stasi 50.000 DM an Bestechungsgeld angenommen. Wagners Mitwirkung wurde erst im Jahr 2000 öffentlich bekannt. Das reichte, um den Antrag abzuschmettern und Willy Brandt an der Macht zu halten. Hätte die Opposition damals die Abstimmung gewonnen, wäre die deutsche Ostpolitik in dieser Form vermutlich nie realisiert worden. Der Fall erinnert an den Versuch, Einfluss auf die US-amerikanische Präsidentschaftswahl von 2016 zu nehmen, und zeigt, dass Moskaus Geheimdienste damals wie heute keine Hemmungen hatten, das Wahlgeschehen westlicher Länder bis herauf zur politischen Spitze zu manipulieren.

Von heute aus betrachtet, ist es frappierend zu sehen, wie sehr sich die Muster gleichen. Auch heute greifen russische Dienste tief in unsere gesellschaftlichen Debatten ein und versuchen diese in ihrem Sinne zu lenken und zu beeinflussen. Das mediale Spielfeld hat sich verändert, aber die Ziele der Propagandisten und ihre grundlegenden Taktiken sind weitgehend die gleichen geblieben. Im Kalten Krieg entwickelte sich ein Instrumentarium, eine Toolbox, die neben Desinformation viele andere Methoden parat hielt und sich bis heute als äußerst effektiv erweist, um den Informationskrieg zwischen West und Ost mit aller Härte auszutragen. Deutschland war damals ein Hauptziel östlicher Manipulation und ist es auch heute. Leider ist dieser aktuelle Fakt heute genau wie damals nicht ins gesellschaftliche Bewusstsein durchgesickert.

KAPITEL 3: INTERNET UND SOZIALE NETZWERKE – DAS NEUE SPIELFELD FÜR RUSSISCHE PROPAGANDA

Russlands Manipulationen nutzen heute Strategien und Narrative, die teilweise schon seit hundert Jahren Bestandteil seiner Propaganda-Werkzeugkästen sind. Sie treffen zu verschiedenen geschichtlichen Zeitpunkten auf neue mediale Gegebenheiten, welche die mögliche Verbreitung von Informationen grundlegend umgestalten. Die gegenwärtige Propaganda und Desinformation aus Russland kann man nicht ohne die Funktionsbedingungen des Internets und der sozialen Netzwerke verstehen. Der Kreml weiß dieses neue Spielfeld bestens auszunutzen.

DAS INTERNET SCHAFFT EINE NEUE WELT

Das frühe Internet machte es möglich, kostenlos Websites zu erstellen; diese neuen Veröffentlichungsmöglichkeiten eliminierten die Gatekeeper-Privilegien der Medienelite. Seitdem können Privatpersonen ohne Kapital und ohne dahinterstehende Institution beliebige Inhalte veröffentlichen. Die gezielte Suche nach Inhalten gestaltete sich allerdings im Web 1.0 aufgrund seiner dezentralen Struktur sehr schwierig, und Kanäle, die viele Millionen Menschen erreichten, gab es nicht. Das grundlegende symmetrische Sender-Empfänger-Verhältnis machte das Web 1.0 zwar egalitär, vermochte aber genau deshalb nicht, allgemeine Relevanz zu schaffen. Kleine Gruppen und Gemeinschaften lebten in dörflichen Verbunden ohne Globalisierungsabsichten, so könnte man die Situation beschreiben. Die Stimmung der Internetpioniere war allgemein gut; man glaubte, beim Beginn einer demokratisch-medialen Revolution dabei zu sein.[22] John Perry Barlow, Bürgerrechtler und Songtexter der Band Grateful Dead, verfasste 1996 im Rahmen des Weltwirtschaftsforums in Davos eine Unabhängigkeitserklärung des Cyberraums (»A Declaration of the Independence of Cyberspace«), in der er die paradiesischen Zustände des neuen Cyberspace preist:

> »Wir schaffen eine Welt, in der alle ohne Privilegien oder Vorurteile aufgrund von ›Rasse‹, Wirtschaftskraft, militärischer Stärke oder Herkunft eintreten können. Wir schaffen eine Welt, in der jeder überall seine oder ihre Überzeugungen zum Ausdruck bringen kann, egal, wie einzigartig sie sind, ohne Angst haben zu müssen, zum Schweigen oder zur Konformität gezwungen zu werden.«[23]

Mit Aufkommen der sozialen Netzwerke Anfang der 2000er änderte sich das Spielfeld grundlegend. Einige wenige Plattformen vereinten die meisten Internetnutzerinnen, und Barlows romantische Unabhängigkeitserklärung ging in Rauch auf. Facebook entwickelte sich zu einer Plattform, die zwei Milliarden Nutzern ermöglicht, das Weltgeschehen zu verfolgen, Kontakt mit alten Schulfreunden aufrechtzuerhalten und jedes politische Partikularinteresse in Facebook-Gruppen zu verfolgen. Mit dem Kauf von Instagram und WhatsApp baute Meta eine unheilige Dreifaltigkeit aus wirtschaftlichem Konsum, interpersonaler Kommunikation und sozial-politischer Informationsdarstellung. Google wurde zur dominanten Suchmaschine, kaufte YouTube und bot Mail-services an. Kleinere Plattformen wie Reddit und Twitter entstanden. Egal, wie groß oder klein, alle Plattformen finanzierten ihr Geschäftsmodell wie auch heute noch mit Werbung.[24]

Grundsätzlich funktioniert Werbung dann am besten, wenn die Anzeige zum Adressaten passt. Das war auch schon vor dem Internetzeitalter klar. Justus wohnt in Kreuzberg, achtet auf seine Ernährung und macht gerne Yin-Yoga? Die Chiasamen für 13 Euro kauft er bestimmt. Dieses Schlüssel-Schloss-Prinzip kann in sozialen Netzwerken mit einer völlig neuen Treffsicherheit durchgeführt werden. Die Datensets über Individuen werden immer größer und damit präziser, die Techniken der Unternehmen und Werbetreibenden immer ausgefeilter. Auch das User Interface, die Benutzeroberfläche der Plattformen selbst, orientiert sich mehr und mehr an der zu platzierenden Werbung. Mit der Zeit konnte man die Werbung kaum noch von den Inhalten individueller User unterscheiden (man denke an die Posts bei X, früher Twitter). Mithilfe der immer feiner werdenden Datenpools wurde es möglich, hoch individualisierte Werbung zu schalten. Solche – in Qualität und Quantität noch nie da gewesenen – Datensätze sind nicht nur für Werbetreibende, sondern auch für Propagandisten eine Goldgrube. Die romantische Vorstellung, dass das Internet den Zugang zu Informationen demokratisieren würde und allen Menschen eine Stimme gäbe, scheint heute naiv. Technologie, Designentscheidungen und Profitmaximierung schaffen ein manipulierbares System, das von den Propagandisten des Kremls gnadenlos ausgenutzt wird.[25]

Die Strategien der Werbeindustrie nutzt Moskau fast 1:1 für propagandistische Zwecke.

EIN NEUES INSTRUMENT: HIERARCHISIERUNG

Statt informativ begrenzter und nicht personalisierter Newsfeeds führen Twitter, Facebook und andere Plattformen hoch personalisierte, endlose Feeds ein, in denen man ewig nach unten scrollen kann. Die Menge an Mitteilungen und Informationen wird so unüberschaubar groß, dass es neue Organisationsprinzipien braucht, um einzelne Nachrichten im zentralisierten Internet herauszuheben. Um einige Mitteilungen sichtbarer zu machen als andere, müssen Mitteilungen qualifiziert werden; gemeint sind Likes, Retweets, Hashtags und Share-Buttons. Dieses Filter- und Organisationsprinzip kann die Popularität einzelner Mitteilungen so weit steigern, dass Millionen User die Mitteilung sehen. Dann können Posts »viral gehen«. Der aus der Epidemiologie entnommene Begriff »viral« wird als Metapher genutzt, um die zur Stunde populärsten Inhalte zu beschreiben. Die Mitteilungen verbreiten sich zunächst in einem Cluster von Usern, infizieren dann durch einzelne Kontaktpersonen andere Cluster und verbreiten sich dann mit exponentiellem Wachstum weiter.

Forscher am Massachusetts Institute of Technology (MIT) veröffentlichten 2018 eine Studie, für die sie circa 126.000 auf Twitter verbreitete Nachrichtenmeldungen in Wahr und Falsch kategorisierten. Diese Nachrichten wurden von drei Millionen Usern insgesamt 4,5 Millionen Mal in Form von Tweets zwischen 2006 und 2017 verbreitet. Das Ergebnis:

Falschmeldungen verbreiten sich signifikant schneller als richtige. Falsche politische Meldungen erreichten 20.000 Personen fast dreimal so schnell, wie alle anderen Arten von Meldungen 10.000 Personen erreichten. Für alle falschen Meldungen insgesamt wurde errechnet, dass eine Falschmeldung mit einer 70 Prozent höheren Wahrscheinlichkeit retweetet wird als eine korrekte Meldung.[26]

Die stets wachsende Zahl an Informationsangeboten in sozialen Netzwerken wird durch Likes und Shares hierarchisiert; dadurch werden die unüberschaubar vielen Posts für alle User auf eine personalisierte, möglichst »passgenaue« Teilmenge reduziert. Soziale Netzwerke personalisieren die individuell sichtbaren Posts durch drei algorithmische Sortierfunktionen, nämlich (1) Suchmaschinen, (2) Empfehlungen und (3) Trends.

(1) Bei Suchmaschinen beruhen angezeigte *Suchergebnisse* nicht auf nüchternen allgemeinen Relevanzkriterien. Die Suchergebnisse werden für jeden Nutzer anhand von Interessen personalisiert. So können Suchmaschinen die Bildung von informativen Blasen begünstigen. Russische Propaganda nutzt diese Blasen, um Desinformation und Verschwörungserzählungen in den Köpfen der Adressaten, die sich offenbar dafür interessieren, zu verfestigen.

(2) *Empfehlungen* in sozialen Netzwerken sind personalisierte Informationsangebote, die immer auf Ähnlichkeit beruhen. Die einfachste Form der Empfehlungen basiert auf Inhalten, für die sich der Nutzer bereits interessiert hat. Wenn der User also schon auf X nach »Russland« gesucht hat, ist die Wahrscheinlichkeit nicht gering, dass er auch auf Falschmeldungen im russischen Kontext stößt. Die andere Form von Empfehlungen basiert auf den Interes-

sen von Userprofilen, die dem eigenen *Profil* ähneln. Der Algorithmus, der dem Yoga-Interessierten vegetarische Kochbücher empfiehlt, weil die Daten zeigen, dass viele Menschen oft beide Dinge gut finden, empfiehlt auch der Person, die ausweislich ihres Suchverlaufs Covid-19 für eine Biowaffe der westlichen Eliten hält, den Gebietsanspruch der Ukraine infrage zu stellen.

(3) Im Kontrast zu den Ergebnissen bei Suchanfragen oder generierten Empfehlungen sind *Trends* nicht personalisiert; sie sind für alle User einer Plattform gleich und damit ein besonders weitreichendes Propaganda-Tool. Was der Algorithmus als Trend einstuft, hängt ab von Schlagwörtern, Webadressen und Hashtags, die aktuell am häufigsten genutzt und geteilt werden. Der besondere Reiz der Trends besteht in ihrer vermeintlichen Direktheit; sie vermitteln eine unmittelbare Nähe zu dem, was aktuell am relevantesten ist. Russlands Propagandisten manipulieren Trends, indem sie diese künstlich herbeiführen. Um das zu tun, braucht man *Bots* – je mehr, desto besser. Bots sind Nutzerprofile, hinter denen sich kein Mensch, sondern ein Programm befindet, das vordefinierte Inhalte verbreitet. Neben den Bots nutzt die russische Propaganda auch Menschen, die, meistens gegen Bezahlung, falsche Profile erstellen und damit die Agenda der Propagandisten unterstützen. Werden diese fabrizierten Trends von Journalisten für echt gehalten und in Zeitungsartikeln oder anderer Form veröffentlicht, erhöht sich die Reichweite abermals und der fabrizierte propagandistische Trend erhält den Stempel journalistischer Qualität.[27]

DER VOGELSCHWARM

Die Art und Weise, wie Individuen innerhalb von sozialen Netzwerken vom Informationsangebot und anderen Nutzern beeinflusst werden, vergleicht Renée DiResta, die am Stanford Internet Observatory forscht, mit dem Verhalten eines großen Vogelschwarms. Wir kennen alle das wunderbare Bild von riesigen Vogelschwärmen am Himmel, die zufällig wirkende Formationen fliegen. An manchen Stellen konzentrieren sich viele Vögel, dort wird der Himmel schwarz, an anderen Stellen fliegen sie weit voneinander entfernt und es wirkt so, als ob einige Vögel den Anschluss verlieren könnten. Die Vögel richten ihr Verhalten an dem Verhalten ihrer direkten Flugnachbarn aus; aus individueller Reaktion entsteht kollektives Verhalten. So kann man sich in etwa das Verhalten von Individuen in sozialen Netzwerken vorstellen. Wir sehen, was direkt um uns herum geschieht und lassen uns davon leiten, was wir beobachten.[28] Das Problem ist, dass die Personen, die wir im digitalen Raum als authentische Flugnachbarn wahrnehmen und an denen wir uns orientieren, vielleicht nur Bots sind, die von Troll-Farmen in Russland programmiert wurden.

Vogelschwärme bestehen aus gleichwertigen Individuen. Dagegen produzieren die sozialen Netzwerke Individuen, die exponentiell mehr Zugkraft haben als andere: *Influencer*. Die Informationsordnung aus Likes, Shares, Suchmaschinen, Empfehlungen und Trends, gepaart mit plattformspezifischen Algorithmen, bringt Influencer hervor und beeinflusst gleichzeitig maßgeblich den Inhalt, den sie verbreiten. Die Struktur von Plattformen wie Substack, Patreon, OnlyFans, Twitter und anderen ermöglicht es, einzelne maßgeschneiderte Nachrichtenräume für einige Hunderte, Tausende oder Millionen von Usern einzurichten und zu monetarisieren, wobei der Adressat entscheidet, was er sieht. Patreon und OnlyFans unterscheiden sich von Twitter durch das Abonnement-Prinzip; bei Patreon und OnlyFans zahlt man regelmäßige Beiträge, um Inhalte von selbst ausgewählten »Inhaltserstellern« konsumieren zu können. Der Preis wird dabei von den sogenannten »Creatorn« festgelegt. Dieses Abonnement-Prinzip findet sich nicht direkt bei YouTube, TikTok oder Instagram wieder, deren Inhalte werden durch Werbung monetarisiert. Ökonomisch ist das Prinzip für Influencer auf YouTube, TikTok und Instagram dennoch insofern gleich, als mehr Zuschauer mehr Einnahmen bedeuten. Die Influencer kennen ihr Publikum genau und sind ob ihres wirtschaftlichen Interesses darum bemüht, sich gegen ihre Konkurrenz durchzusetzen. Durchsetzen können sich die, die ihr Publikum am besten stimulieren, und das funktioniert, indem man dem Publikum am zielsichersten das gibt, was ihm gefällt. Das neue Medium schafft so eine neue Medienelite, die es darauf anlegt, ihre Inhalte so zu gestalten, dass sie möglichst oft angesehen und geteilt werden. Der Natur des Menschen geschuldet, sind diese Inhalte keine Vorträge über die Würde des Menschen, sondern hoch emotionalisierte, sexualisierte und oft schockierende Posts. Psychologische Untersuchungen konnten zeigen, dass das wichtigste Motiv, Inhalte in sozialen Netzwerken zu teilen, Wut ist.[29] Das heißt, Personen sind eher geneigt, feindliche Meinungsbilder zu teilen und diese mit einem hämischen Kommentar zu versehen, als für gut befundene Inhalte mit einem zustimmenden Kommentar zu teilen. Diese Dynamik nennt man in der Soziologie auch »soziale Sortierung«. Dabei verhärten sich binäre Denkmuster, indem die abgelehnte Position und die Personen, die diese vertreten, als minderwertige Antagonisten wahrgenommen werden, während man die eigene Position und »das eigene Team« intellektuell und moralisch überhöht. Der Kreml versteht diese mediale Dynamik und nutzt sie für Propagandakampagnen in Deutschland.

VERGESST BILD: WO DIE DEUTUNGSHOHEIT WIRKLICH ZU HAUSE IST

Bild ist in Deutschland mit einer Auflage von fast 1,1 Millionen die reichweitenstärkste Tageszeitung, Social-Media-Star Rezo hat 1,7 Millionen Abonnenten auf YouTube. Rezo, der insgesamt vier YouTube-Kanäle mit insgesamt 3,9 Millionen Abonnements bespielt, ist in erster Linie kein politischer Influencer; die Mehrheit seiner Videos ist humoristischer Natur. Doch im Mai 2019 vor den Europawahlen hat er das Video »Die Zerstörung der CDU« veröffentlicht, in dem er knapp eine Stunde lang hauptsächlich die CDU – aber auch CSU, FDP, AfD und SPD – für ihre Politik und Arbeitsweise kritisiert. Zum Ende des Videos sagt er im Kontext des Klimawandels: »Es geht hier nicht um verschiedene legitime Meinungen, sondern es gibt nur eine legitime Einstellung; und zwar dafür zu sorgen, dass es so schnell wie möglich einen drastischen Kurswechsel gibt, sonst sind wir faktisch gefickt.« Anschließend spricht er eine indirekte Wahlempfehlung für Bündnis 90/Die Grünen und Die Linke aus. Das Video wurde bis zur Europawahl zehn Millionen Mal angeklickt und war das in Deutschland am meisten aufgerufene YouTube-Video im gesamten Jahr 2019. Im Hinblick auf die Verluste von SPD und CDU und den Erfolg der Grünen bei der Europawahl war die Rede von einem »Rezo-Effekt«.

Dieser Fall verdeutlicht, dass die politische und gesellschaftliche Deutungshoheit in soziale Netzwerke abgewandert ist und auch einem Sprachduktus folgt, der den gängigen Stil des öffentlichen politischen Diskurses transformiert. Die CDU war nicht in der Lage, dem Video etwas ähnlich Wirkungsmächtiges entgegenzusetzen, die Gegenmaßnahmen lassen sich insgesamt unter dem Stichwort »PR-Desaster« zusammenfassen. Eine bereits produzierte Videoantwort mit Philipp Amthor von der Jungen Union als Protagonist wurde nicht veröffentlicht, weil der Parteivorstand nicht zustimmte.

Rezos Einfluss steht hier exemplarisch für das Machtpotenzial, über das Influencer verfügen. Die Hälfte von Rezos Abonnenten auf YouTube ist zwischen 18 und 24 Jahre alt. Die politische Position von Rezo ist auf dem links-grünen Spektrum zu verorten – und die Position seiner Abonnenten vermutlich auch. Neben Rezo gibt es auch Influencer, die gegensätzliche politische Positionen vertreten und bewerben. »Neverforgetniki« hat circa 350.000 Abonnenten, die seine Huldigungen der AfD verfolgen. »Ketzer der Neuzeit« hat circa 400.000 Abonnenten, die seinen Einlassungen zum – angeblich durch die »Gender-Diktatur« ausgelösten – kulturellen wie politischen Verfall Deutschlands lauschen.

Kurz gesagt: Alle politischen Positionen werden in sozialen Netzwerken von Influencern vertreten und dadurch im selben Zug in informativ begrenzten Räumen verstärkt. Die Nachrichtenräume, die Influencer schaffen, oder Räume, die durch Facebook-Gruppen entstehen, führen dazu, dass Personen durch die emotionale und identitätsstiftende Qualität von ebenjenen Nachrichtenräumen außenstehende Informationen als weniger verlässlich oder sogar als falsch interpretieren.

Eine kürzlich in Deutschland durchgeführte Studie des Londoner Institute for Strategic Dialogue zeigt eine frappierende Korrelation zwischen der Verwendung sozialer Medien und prorussischen, antidemokratischen Einstellungen.[30] Die Strukturen der sozialen Netzwerke machen die halböffentlichen Räume zur idealen Echokammer für die russische Propaganda. Da RT in der EU nicht mehr senden darf, müssen sich kremlnahe Ideologen im digitalen Untergrund treffen. Aus der Sicht dieser Menschen befinden sie sich in einem subversiven Kampf gegen die unterdrückende deutsche Staatselite. Diese David-gegen-Goliath-Mentalität darf in ihrem Aktivierungspotenzial nicht unterschätzt werden. Russische Propagandainstanzen zielen genau darauf ab.

DIE FRAGMENTIERTE ÖFFENTLICHKEIT

In der Zeit vor den sozialen Netzwerken wurden Lokalmeldungen, das Weltgeschehen und insbesondere politische Ereignisse ausschließlich über Medien verbreitet, die potenziell und effektiv von wenigen betrieben – und an Massen gesendet – wurden: die klassischen Massenmedien Zeitung, Rundfunk und Fernsehen. Es bestand, wie schon gesagt, ein hoch asymmetrisches Verhältnis zwischen *aktiven Absendern* und *passiven Empfängern* von Informationen. Das Massenpublikum war als rigide Struktur im Ganzen adressierbar und potenziell zu bewegen. Das ermöglichte es, Informationen und Propaganda an ein Massenpublikum zu senden, dem es nicht möglich war, mit ähnlicher medialer Durchschlagskraft zu antworten. Man kann Radio hören, Fernsehen gucken und Zeitung lesen, aber praktisch nicht antworten. Sicher, man kann einen Leserbrief verfassen, aber trotzdem entscheidet die Zeitung oder die TV-Anstalt, welchen Leserbrief sie veröffentlicht und ob es überhaupt Leserreaktionen geben soll.

Das ist heute grundlegend anders. Vereinfacht gesagt gibt es heute statt einer homogenen Öffentlichkeit eine *hoch fragmentierte* Öffentlichkeit. Diese Umstrukturierung des Öffentlichen und die sich daraus ergebenden Herausforderungen für unsere Demokratie sind von Jürgen Habermas in einem 2021 erschienen Buch beleuchtet worden. Er beschreibt die neu entstandenen Teilöffentlichkeiten so:

> »Diese Räume scheinen eine eigentümlich anonyme Intimität zu gewinnen: Nach bisherigen Maßstäben können sie weder als öffentlich noch als privat, sondern am ehesten als eine zur Öffentlichkeit aufgeblähte Sphäre einer bis dahin dem brieflichen Privatverkehr vorbehaltenen Kommunikation begriffen werden.«[31]

Mit dieser Bewertung trifft Habermas den Nagel auf den Kopf. Die »anonyme Intimität«, hergestellt durch eine gestalterische Freiheit auf Absenderseite, starke Emotionalisierung von Themen und die vermeintlich kumpelhafte Nähe zu Influencern, schafft einen Medienraum, der geradezu dafür gemacht zu sein scheint, individuelle Meinungen und politische Positionen ins Extreme zu steigern. Die Teilöffentlichkeiten bestätigen sich selbst und misstrauen allem, was außerhalb ist. Man kann sich die fragmentierte Öffentlichkeit vorstellen wie viele kleine, schnell fließende Bäche, die sich zwar kreuzen können, aber doch eigenständig sind. In dieser Metapher gedacht, war die vergangene Öffentlichkeitsstruktur zu den

Hochzeiten der Zeitung, des Rundfunks und Fernsehens ein langsam fließender, breiter Fluss.

Das Informationsüberangebot sorgt auf Nutzerseite für einen Verlust von Sicherheit: Was kann ich überhaupt noch glauben? Der Philosoph Byung-Chul Han, der sich mit der Wirkung von sozialen Medien auf unsere Gesellschaft beschäftigt, vermutet, dass die informative Überforderung die Anziehungskraft von Verschwörungserzählungen steigert. In der informativen Flut, die einen umherschleudert, bilden Verschwörungserzählungen narrative Verankerungen. Verschwörungen haben immer Antworten parat, und so ersetzt sich die informative Unsicherheit durch eine vermeintlich totale Sicherheit.[32] Für russische Propaganda stellen Verschwörungserzählungen in sozialen Netzwerken eine willkommene Hilfe dar, weil sie mit ihren einfachen Lösungen in der allgemeinen Unsicherheit den perfekten Nährboden bieten, um prorussische Narrative zu verbreiten.

Diese politisch hoch fragmentierte digitale Öffentlichkeit ist das neue Spielfeld russischer Propaganda und Informationsmanipulation. Es zwingt Propagandisten, sich an den bestehenden Identitätsmerkmalen der Adressaten auszurichten, weil es nun die Empfänger sind, die bestimmen, was sie konsumieren – die großen Massenmedien, die Inhalte und Meinungen für alle vorgeben können, gibt es nicht mehr.

Menschen kommen online auch mit Meinungen in Kontakt, die ihrem Weltbild widersprechen, weil Filterblasen nur in seltenen Fällen absolut sind. Aufgrund des fehlenden sozialen Kontakts ermöglichen die halböffentlichen Räume es uns aber, diese Meinungen schnell zu verteufeln und als illegitim abzutun. Echter Austausch oder produktiver Streit findet kaum statt.

Der fragmentierten und schnelllebigen digitalen Öffentlichkeit ist heute nur mit einer ihrerseits fragmentierten Propaganda zu begegnen. Im starken Kontrast zur in Kapitel 2 beschriebenen klassischen Propaganda beobachten wir gegenwärtig keine große, kohärente Erzählung, die der Kreml in Deutschland verbreitet. Es sind viel mehr desinformative Stiche, die nach und nach unser gesamtgesellschaftliches Gewebe aus Fakten und Dialog zersetzen.

RUSSLAND VERSTEHT DAS NEUE SPIELFELD

In Russland hat man die technischen Fortschritte genau beobachtet. Stellte RT noch eine analoge »Nachrüstung« gegen die aus der Sicht Moskaus feindlich agierenden westlichen Medien dar, so brach mit der Erschließung des Internets und der sozialen Medien eine völlig neue Ära an. Die neuen Datenpools eröffneten nie da gewesene Möglichkeiten. Propaganda ließ sich beliebig auf Zielländer und -gruppen zuschneiden, schneller und in höherer Taktung verbreiten. Russland erkannte dieses Potenzial früher als andere Länder und kombinierte es mit den Erfahrungen, die es im Kalten Krieg mit seinen »aktiven Maßnahmen« gesammelt hatte. Die neue Öffentlichkeitsstruktur der sozialen Netzwerke ermöglichte eine personalisierte Propaganda just in dem Moment, als sich die russische Politik in der zweiten Hälfte der Nullerjahre verhärtete und nach Möglichkeiten suchte, um Macht und Einfluss zu steigern. Aus dem Dreiklang – einschlägige Erfahrung mit Subversion und Manipulation, revanchistische Großmachtpolitik, virtuose Einsetzung neuer digitaler Techniken – entstand ein explosiver Mix für Europa und die ganze Welt.

KAPITEL 4: DIE AKTEURE – EINE KRAKE, VIELE TENTAKEL

»Jede Kriegsführung basiert auf Täuschung, und die höchste Kunst des Krieges besteht darin, den Feind kampflos zu unterwerfen.«

Sun Tzu, 500 v. Chr.

Wer sind die wichtigsten Drahtzieher in Russlands Informationskrieg? Wie werden ihre Strategien umgesetzt? Wie funktioniert das Zusammenspiel der handelnden Akteure? Nur wenn wir dies verstehen, können wir wirksame Gegenstrategien entwickeln und resilient werden. Über die Jahre hat sich ein komplexes Geflecht aus Personen, Institutionen, privaten Firmen und Geheimdiensten herausgebildet, das aktiv an Moskaus Informationskrieg mitwirkt – zum Teil öffentlich, überwiegend aber im Verborgenen.

Hier in diesem Kapitel beschreiben wir so detailliert wie möglich dieses verborgene Geflecht und illustrieren die handelnden Akteure: von russischen Oligarchen hin zu mordenden Geheimdienstagenten.

STEUERUNG AUS DEM KREML

Der Präsident und seine Administration sind – wenig überraschend in einer Diktatur, die auf totale Kontrolle und zentrale Steuerung setzt – die wichtigsten Akteure im Informationskrieg. Sie geben die inhaltliche Linie vor und choreographieren den Gesamtprozess aus dem Hintergrund.

Die Texte des Präsidenten, seine Reden wie die alljährliche »Poslanie« zur Lage der Nation und andere Veröffentlichungen setzen den Ton für Russlands offizielle Narrative. An ihnen orientieren sich Regierung und Beamtenapparat des Landes. Als Beispiel sei Putins bereits erwähnter berüchtigter Essay »Zur historischen Einheit von Russen und Ukrainern« vom 12. Juli 2021 angeführt.[33]

In diesem Text, ein halbes Jahr vor dem russischen Überfall auf die Ukraine veröffentlicht, spricht Putin der Ukraine jeden Nationalcharakter ab. Russen und Ukrainer seien zusammen mit den Belarussen ein Volk und gehörten historisch zur »dreieinigen russischen Nation«. Russen und Ukrainer teilten ein gemeinsames Erbe und Schicksal. Putin zufolge sind alle Unterschiede zwischen Russland und der Ukraine künstlich und das Werk westlicher Mächte. Angefangen mit Polen im 16. Jahrhundert über die Habsburgmonarchie bis hin zur EU und den USA hätten diese die Ukraine fremdbestimmt oder sie in die Irre geführt. Putins Aufsatz hatte keinen akademischen Charakter. Seine Bedeutung lag darin, dass er eine Legitimation für die Invasion der Ukraine schuf – ein Zusammenhang, der nach seinem Erscheinen in Osteuropa sehr viel klarer als in Deutschland erkannt wurde.

Ein andersartiges Beispiel für die Leitwirkung staatlicher Verlautbarungen sind die Verbalattacken des stellvertretenden Vorsitzenden des Nationalen Sicherheitsrats, Dmitri Medwedew. In seiner Zeit als russischer Präsident von 2008 bis 2012 (als Platzhalter für Putin) als liberaler, dem Westen aufgeschlossener Reformer gefeiert, hat er sich später als Gift und Galle spuckenden Hardliner neu erfunden. Wie kaum ein anderer verkörpert er die dramatische Verhärtung der russischen Politik. Nach dem Mord an Alexej Nawalny kommentierte Medwedew hämisch: »Schauen Sie sich das lächelnde, glückliche Gesicht der Nawalny-Witwe an: Es hat den Anschein, als ob sie all die Jahre darauf gewartet hat, um ihre politische Karriere zu starten.« Mehrfach drohte der frühere Präsident mit einem Atomkrieg, sollte Russland in seine Grenzen von 1991 zurückgedrängt werden. Auch rief er dazu auf, Deutsche zu töten, nachdem ein Gespräch von Bundeswehroffizieren über die mögliche Lieferung von Taurus-Marschflugkörpern an die Ukraine abgehört und veröffentlicht wurde.[34] Medwedews drastische Botschaften haben einen neuen Ton gesetzt, der von Propagandisten in Regierung und Medien massenweise wiederholt wurde.

Die zweite Funktion, die der Kreml ausübt, besteht in der Steuerung und Kontrolle des Informationskriegs. Wie zu Sowjetzeiten kommen Gesamtkoordinierung und strategische Weisungen direkt aus dem Kreml. Information ist Chefsache. Putins oberster Propagandachef ist Alexej Gromow, Erster Stellvertretender Leiter der Präsidialadministration und enger Vertrauter des Präsidenten. Gromow brachte die russischen TV-Sender auf eine Linie und ist der Herr über die sogenannten »Metoditschki«: Leitfäden, die den Fokus der Presseberichterstattung festlegen. Unter Gromows Leitung finden regelmäßige Treffen mit Medienmachern und Journalisten statt. So sichert Gromow das Informationsmonopol des Kremlherren als »Imagemacher« Putins.

Die zweite Spinne im Informationsnetz ist Sergej Kirijenko, stellvertretender Chef der Präsidialadministration. Kirijenko war einst Ministerpräsident Russlands und einer der liberalen Reformer unter Boris Jelzin. Er zählt zu den wenigen Jelzin-Vertrauten, die politisch überlebt haben. Dies hat er sich offensichtlich durch 150-prozentige Loyalität erkauft. In den vergangenen Jahren war Kirijenko im Kreml für die Überwachung der Innenpolitik in Russland zuständig, einschließlich der Organisation von Wahlen und Teilen der Medienpolitik. Mit der »Spezialoperation« in die Ukraine 2022 konnte er seinen Aufgabenbereich erheblich ausweiten, weil er das Ressort für »Propaganda und Einflusskampagnen im Ausland« übernahm. Mit seinem Team ist er für die Überwachung der Medien und des politischen Umfelds in den europäischen Ländern, insbesondere in Deutschland und Frankreich, zuständig. Seine Leute lancieren Social-Media-Kampagnen, um die öffentliche Meinung gegen die Ukraine zu beeinflussen. Auf diese Weise erhielt Kirijenko auch die Zuständigkeit für die »Integration« der besetzten ostukrainischen Gebiete Donbass und Donezk.

Wie die Umsetzung der Anweisungen aus dem Kreml in der Ukraine erfolgt, hat Catherine Belton, von 2007 bis 2013 Moskau-Korrespondentin der *Financial Times*, in der *Washington Post* anschaulich beschrieben.[35]

Sie stützt sich auf Papiere, die ihr von (ungenannten) europäischen Geheimdiensten zugespielt wurden. Danach hat Sergej Kirijenko im Januar 2023 eine Gruppe von Beamten und Politstrategen instruiert, in den ukrainischen sozialen Medien russische Desinformation zu verbreiten. Belton zeichnet im Einzelnen nach, welche Ziele definiert wurden, wie deren Umsetzung in wöchentlichen Kremlsitzungen überwacht und gesteuert wurden und welche Personen daran beteiligt sind – an vorderer Stelle Tatjana Matwejewa und Alexander Charitschew aus Kirijenkos Team. Binnen zweier Wochen pumpten Dutzende Trolls wöchentlich mehr als 1000 Texte und zehntausende Kommentare in ukrainische soziale Medien. Sie wurden angewiesen, Selenskyj als »hysterisch und schwach« darzustellen und den Zwist zwischen Präsident Selenskyj und Generalstabschef Saluschnyj anzuheizen, was möglicherweise zu seiner Abberufung im Frühjahr 2024 beigetragen hat. Die Medientrolls äußerten sich, so Bolton, manchmal frustriert über ihre Bemühungen. Selenskyj sei »wie Brad Pitt«, ein globaler Star, dessen Image nicht angekratzt werden könne.

Wie die Umsetzung der Kremlweisungen funktioniert, soll noch an einem anderen Beispiel illustriert werden. Das »Global Engagement Center«, eine auf die Bekämpfung von Desinformation spezialisierte Abteilung des US-Außenministeriums, hat im Detail beschrieben[36], wie die russische Regierung eine groß angelegte Desinformationskampagne in Lateinamerika durchführt. Ziel dieser Kampagne ist es, die Unterstützung für die Ukraine zu unterminieren und Stimmung gegen die USA zu schüren. Zu diesem Zweck wird der russische Angriff auf die Ukraine als ein gerechter Krieg dargestellt. Russland stellt sich dabei als Vorkämpfer gegen den US-amerikanischen Neokolonialismus dar. Diesem »gerechten« Kampf gegen den Kolonialismus können sich, so die Einladung, die lateinamerikanischen Länder anschließen, indem sie Russlands Krieg gegen Kyjiw unterstützen. Das Absurde ist, dass es ja Moskau und nicht Washington ist, das in der Ukraine einen ultrabrutalen neokolonialen Krieg vom Zaun gebrochen hat.

Themen und Mechanik der Kampagne werden nach Einschätzung des Global Engagement Center von zwei kommerziellen, auf Informationsmanipulation spezialisierten russischen Unternehmen erarbeitet, der »Social Design Agency« und »Structura« unter ihren Direktoren Ilya Gambashidze und Nikolaj Tupikin. Die Inhalte und Narrative der Kampagne werden von russischen Teams entwickelt und anschließend durch mehrere Zwischenstufen (Websites, Personen, Organisationen) nach Lateinamerika geschleust, um so den Ursprung aus Russland zu verschleiern. Vor Ort werden sie von lokalen Medien und Influencern verbreitet, ohne dass eine Spur auf den russischen Ursprung weist. Man nennt dies auch »Informationswäsche«.

KREMLNAHE EINFLUSSAGENTEN

Die meisten kremlnahen Einflussagenten sind in der Öffentlichkeit kaum bekannt. Das bei Microsoft angesiedelte »Digital Threat Analysis Center« (DTAC) hat in jahrelanger Arbeit ein beeindruckendes Schaubild der Agenten erstellt:[37]

Dieses Schaubild ist auf der Innenseite des Bucheinbandes abgedruckt und zeigt die wichtigsten Akteure und ihre Verbindungen zum Kreml, den russischen Geheimdiensten GRU, SWR und FSB und einigen Oligarchen. Es fällt allerdings auf, dass dort keine Bezüge zu Deutschland gezeigt werden, obwohl es ein Hauptziel des russischen Informationskriegs in Europa ist. Ein Grund mehr, den Scheinwerfer stärker auf Deutschland zu richten. DTAC konnte den Diensten Verbindungen zu verschiedenen Nachrichtenplattformen nachweisen, die national, aber auch international senden. Der »One

World Think Tank« verbreitet beispielsweise russische Desinformation auf Englisch und konzentrierte sich dabei unter anderen auf den Abschuss der MH17 und auf Greta Thunberg. Die vom SWR kontrollierte »Strategic Culture Foundation« verbreitet schon seit fast 20 Jahren russische Propaganda und wurde wegen Einmischung in den US-Wahlkampf 2020 von der US-Regierung sanktioniert. Die mit dem FSB in Verbindung stehende »News Front« verbreitet auf knapp einem Dutzend Sprachen russische Propaganda in Europa und sendet nach wie vor auch in Deutsch. Viele Akteure können nicht immer direkt einem russischen Geheimdienst oder Oligarchen zugeordnet werden, doch verbreiten sie prorussische Propaganda und stehen direkt mit russischen Drahtziehern in Verbindung.

Bis zu seinem Tod war Jewgeni Prigoschin der wohl bekannteste Oligarch im Dienste Putins. Aber neben Jewgeni Prigoschin spielt ein weniger bekannter Oligarch eine entscheidende Rolle: Konstantin Malofejew, der sich als orthodoxer Monarchist bezeichnet, verantwortet eine 2019 gegründete orthodoxe Troll-Farm, die sich die Petersburger »Internet Research Agency« zum Vorbild nahm. Im Mai 2014 organisierte Malofejew in Wien eine Konferenz, zu der Nationalisten, religiöse Fundamentalisten und Rechtsextremisten aus Russland und Europa eingeladen waren. Ehrengast war der Ideologe Alexander Dugin, der in seiner Rede sagte: »Wir müssen Europa erobern und anschließen.« Malofejew unterhält Kontakte zu Marine Le Pens Rassemblement National in Frankreich und zur AfD in Deutschland. Insbesondere Alexander Gauland hat es ihm angetan, weil dessen Politik »Deutschland wieder zu Deutschland« mache. Als »Verstärker des Kremls«

kategorisiert DTAC Nachrichtenplattformen, von denen (noch) nicht bewiesen ist, dass sie vom Kreml gesteuert werden. Die vom Kreml verbreiteten Verschwörungserzählungen und Lügen werden von Akteuren unterstützt und verbreitet, die keinen direkten Bezug zu Russland haben, was die Unterscheidung zwischen prorussischen Narrativen und direkter russischer Propaganda oft schwierig macht. »The Saker« heißt beispielsweise der Blog eines US-Amerikaners, der treu den Narrativen des Kremls folgt und nie abweichende Meinungen veröffentlichen würde, aber nicht vom Kreml bezahlt wird.

STAATSMEDIEN: RT UND SPUTNIK

Der Beginn von Putins Informationskrieg wird oft auf den Wahlkampf 2011 und den Anfang seiner dritten Amtszeit als Präsident datiert. Tatsächlich begann er jedoch schon früher. Ein Schlüsselmoment war im Jahr 2005 die Gründung von Russia Today, später umbenannt in RT – das »Russia« entfiel, um das Ursprungsland zu verschleiern. Moskau hatte nach der Niederlage des von ihm unterstützten ukrainischen Präsidentschaftskandidaten Viktor Janukowitsch den Schluss gezogen, dass es seinen internationalen Medienauftritt moderner aufstellen musste.

Margarita Simonjan zählt zu den prominentesten Gesichtern der russischen Propaganda und Desinformation. Bereits mit 25 Jahren wurde sie Chefredakteurin von RT und später auch der 2013 geschaffenen Medienholding mit weltweiter Reichweite, Rossija Sewodnja. Für die Ernennung in den russischen Medienolymp qualifizierte sich die junge Journalistin durch ihre einseitige Berichterstattung 2004 über die Geiselnahme in einer Schule in Beslan, Nordkaukasus, die ganz im Sinne des Kremls erfolgte. Auch später, bei den Überfällen auf Georgien 2008 und auf die Ukraine 2022, stritt sie bis zuletzt vehement ein militärisches Eingreifen Russlands ab und drohte dem Westen mit Atomschlägen. Immer konnte sich Putin fest auf seine linientreue Chefredakteurin verlassen. Nach dem Giftanschlag auf den ehemaligen Sowjetspion Sergej Skripal und seine Tochter bot sie sogar den beiden russischen Geheimagenten, die im Verdacht standen, den Anschlag verübt zu haben, auf RT eine weltweite Plattform.

Simonjan und andere Chefpropagandisten wie der RT-Generaldirektor Dmitri Kisseljow haben den medialen Auftritt des Putin-Regimes revolutioniert. Russland mag in vielem archaisch scheinen, aber seine Staatsmedien sind auf der Höhe der Zeit: laut, grell, hip, voller Action und rasend schnell – womit sie westliche Konkurrenten häufig hinter sich lassen. Putins langjähriger Chefideologe Wladislaw Surkow gab einmal als Losung aus: »Nie wieder uncool«. Das, so muss man anerkennen, ist den Medienmachern in vollem Umfang gelungen. Allerdings auf Kosten der Wahrheit und jeglicher Grenzen zivilisatorischen Anstands. Einmal fragte der Talkmaster Wladimir Solowjow vom TV-Kanal *Rossija 1* in einer Debattenrunde: »Sollen wir die Welt einfach zu Staub machen?« Die Antwort war ein schenkelklopfendes Gelächter der Talkgäste. Solowjow zitiert auch gern aus einem Interview, das er 2018 mit Putin führte: »Wenn sie (gemeint: der Westen) einen Atomkrieg vom Zaun brechen, werden wir darauf antworten. Aber wir – als rechtschaffene Menschen – werden direkt in den Himmel kommen, während sie einfach krepieren werden.« Solowjow: »Wir führen Krieg auf der Seite des Guten. Russische Menschen sind immer bereit, für ein höheres Ziel zu sterben. Nicht für McDonald's. Nicht für Kentucky Fried Chicken.«

In einer Sendung im April 2022 rechneten die Journalistin Olga Skabejewa und ihr Mann, der Duma-Abgeordnete Jewgeni Popow, öffentlich aus, wie lange eine in Kaliningrad gestartete Nuklearrakete bis zu den Hauptstädten Europas brauchen würde: 202 Sekunden nach London, 200 Sekunden nach Paris, 106 Sekunden nach Berlin.

Rossija Sewodnja ist heute eine hochmoderne Propagandafabrik, die in 30 Sprachen rund um den Globus sendet. Sie verfügt über ein enormes Budget. Bei Russlands Staatsmedien gibt es – anders als bei ARD, ZDF oder BBC – keine fiskalische Transparenz, aber Beobachter schätzen, dass RT schon Anfang der 2000er-Jahre 2500 Mitarbeiter hatte und ein Budget von nahezu einer halben Milliarde Euro[38], das nach Kriegsbeginn noch einmal aufgestockt wurde.

RT wurde geschaffen, um ein positives Bild von Russland im Ausland zu verbreiten. Es sollte einen Gegenpol zu den westlichen, vor allem US-amerikanischen Medien bilden und eine »objektive Wahrnehmung der Welt« erreichen. Dabei wird ein zentraler Punkt gezielt verschleiert. RT und Sputnik sind keine inhaltlich unabhängigen Presseorgane wie die Voice of America oder die öffentlich-rechtlichen deutschen und britischen Fernseh- und Rundfunkkanäle. Russische Staatsmedien verbreiten vom Kreml vorgegebene und autorisierte Staatspropaganda. Hinter ihnen steht eine politische Agenda, nicht der Wille zu journalistischer Information. RT und Sputnik sind keine freien Medien, sie sind Waffen im hybriden Krieg, wie Simonjan selbst unterstrich, als sie RT als »Verteidigungsministerium« des Kremls, als eine »Waffe wie jede andere auch« bezeichnete[39].

Bereits der Überfall auf Georgien und die Besetzung großer Teile des Landes 2008 wurden von einer umfassenden russischen Propagandakampagne begleitet. Die Flankierung militärischer oder politischer Handlungen durch Propaganda wurde von nun an der Regelfall – in Syrien, in Afrika, in der Ukraine, und parallel dazu in der gesamten westlichen Welt. Schon sehr früh, mit Blick auf den Konflikt in Georgien, räumte Simonjan offen ein, dass Moskau einen »Informationskrieg gegen die gesamte westliche Welt führt«.[40]

RT wurde rasch zur Speerspitze dieser Auseinandersetzung. Der Kreml investiert bis heute jährlich Hunderte Millionen Euro – genaue Summen sind natürlich geheim – in den neuen TV-Kanal, baute dessen Sendenetz weltweit aus und brachte RT technisch und medial auf eine Stufe mit der internationalen, vor allem US-amerikanischen Konkurrenz. RT fungierte als Leitmedium russischer Informationspolitik, bis es nach der Invasion der Ukraine unter die Sanktionen der EU und der USA fiel. Seither hat sich in Europa und den USA der Schwerpunkt russischer Desinformation und Propaganda in die sozialen Medien verlagert. Im Globalen Süden dagegen, wo RT nicht verboten ist, in Lateinamerika, Afrika oder im Mittleren Osten, ist es weiterhin Vorreiter und schärfstes Schwert von Russlands Informationspolitik. Der russische Staatssender ist viel erfolgreicher als allgemein bekannt. Allein die Webseite von RT Arabic wurde im ersten Quartal dieses Jahres 57 Millionen Mal angeklickt; User verbringen auf ihr fast doppelt so viel Zeit wie auf der Webseite von Al Jazeera.

TROLL-FARMEN, TELEGRAM UND SOZIALE NETZWERKE

Nach dem Verbot der russischen Staatsmedien infolge der Ukraine-Invasion hörte Russland mitnichten auf, im Westen Propaganda und Desinformation zu verbreiten. Nach dem Motto »Die Propaganda ist tot, lang lebe die Propaganda« hat die russische Propagandamaschine einfach in einen neuen Modus Operandi geschaltet.

Am meisten Aufsehen erregte in den vergangenen Jahren die »Internet Research Agency« (IRA). Als eine der ersten infiltrierte die russische Journalistin Alexandra Garmaschapowa die IRA im Jahr 2013 und veröffentlichte ihre Erkenntnisse in der *Nowaja Gaseta.*[41] Später machte die finnische Investigativjournalistin Jessikka Aro die Machenschaften der IRA weltweit bekannt.[42] Die IRA ist als Arm der russischen Geheimdienste zu verstehen, genau genommen als Arm des militärischen Geheimdiensts GRU. Die IRA nahm ihre Arbeit 2013 auf und beschäftigt circa 1000 Personen, die koordinierte Kampagnen in sozialen Netzwerken durchführen. Die Methoden der IRA umfassen das Infiltrieren von identitätspolitischen Communitys wie beispielsweise »Black Lives Matter«-Facebook-Gruppen und verstärkt bestehende Meinungen durch Desinformation. Sie spielte eine Schlüsselrolle bei dem Versuch, 2016 das Wahlverhalten der US-Bürger zugunsten des späteren Präsidenten Trump zu beeinflussen.

Im Februar 2023 brüstete sich Jewgeni Prigoschin, der berüchtigte Leiter der privaten Söldnertruppe Wagner, dass er die IRA gegründet habe: »Ich war nie nur der Finanzier der Internet Research Agency. Ich habe sie erfunden, geschaffen und lange Zeit geleitet.« Dieses Eingeständnis erfolgte Monate nachdem Prigoschin die russische Einmischung in die US-Wahlen zugegeben hatte. Nach dem Tod Prigoschins im Jahr 2023 wurde die IRA aufgelöst. Dies war auch dem öffentlichen Druck zuzuschreiben. Doch die IRA war nur der Anfang. Inzwischen existieren viele weitere Troll-Farmen, die öffentlich kaum bekannt sind.

Eine von ihnen ist die »Cyber Front Z«, die in einem ehemaligen Fabrikgebäude in Sankt Petersburg angesiedelt ist und Mitarbeitern circa 600 Euro pro Monat für das Posten von täglich 200 Kommentaren auf Telegram, Twitter, Facebook oder TikTok zahlt. Julia Smirnova, Analystin des Londoner »Institute for Strategic Dialogue«, behauptet, dass diese Personen von einem russischen Oligarchen bezahlt werden. Aus welcher Tasche die Finanzierung wirklich stammt, ist allerdings unklar. Dem Kreml ist es aus offenkundigen Gründen ein Anliegen, die Aktivitäten von Troll-Farmen in der öffentlichen Wahrnehmung geheim zu halten oder wenigstens die Regierungsbeteiligung zu verschleiern. Besonders häufig wird den Trolls aufgetragen, Posts, die sich gegen den russischen Angriff auf die Ukraine starkmachen, ins Visier zu nehmen. Die verschiedenen Troll-Farmen nutzen die beliebtesten sozialen Netzwerke und Messengerdienste der Deutschen, um russische Propaganda in die Mitte unserer Gesellschaft zu tragen. Die spezifischen Funktionsbedingungen der Nachrichtendienste und -netzwerke werden dabei differenziert ausgenutzt.

TELEGRAM

Telegram ist für die einen ein Messengerdienst wie Whatsapp, für die anderen eine Möglichkeit, Drogen zu kaufen. Die App zählt weltweit circa 700 Millionen Nutzer und gehört in Deutschland mit rund acht Millionen Nutzern zu einem der beliebtesten Nachrichtendienste. Die Entwickler von Telegram warben von Beginn an mit einem absoluten Schutz der Privatsphäre von Endnutzern und der zensurfreien Möglichkeit, beliebige Inhalte zu teilen. Neben privaten Chats mit Freunden bietet Telegram die Möglichkeit, in der App nach öffentlichen Kanälen zu suchen. Man findet dort nicht nur für alle größeren Städte Deutschlands Kanäle, in denen man sich alle Drogen von Kokain über Ecstasy und LSD bequem per Kurier nach Hause liefern lassen kann. Die Plattform ist auch voller Nachrichtenräume, in denen russische Propaganda geteilt wird.

Nach dem deutschen Netzwerkdurchsetzungsgesetz sind die Betreiber von Onlinediensten und sozialen Netzwerken dazu verpflichtet, strafbare Inhalte zu melden und zu löschen. Doch Telegram leitet so gut wie keine einschlägigen Daten an deutsche Strafverfolgungsbehörden weiter. Vor diesem Hintergrund ist es keine Überraschung, dass Telegram zum wichtigsten Kanal für die Verbreitung russischer Propaganda in Deutschland geworden ist. Gut für die Privatsphäre von Endnutzern – schlecht für unsere Demokratie. Der Kanal »Russländer & Friends« hat 80.000 Abonnenten und die »Entblößung westlicher Propaganda und Lügen«, »News zum multipolaren Wandel«, aber auch Urlaubstipps und Esoterik zum Thema. Der von Alina Lipp betriebene Kanal »Neues aus Russland« ist mit 190.000 Abonnenten einer der reichweitenstärksten deutschsprachigen russi-

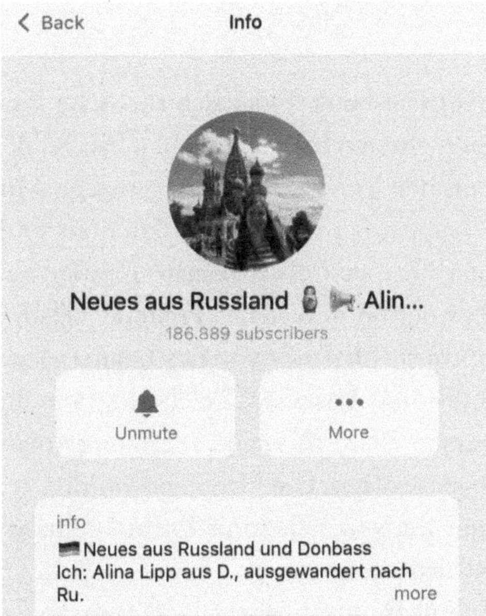

Alina Lipps
Telegram-Kanal

schen Propagandakanäle auf Telegram. Die meisten Posts werden simultan auf Russisch und Deutsch veröffentlicht, oft sind es wortwörtlich übernommene Veröffentlichungen von RT. Der Kanal bietet Abonnenten einen wilden Mix aus Desinformation, »Nachrichten« über den Verfall Deutschlands und der EU, Lobhuldigungen Putins und dazwischen Werbung für Heilkristalle. Neben den großen populären Kanälen finden sich auf Telegram viele kleinere Kanäle, die ebenfalls russische Propaganda verbreiten – teilweise direkt die des Kremls, teilweise stimmt sie mit der Desinformation aus dem Kreml überein.

Auf Facebook findet sich russische Propaganda auf Deutsch in mehreren halböffentlichen Facebook-Gruppen. Wir haben uns den bittersüßen Spaß gemacht, Mitglieder einiger dieser Gruppen zu werden, und konnten so das Treiben innerhalb der Gruppen über Monate hinweg verfolgen. Um Mitglied bei den »Putinisten« (Freunde Wladimir Wladimirowitsch Putins, Russlands und des Donbass) zu werden, deren Titelbild eine kitschige Zeichnung von Putin in Uniform auf einem Pferd thronend zeigt, muss man zunächst eine Frage beantworten. Die Gruppenadministratoren fragen: Was halten Sie von Wladimir Putins Politik? Wir haben uns entschieden, mit einem Herz-Emoji zu antworten. Das reichte offenbar, um in die 30.000 Personen starke Gruppe aufgenommen zu werden.

Gruppen wie die »Putinisten« können nicht eindeutig dem russischen Propagandaapparat zugeordnet werden. Die Facebook-Profile der Urheber sind aber auffällig, denn sie posten nur innerhalb der Gruppe und scheinen keinen anderen Aktivitäten auf Facebook nachzugehen. Die verbreiteten Inhalte sind kremlnah und verbreiten Narrative in perfektem Einklang mit Propaganda, die bewiesenermaßen vom russischen Staat ausgeht. Auch in dieser Gruppe mischt sich russische Staatspropaganda mit Kochrezepten, Esoterik, Verschwörungserzählungen rund um den Corona-Impfstoff von Pfizer und vielem mehr.

Neben propagandistischen Gruppen werden auch Fake-Accounts von russischen Akteuren erstellt. Bereits 2022 wurde ein

Netzwerk von Tausenden solcher Accounts aufgedeckt, das angeblich durch den Druck medialer Berichterstattung vom Betreiber Meta zerschlagen wurde. Mitte Februar 2023 deckte *Correctiv* auf, dass das Netzwerk weiterhin aktiv ist.

Bei Telegram und Facebook muss man selbst aktiv den propagandistischen Nachrichtenräumen beitreten, bei X, ehemals Twitter, ist dies nicht der Fall. Ständig werden Nutzern neue Inhalte vorgeschlagen, die auf personalisierten Algorithmen basieren. Einerseits bedeutet dieser Umstand, dass Personen, die X lediglich benutzen, um Pornografie zu konsumieren (ja, auch dafür wird X von vielen genutzt), wahrscheinlich nicht mit russischer Propaganda in Kontakt kommen, weil der Algorithmus lediglich neue Pornos vorschlägt. Bei Personen, die X nutzen, um das politische Tagesgeschehen zu verfolgen, ist die Wahrscheinlichkeit eines Kontakts deutlich höher.

X

Seitdem Elon Musk 2022 Twitter übernahm, werden kritische Stimmen immer lauter, dass seine neue Pay-for-Play-Strategie Hass, Verschwörungserzählungen und Falschmeldungen befeuert. Einen Influencer bezahlt X in diesem Modell proportional zum gemessenen Engagement der User, das heißt: je mehr Klicks auf dem eigenen Kanal, desto mehr Profit. Da extreme Inhalte, also mit viel Gewalt und Schockthemen, sich erfahrungsgemäß am besten verbreiten lassen, schafft das System Anreize für Influencer, ihre Inhalte entlang von Popularitätskriterien auszurichten. Dabei bleiben Fakten auf der Strecke. Dies nutzen russische Propagandisten schamlos aus.

Im Januar 2024 deckt das Auswärtige Amt auf X ein Netzwerk von mehr als 50.000 Fake-Accounts auf, das mehr als eine Million (!) deutschsprachige Tweets absetzte, um den verbreiteten Unmut über die Ampel-Regierung weiter zu schüren. Accounts wie »SILBER-FRAU« (@SILVERF26971227) sind schon seit 2020 aktiv auf Twitter. Obwohl Verbindungen des Accounts zu der von Russland orchestrierten Desinformationskampagne bestätigt wurden[43], war der Account zum Zeitpunkt unserer Recherchen weiter nicht gesperrt und postete täglich. Sie als Leser können gern überprüfen, ob das bis heute der Fall ist.

TIKTOK

Eine weitere Plattform, auf der russische Propaganda auf Deutsch verbreitet wird, spielt heute eine führende Rolle: TikTok. Die in China entwickelte App zählt in Deutschland 21 Millionen aktive Nutzer, mehr als die Hälfte von ihnen ist zwischen 14 und 19 Jahre alt. Bei den 10- bis 11-Jährigen liegt die App mit 24 Prozent Nutzeranteil auf Platz 1 der sozialen Plattformen in Deutschland. Die App funktioniert auf der Basis von kurzweiligen Videos; ein Video muss mindestens 5 Sekunden lang sein, die erfolgreichsten – und vom Algorithmus bevorzugten – Videos haben eine Länge von nicht mehr als 15 Sekunden. Im Kontrast zu anderen Plattformen ist das Nutzungsverhalten von TikTok einfacher und wird zum absoluten Automatismus. Ein Video wird weggewischt und sofort durch das nächste ersetzt; der Algorithmus entscheidet, welche Videos welchen Nutzern angezeigt werden. Auch dieser Algorithmus zieht extremistische und unwahre Inhalte anderen vor. Auf der Plattform tummeln sich Rechtsextreme,

Verschwörungstheoretiker und Propagandisten. TikTok steht darüber hinaus wegen etwaiger Datenschutzverstöße in der Kritik; immer wieder wird vermutet, dass die chinesische Regierung die Daten abgreift. Da die Plattform gerade bei Heranwachsenden beliebt ist, bildet Tiktok die perfekte Schnittstelle, um tendenziöse, halbwahre Inhalte an Kinder und Jugendliche zu bringen. Dass deren Urteilsvermögen sich erst herausbildet, nutzen die Drahtzieher von Moskaus Propaganda schamlos aus.

Im März 2024 warnte der Präsident des Bundesamts für Verfassungsschutz, Thomas Haldenwang, vor der Gefahr zunehmender russischer Desinformationskampagnen insbesondere auf TikTok. Seit dem russischen Angriffskrieg auf die Ukraine hat sich die Zahl der Abonnenten von kremlnahen Accounts auf TikTok verdoppelt. Im Superwahljahr 2024 sei mit abermals intensivierten Manipulationsversuchen von russischer Seite zu rechnen, so Haldenwang.

YOUTUBE

YouTube verzeichnet in Deutschland monatlich ungefähr 70 Millionen Nutzer und steht damit auf Platz 1 der meistgenutzten sozialen Plattformen in Deutschland. Auch diese Videoplattform ist seit dem russischen Angriff auf die Ukraine verstärkt zum Spielfeld russischer Propaganda geworden. Der Blogger Juri Podoljaka verbreitet seit Beginn der russischen Invasion »militärische Berichte«, die der Kreml-Propaganda folgen. Auf seinen drei – mittlerweile gesperrten – Accounts mit mehr als drei Millionen Abonnenten hetzte er gegen die Ukraine und den Westen. Trotz der Sperre sind seine Videos weiterhin auf YouTube zu finden. Die Inhalte werden von Propagandisten und Unterstützern immer wieder hochgeladen, sodass YouTube effektiv nur einen Bruchteil der Propaganda, die gegen die Nutzungsbedingungen der Plattform verstößt, löscht.

Die Plattformen und Nachrichtendienste Telegram, Facebook, X, TikTok und YouTube funktionieren sehr unterschiedlich und ihre Nutzer sind demografisch divers. Eins haben sie gemeinsam: Sie sind zum wichtigen Spielfeld für russische Propaganda geworden. Auf allen Plattformen gibt es für uns in Deutschland keinen Heimvorteil. Im Gegenteil: Die fehlende Durchsetzungskraft deutscher Behörden, gepaart mit den algorithmischen Funktionsbedingungen, macht die Plattformen in Deutschland zu gut geölten Propagandamaschinen.

CYBERANGRIFFE UND GEHEIMDIENSTE

Im Jahr 2023 eröffnete ein massives Datenleck zu Russlands Cyberkapazitäten einen tiefen Einblick, wie Russland seinen geheimen Cyberkrieg führt. Die sogenannten »Vulkan Files«[44] beinhalten Tausende Seiten an Dokumenten und E-Mails, einschließlich einer Liste der Kunden der russischen IT-Firma NTC Vulkan. Zu diesen Kunden gehören auch die drei wichtigsten russischen Geheimdienste. Eine Analyse der »Vulkan Files« lässt weitreichende Schlussfolgerungen zu: Erstens gibt es eine enge Verzahnung zwischen militärischen Cyberattacken einerseits und Überwachung und Desinformation andererseits. Zweitens erfolgt eine stramme Orchestrierung und

Instruktion russischer Troll-Armeen. Beispielsweise wird genau beschrieben, wie sich Bots und Hashtags zusammenbauen und einsetzen lassen. Drittens werden regimekritische Aktivitäten mittels russischer sozialer Medien wie vKontakte oder Odnoklassniki minutiös überwacht. Viertens achten russische Hacker bis ins kleinste Detail darauf, ihre Aktivitäten zu verschleiern.

Aus den »Vulkan Files« und weiteren Quellen ergibt sich ein Gesamtbild, wie die Steuerung und Umsetzung russischer Cyberattacken funktioniert. Auch Cyberangriffe werden wie die Informationspolitik zentral durch die Präsidialadministration gesteuert, in diesem Fall durch den Nationalen Sicherheitsrat. Dort erfolgt die strategische Planung in allen Sicherheitsfragen, und zu diesen gehören auch Cyberattacken sowie die Koordinierung der geheimdienstlichen Aktivitäten auf diesem Feld. Dieses Vorgehen schließt eine umfangreiche Zusammenarbeit mit privaten Cybersicherheitsfirmen ein. Ein einheitliches Cyber-Kommando wie die USA besitzt Russland nicht. Die Steuerung von Cyberangriffen erfolgt durch politische Koordinierung, nicht durch ein straff organisiertes militärisches Kommando.[45]

Die drei großen Geheimdienste sind Moskaus Hauptakteure im Cyberraum. Ihre Aufgabenbereiche überschneiden sich, die Kompetenzen sind nicht immer klar verteilt, weder inhaltlich noch geografisch. So konkurrieren die Dienste untereinander um die Gunst der russischen Staatsführung. Auch haben sich Aufgaben und Zuständigkeiten der Dienste in den vergangenen Jahren mehrfach verändert. Vor dem Ukraine-Krieg konzentrierte sich der Auslandsgeheimdienst SWR auf Spionage, der Militärdienst GRU auf militärische Fragen und der Inlandsdienst FSB auf Russland sowie einige ehemals sowjetische Staaten wie die Ukraine. Heute ist diese Arbeitsteilung teilweise überholt – alle drei Dienste sind zum Beispiel in der Ukraine aktiv, und alle rekrutieren Neuzugänge im Ausland.

Der GRU gilt heute als die Speerspitze Moskaus im Cyberraum. Der militärische Geheimdienst hat sich früh auf Cyberattacken spezialisiert und war verantwortlich für die Hack-and-Leak-Kampagne im US-amerikanischen Wahlkampf 2016. Die GRU-Einheit APT 28 (APT steht für »advanced persistent threat«), die von US-amerikanischen Experten den Spitznamen »Fancy Bear« erhielt, wird von Cybersicherheitsfirmen für eine Vielzahl von Spionageangriffen und Desinformationskampagnen im Cyberraum verantwortlich gemacht. Sie hat unter anderem Ziele in Georgien und der Ukraine angegriffen ebenso wie Regimekritiker wie den Oligarchen Michail Chodorkowski und die Rockgruppe Pussy Riot. Auch die Spionageattacken auf deutsche Abgeordnete vor den Bundestagswahlen 2017 wurden der Hackergruppe APT 28 zugeordnet. Im Unterschied zu den Angriffen auf USA und Frankreich wurden die dort geraubten Erkenntnisse damals nicht veröffentlicht und dienten wohl primär der Spionage.

Hinter einer weiteren, besonders aggressiv auftretenden GRU-Einheit »74455« verbergen sich die Hacker von »Sandworm«, auch »Voodoo Bear« genannt. Sie stehen im Verdacht, einige der gravierendsten Cyberattacken wie die weltweiten Lösegeldangriffe unter dem Namen Non-Petya im Jahr 2017, zahlreiche Blackouts sowie Angriffe auf die kritische Infrastruktur der Ukraine verübt zu haben.

Anfang 2024 wurde bekannt, dass eine neue Hackergruppe mit Namen »Cyber Army of Russia Reborn« mit Verbindungen zu Sandworm die digitalen Steuerungssysteme von Wasserwerken in den USA, Frankreich und Polen angegriffen hat.[46] Zwar wurde offenbar kein Schaden angerichtet, doch zeigt das erfolgreiche Eindringen in die Systeme kritischer Infrastruktur, zu welchen Eingriffen russische Hacker heute in der Lage sind. Die Einschläge kommen näher, auch wenn viele es nicht wahrhaben wollen.

Eine weitere dem GRU zugeordnete Hackerkampagne ist »Ghostwriter«, die nach der Ukraine-Invasion eine neue Angriffswelle gegen Deutschland gestartet hat. Dies geht aus Sicherheitshinweisen des Bundesamts für Verfassungsschutz hervor. Ghostwriter ist auf das Erbeuten von Daten spezialisiert, wobei die Gefahr besteht, dass die Daten zu einem späteren Zeitpunkt öffentlich gemacht und für Desinformationskampagnen missbraucht werden können. So platzierte »Ghostwriter« in Litauen eine erfundene Nachricht über die Schändung eines jüdischen Friedhofs durch deutsche Soldaten auf einer Internetseite.

Auch der Auslandsdienst SWR hat seine Cyberkapazitäten seit 2008 erheblich ausgebaut. Westliche Experten vermuten den SWR schon lange hinter zahlreichen Cyberattacken auf westliche Ziele, auch in Deutschland. Die dem SWR zugeordnete Hackergruppe APT 29 (»Cozy Bear«) wird hinter diversen Angriffen auf ausländische Regierungen, Diplomaten und internationale Organisationen vermutet. Ihr Fokus liegt auf der Beschaffung von Informationen. 2024 machte die zu Google gehörende Cybersicherheitsfirma Mandiant APT 29 für einen

Spionageangriff auf die CDU verantwortlich. Diesmal sollten durch eine Fake-Einladung zu einem Abendessen umfangreiche Daten der Adressaten abgegriffen werden.

Der Inlandsgeheimdienst FSB schließlich ist ebenfalls auf dem Cybergebiet aktiv. Die britische Regierung machte den FSB für Cyberangriffe auf Mitglieder des Parlaments, hohe Beamte, Journalisten und NGOs in Großbritannien verantwortlich. Der damalige britische Staatsekretär Leo Docherty beschuldigte die FSB-Einheit 18 (»Star Blizzard«), die Attacken auf Parlamentarier durchgeführt zu haben. Auch habe »Star Blizzard« erbeutete Erkenntnisse selektiv an die Öffentlichkeit gebracht bzw. sie verstärkt, um russische Ziele zu befördern.

Cyberaktivitäten sind natürlich nicht die einzigen Aktivitäten der russischen Dienste. Die EU-Staaten haben nach der Invasion der Ukraine mehr als 500 vermutliche Spione Russlands ausgewiesen. Es war der größte Aderlass seit Jahrzehnten. Doch wer glaubt, dass die Bedrohung damit gesunken ist, hat weit gefehlt. Es scheint im Gegenteil so, dass die russischen Dienste so aggressiv am Werk sind wie lange nicht.

Zum einen haben sie rasch Wege gefunden, um die Verluste zu umgehen und zu kompensieren. Die russischen Dienste gehen aber auch robuster vor. Der Tiergartenmord 2019 in Berlin war vermutlich nur ein Vorbote für die Zunahme harter Maßnahmen auch in Deutschland. Deutsche Sicherheitsorgane verzeichnen vermehrt Einflussoperationen im Informationsraum. Dazu mehr in Kapitel 6.

VIELE TENTAKEL, EINE KRAKE

Die »Vulkan Files«, Erkenntnisse westlicher Nachrichtendienste und von IT-Sicherheitsdiensten erlauben tiefe Einblicke in die Welt der Einflussoperationen des Kremls. Sie zeigen, welche Akteure am Werk sind und wie die komplexen Prozesse der Manipulation im Informationsraum funktionieren. Alles, was heute bekannt ist, ist mit hoher Sicherheit nur die Spitze des Eisbergs.

Insgesamt ist offensichtlich: Auf russischer Seite erfolgt eine Gesamtsteuerung, eine straffe Orchestrierung von Einflusskampagnen. Dies war bereits während der US-Wahlen 2016 deutlich geworden, als Moskau parallel eine Hack-and-Leak-Attacke gegen die Demokratische Partei und über soziale Medien gezielte Einflussnahmen auf bestimmte Wählergruppen in den US-amerikanischen Swing States organisierte. Ebenso lässt der Verlauf des Ukraine-Kriegs den Schluss zu, dass viele Prozesse zwischen Militär, Cyber und Desinformation aufeinander abgestimmt sind. Ein wichtiges Fazit dieses Kapitels lautet deshalb, dass man über die vielen Einzelfälle russischer Propaganda- und Desinformationskampagnen das Gesamtbild nicht aus den Augen verlieren darf. Die beteiligten Akteure agieren nicht unabhängig voneinander. Es handelt sich vielmehr um *einen* zentral gesteuerten Organismus, der definierte übergeordnete Ziele verfolgt, nämlich den Sieg über die Ukraine, die Schwächung des Westens und vor allem die Sicherung von Putins Herrschaft nach innen. Die russische Krake hat viele Tentakel.

KAPITEL 5: WIE FUNKTIONIERT PUTINS INFORMATIONSKRIEG?

»Die Rolle von nichtmilitärischen Mitteln, um politische und strategische Ziele zu erreichen, ist gewachsen, und in vielen Fällen ist sie heute effektiver als die Kraft der Waffen.«

Walery Gerassimow, russischer Generalstabschef, 2013

Im vergangenen Kapitel haben wir die wichtigsten Akteure vorgestellt, die im Auftrag des Kremls agieren. Hier zeigen wir, wie diese zusammenwirken. Angriffe im Informationsraum waren nach dem Ende des Kalten Krieges auf ein niedriges Niveau gefallen. Seit dem Machtantritt Wladimir Putins wurden sie wieder intensiviert, vor allem als Moskaus Außenpolitik konfrontativer wurde. Der damals eingeleitete Informationskrieg entwickelte sich rasch fort und durchlief verschiedene Phasen. Diese spiegeln nicht nur die Verhärtung der Politik, sondern auch die Nutzung neuer Medien – von der Gründung des weltweit operierenden Propagandasenders Russia Today, im Jahr 2005, über die Verwendung digitaler Techniken im Internet bis zur Anwendung künstlicher Intelligenz.

TRADITIONELLE KGB-METHODEN

Die finnische Journalistin Jessikka Aro war, wie schon geschildert, eine der ersten, die den modernen Informationskrieg

Moskaus gründlich analysierte[47], wofür sie massiv bedroht und unter Druck gesetzt wurde. Sie wurde als Lügnerin, Kriminelle oder Geisteskranke dargestellt. Einmal erhielt sie eine SMS, in der sich der Absender als ihr (zwanzig Jahre zuvor verstorbener) Vater ausgab. Er schrieb ihr, er lebe noch und beobachte sie. Nach einer zweieinhalbjährigen Hexenjagd, die von Verleumdung über Psychoterror bis zu Morddrohungen reichte, floh Aro 2017 aus ihrer finnischen Heimat und arbeitet seither undercover.

Jessikka Aro wurde berühmt, weil sie die Machenschaften der Petersburger Trollfabrik »Internet Research Agency« weltweit bekannt machte. Zuvor hatte sie als Austauschstudentin in der Staatlichen Universität Moskau tiefe Einblicke in die Ausbildung von Studenten für den Informationskrieg erhalten. Dort bilden Offiziere des Militärs Studenten in Techniken der Kampfpropaganda aus. Aro und weitere Autoren[48] beschreiben einige typische Methoden, die der Kreml seit Jahrzehnten in Spionage und Einflussoperationen verwendet und dies heute auch auf die sozialen Medien übertragen hat.

- Der »faule Hering« zielt darauf ab, einer Person sozusagen einen üblen Geruch anzuheften. Dazu werden falsche und rufschädigende Behauptungen erhoben, um den Namen möglichst häufig in Zusammenhang mit diesen Beschuldigungen zu bringen. Ziel ist es nicht, die Anschuldigungen zu beweisen, sondern die Diskussion so zu verschieben, dass im Zusammenhang mit der Person als Erstes die Anschuldigungen zur Sprache kommen. Der 2024 ermordete Regimekritiker Alexej Nawalny ist ein gutes Beispiel. Er wurde durch Anklagen, Urteile und Haftstrafen als

Verbrecher, Extremist und Betrüger gebrandmarkt. Die von ihm eigentlich vertretenen Anliegen wie Demokratie und Korruptionsbekämpfung gerieten demgegenüber immer wieder in den Hintergrund.

– Die »große Lüge« ist eine Steigerung dieses Vorgehens. Dabei wird eine Lüge lanciert, die in der Öffentlichkeit für so enorme Empörung sorgt, dass sie an der Zielperson dauerhaft hängen bleibt. Es spielt keine Rolle, dass die Behauptung oft völlig grotesk und eigentlich unglaubwürdig ist – wichtig ist nur, den Ruf einer Person zu demontieren. Ein Beispiel für diese Methode war der – allerdings erfolglose – Versuch, der US-amerikanischen Präsidentschaftskandidatin Hillary Clinton eine Beteiligung an einem Pädophilenring anzuhängen. Ein besser bekanntes Beispiel ist der Vorwurf, die ukrainische Führung bestehe aus Nazis – obwohl Präsident Selenskyj, wie alle Welt weiß, jüdischer Abstammung ist. Auch wenn der Präsident persönlich durch diese Kampagne nicht tangiert wurde, hat der Nazivorwurf an seine Regierung im Ausland durchaus Wirkung gezeigt.

– Das »Prinzip 60:40« geht auf Hitlers Propagandaminister Joseph Goebbels zurück und wurde vom KGB übernommen. Hier erschleicht sich der Urheber das Vertrauen einer Zielperson mit Informationen, die zu 60 Prozent wahr sind und mit dessen Interessen im Einklang stehen – und vermischt sie dann mit 40 Prozent Falschinformationen. Ein solcher Mix aus Lüge und Wahrheit hat sich in der Vergangenheit häufig als besonders wirksam erwiesen.

- Ein Beispiel ist die offizielle Darstellung der Ursache für den verheerenden Terroranschlag in der Moskauer Konzerthalle Crocus City im März 2024. Obwohl die Indizien von Anfang an auf islamistische Täter deuteten, versuchte der Kreml, der Ukraine zumindest eine Teilschuld zuzuschieben. FSB-Chef Alexander Bortnikow dazu: »Wir glauben, dass die Aktion sowohl von radikalen Islamisten selbst vorbereitet wurde, zugleich aber ermöglicht wurde durch westliche Geheimdienste und ukrainische Dienste, die in direkter Verbindung damit stehen.«

- »Anekdotische Evidenz«: Hier wird ein Einzelfall zum Massenphänomen hochgepusht. Kurz nach der Ukraine-Invasion zeigte ein Propagandavideo eine alte Dame, die russische Soldaten in der Ostukraine mit einer roten Fahne in der Hand begrüßt. Das Video ging viral, die russische Propaganda nutzte es, um den Anschein zu erwecken, dass sich alle Ostukrainer über den Einmarsch russischer Soldaten freuen würden. Eine andere Methode nutzt allgemein beleidigende Diffamierungen. So spricht die russische Propaganda ständig von »Nazis und Drogensüchtigen«, die angeblich in Kyjiw regierten. Beweise dafür wurden natürlich niemals angeführt.

- »Whataboutism« (»Aber was ist mit …?«) wird heutzutage in vielen Kontexten benutzt. Die rhetorische Figur ist ein Ablenkungsmanöver, das oft von Psychologen in Beziehungsgesprächen gefunden wird. »Schatz, du hast den Müll schon wieder nicht rausgebracht.« »Aber du hast letzte Woche die Kinder nicht pünktlich abgeholt.« Tatsächlich ist der Begriff bereits in den 1970er-Jahren in den

USA als sowjetkritischer Topos eingeführt worden. Der Begriff beschrieb eine Vorgehensweise, die typisch war für die sowjetische Politik und sich auch noch heute beobachten lässt. Er bezeichnet einen abrupten Themenwechsel, um dann ausführlich zum neuen Thema zu argumentieren. Beispielsweise wird Kritikern des russischen Angriffskriegs gegen die Ukraine immer wieder der Angriff der USA auf Kosovo oder Afghanistan entgegengehalten.

- Das »falsche Dilemma« schließlich verkürzt ein komplexes Problem auf lediglich zwei Lösungsmöglichkeiten, obwohl es noch andere gäbe. Wenn dann eine der beiden Optionen diskreditiert wird, verbleibt nur noch die andere als einzig gangbarer Weg. Nach dem Angriff auf die Ukraine argumentierte die russische Propaganda, dass er notwendig war, weil die Ukraine sonst ihrerseits Russland angegriffen hätte. Aus Selbstschutz sei Moskau deshalb nicht anderes als die Invasion übrig geblieben.

Alle diese Methoden werden auch im modernen Informationskrieg verwendet, heute besonders im Internet und den sozialen Netzwerken.

TSUNAMI DER LÜGEN – DER DIGITALE INFORMATIONSKRIEG

Vor einem Jahrzehnt haben Forscher in den USA zentrale Charakteristika des von Moskau entwickelten modernen Informationskriegs analysiert. Darin zeigt sich, wie rasch Russland die Chancen des Internets und der sozialen Medien erkannt und sich zunutze gemacht hat. In einer bahnbrechenden Studie mit dem Titel »A Firehose of Falsehood«, frei übersetzt »Ein Tsunami der Lügen«, beschreiben die Experten des RAND-Instituts[49] das neue digitale Schlachtfeld. Sie stützen sich auf Untersuchungen während der Kriege in Georgien 2008 und im Donbass 2014 sowie auf Erkenntnisse der experimentellen Psychologie. Die Autoren arbeiteten heraus, dass sich Moskau einerseits auf bewährte Techniken des Kalten Krieges stützte, indem es großen Wert auf die Verschleierung seiner Aktivitäten legte oder darauf hinarbeitete, dass seine »Opfer« sich entsprechend der Interessen Moskaus verhielten – ohne dies selber zu bemerken. Völlig neu war andererseits die umfassende Nutzung der neuen digitalen Möglichkeiten.

Der Titel »Firehose of Falsehood« verdeutlicht zwei Kerneigenschaften des digital geführten Informationskriegs: das extrem hohe Volumen der inhaltlichen Botschaften und Nachrichtenkanäle sowie den Willen, hemmungslos Lügen und Halbwahrheiten zu verbreiten. Für diese Zwecke setzte Moskau schon Anfang der 2010er-Jahre eigens für den Informationskrieg geschaffene Instrumente wie Trolle, Bots und Fake-Accounts auf Plattformen wie Twitter, Facebook, Telegram und dem russischen sozialen Netzwerk vKontakte ein. Gleichzeitig avancierte RT, mit gewaltigen finanziellen Mitteln gefördert, zur weltweit am meisten genutzten Nachrichtenquelle im Internet.

Die US-Autoren hoben weitere spezifische Eigenschaften des russischen Vorgehens hervor, vor allem die Schnelligkeit der Kommunikation. Russische Nachrichtenkanäle reagieren äußerst flexibel auf neue Entwicklungen und Ereignisse. Sie waren oft die ersten, die darüber berichteten, und hinterließen allein dadurch nachhaltigen Eindruck. Die experimentelle Psychologie lehrt, dass sich erste Eindrücke oft besonders lange halten. Auffallend waren auch die Kontinuität und das häufige Wiederholen von Inhalten. Bemerkenswert war zugleich die häufig mangelnde inhaltliche Konsistenz, bis hin zu einer erkennbaren Widersprüchlichkeit von Aussagen. Eigentlich widerspricht das der konventionellen Erfahrung, nach der die Wirksamkeit medialer Beeinflussung stark von ihrem Wahrheitsgehalt und ihrer Konsistenz abhängt. Russische Propagandisten logen dagegen meistens wie gedruckt und hatten damit dennoch Erfolg.

Doch erhöhen ein hohes Volumen und eine große Zahl vermeintlich unabhängiger Quellen die Chance, als glaubwürdig wahrgenommen zu werden. Quantität schafft also eine eigene Qualität, und genau hierfür bieten Internet und soziale Medien völlig neue Möglichkeiten. Häufig legen es die Kremlakteure auch darauf an, Empfänger maximal zu verwirren, um ihnen so eine eigene kritische Bewertung zu erschweren. Typisch war das Vorgehen nach dem Abschuss der malaysischen Passagiermaschine MH17 über dem besetzten Donbass mit mehr als 250 Toten im Jahr 2015. Moskau streute sofort nach der Katastrophe Dutzende Narrative über die mögliche Ursache, die sich teilweise sogar ausschlossen. Der Abschuss sei eine »ukrainische Provokation« gewesen oder ein möglicher Mordanschlag auf Putin. Die wenigsten dieser Versionen waren plausibel, doch reichte die schiere Menge abstruser und widersprüchlicher Behauptungen, um die Wahrheit – das Flugzeug war von moskautreuen Militärs mit einer russischen

BUK-Luftabwehrrakete abgeschossen worden – zu verschleiern. Zum Glück wurde die Wahrheit durch die britische Open-Source-Rechercheplattform *Bellingcat* ans Licht gebracht. Sie konnte sich auf öffentlich zugängliche Flugrouten, Radardaten und Satellitenbilder stützen, um klare Beweise zu erbringen.

DIE US-WAHLEN 2016

Eines der skandalösesten Beispiele russischer Informationsmanipulation betrifft die US-Wahlen 2016. Diese wurden in den vergangenen Jahren aus verschiedenen wissenschaftlichen Disziplinen umfangreich bearbeitet. Oft versuchen die akademischen Studien die Frage zu beantworten, wie es möglich war, dass Trump Präsident werden konnte. Der Schock, den die Präsidentschaftswahl auslöste, zieht sich tief durch die wissenschaftliche Auseinandersetzung. Die Einflussnahme im digitalen Raum über soziale Netzwerke ließ die Wissenschaftler vermuten, dass das knappe Wahlergebnis zugunsten Trumps russischer Propaganda zuzuschreiben sei. Auch das »United States Senate Select Committee on Intelligence« (SSCI), ein nachrichtendienstlicher Kongressausschuss der USA, ging dieser Vermutung nach und beauftragte ein Team von Desinformationsforschern mit einer Analyse der Einflussnahme der russischen Internet Research Agency IRA.

Die Zahlen sind schockierend: Wissenschaftler des SSCI identifizierten 10,4 Millionen Tweets (davon 6 Millionen Original-Tweets) von mehr als 3841 Twitter-Konten, 1100 YouTube-Videos, 116.000 Instagram-Posts von mehr als 133 Konten sowie 61.500 Facebook-Posts von mehr als 81 Facebookseiten, die von der IRA von 2015 bis 2018 in Umlauf gebracht wurden. Geleakte Dokumente legen nahe, dass der IRA von 2015 bis 2018 ein Budget von 25 Millionen US-Dollar zur Verfügung stand.[50] Die Methoden der IRA umfassen das Infiltrieren von identitätspolitischen Communitys, Agitation für das Nichtwählen, Pro-Trump-Propaganda, Anti-Hillary-Hasskampagnen und die Unterstützung populärer Trump-Anhänger. Unter die identitätspolitischen Zielgruppen fallen beispielsweise Black Lives Matter, LGBTIQ+ und Immigrationsgegner. Im Sinne der erwähnten Methode 60:40 verstärkte die IRA bestehende Meinungen durch Desinformation mit der Absicht, das Wahlverhalten der US-Bürger zu beeinflussen. Die IRA war über Jahre hinweg aktiv, in denen sie in Facebook-Gruppen zunächst unpolitische Inhalte zur Bildung eines Gemeinschaftsgefühls verbreitete, um dies anschließend in kleinteiliger Arbeit zu manipulieren. Dabei agierte die IRA auf der Basis eines nuancierten und tiefgreifenden Wissens um die amerikanische Kultur, das immer wieder in passgenauen Memes zum Ausdruck kam.

Ein Meme ist zunächst lediglich ein Bild mit einer Bildunterschrift. Das Wort »Meme« geht zurück auf Richard Dawkins, der in seinem 1976 erschienenen Buch *The Selfish Gene* schreibt: »We need a name for the new replicator, a noun that conveys the idea of a unit of cultural transmission, or a unit of imitation.« Durch die Sortierungsmechanismen sozialer Netzwerke und die Begeisterung von Usern werden Memes zu mehr als einem plumpen Bild. Sie schaffen kulturelle Bindungen und festigen ideologische Identitäten innerhalb einer Gruppe, sie werden zu emotionalen Vehikeln für politische Glaubenssätze.

Dadurch sind Memes ein natürliches Ziel für Propagandisten; große Ideen heruntergebrochen auf gut zu verbreitende Kurzmitteilungen – hoch emotionalisiert. Jeff Giesea, Unternehmer und Kommunikationsspezialist, sagt es so: »Trolling, so könnte man sagen, ist das Äquivalent zum Guerillakrieg in den sozialen Medien, und Memes sind die Währung der Propaganda.«

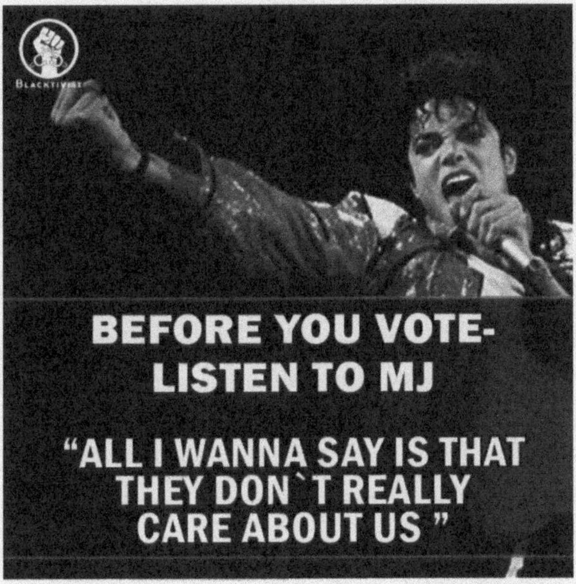

Durch den Kreml verbreitetes Meme im Vorfeld der US-Präsidentschaftswahl 2016[51]

Dieses Meme ist ein repräsentatives Beispiel für die operative Herangehensweise russischer Propaganda. Die schwarze Wählerschaft ist durch Russland als Personengruppe identifiziert worden, deren Identität in besonderem Maße an politische Positionen gekoppelt ist. Besonders durch die Black-Lives-

Matter-Bewegung formieren sich in sozialen Netzwerken viele politische Gruppen, in denen schwarze US-Bürger sich austauschen. Mit einer Mischung von unterhaltenden, politischen und verschwörungstheoretischen Inhalten sollten Mitglieder der Facebook-Gruppen zum Nichtwählen beeinflusst werden, um so indirekt Trump zu stärken, weil man davon ausging, dass schwarze Wähler eher für Hillary Clinton stimmen würden.

Der ehemalige FBI-Chef Robert Mueller wurde vom damaligen stellvertretenden US-Generalstaatsanwalt ausgewählt, um die russische Einflussnahme auf die Wahlen eingehend zu analysieren und eventuelle Verbindungen zu Trump und den russischen Geheimdiensten aufzudecken. Präsident Trump versuchte auf verschiedenen Wegen diese Untersuchungen zu unterbinden; vermutlich feuerte er aus diesem Grund den damaligen FBI-Chef James Comey, der ebenfalls Nachforschungen in diese Richtung anstellte. In dem Report wird unter anderem belegt, dass Trumps Wahlkampfteam in Kontakt mit der Petersburger IRA stand. Trumps Mitarbeiter verbreiteten die Posts der IRA in vielen Fällen weiter. Darüber hinaus legte der »Mueller-Report« 140 Verbindungen von Trump und seinem Kernteam zu russischen Staatsbürgern und der Enthüllungsplattform WikiLeaks offen.

Wer sich genauer mit den verschiedenen Propagandastrategien Russlands im Vorlauf der US-Wahlen 2016 auseinandersetzen will, dem sei der bereits erwähnte SSCI-Bericht »The Tactics & Tropes of the Internet Research Agency« empfohlen, der sich auf 100 Seiten detailliert mit den russischen Einflussnahmen auseinandersetzt. Die Frage nach dem tatsächlichen Einfluss auf das Wahlverhalten der US-Amerikaner kann aber auch diese Analyse nicht beantworten. Der Aufschrei nach Trumps Wahlsieg – »Wie konnte das passieren?« –

war in der politischen und wissenschaftlichen Sphäre so laut, dass die Erklärung des Wahlergebnisses als Folge russischer Propaganda eine willkommene Erklärung bot, die aber zu diesem Zeitpunkt nicht empirisch belastbar war.

Man muss sich auch über das Gesamtbudget der US-Präsidentschaftskandidaten bewusst sein. Im Namen von Donald Trump, Hillary Clinton und Bernie Sanders wurden in den Monaten vor der Wahl 650 Millionen US-Dollar für politische Werbung ausgegeben, wovon Hillary Clinton allein circa 400 Millionen US-Dollar zuzurechnen sind. Gerade in dieser Relation ist es fraglich, ob politische Propaganda und Desinformation auf kurze Sicht in Wahlkampfzeiten die Meinungen der Bürger so massiv beeinflussen können. Die digitale Welt ist fragmentiert, komplex und schnell. Politische Propaganda durchläuft einen ständigen Anpassungsprozess mit neuen Medien, Strategien werden nicht nur von Moskau erprobt, weiterentwickelt und angepasst.

Mit einigen Jahren Abstand haben mehrere Teams renommierter Wissenschaftler den messbaren Einfluss der russischen Propaganda auf das Wahlverhalten quantitativ und qualitativ untersucht. Wir haben uns intensiv mit der komplexen Studienlage auseinandergesetzt und fassen die Ergebnisse hier kurz zusammen.

1. Der tatsächliche Einfluss auf das Wahlverhalten im Sinne einer Meinungs*änderung* wird allgemein überschätzt. Es stellt sich heraus, dass die russische Propaganda eher bereits bestehende Meinungen verstärkt, als tatsächlich Personen umstimmt. Dieser überraschende Umstand ergibt sich maßgeblich aus den Öffentlichkeitsstrukturen, die soziale Plattformen schaffen (siehe Kapitel 3). 2. Die ausgeübte Einflussnahme auf die US-amerikanische Öffentlichkeit beschränkte sich nicht

auf die Wahlen; das Ziel der IRA scheint zu sein, generell Misstrauen zu säen und dadurch gesellschaftliche Differenzen zu verhärten. 3. Die russische Propaganda in den USA hat das Vertrauen der US-Amerikaner in ihr eigenes demokratisches Wahlsystem massiv geschwächt. Allein die Annahme, dass Russland das Potenzial haben könnte, die US-amerikanische Präsidentschaftswahl zu korrumpieren, hat eventuell mehr Schaden angerichtet als die effektive Einflussnahme.

Darüber hinaus ist wichtig zu verstehen, dass die Beeinflussungsversuche Russlands oft den Charakter von Experimenten hatten. Viele unterschiedliche Versuche auf allen sozialen Plattformen wurden durchgeführt und wohl anschließend in ihrer Reichweite und dem zu erwartenden Einfluss analysiert. Heute weiß Russland vermutlich viel besser, welche Taktiken erfolgversprechend sind als 2016.

Der Bericht vom Anwalt Robert Mueller identifiziert neben dem von Moskau bestrittenen Informationskrieg auf sozialen Plattformen zwei weitere Vorgehensweisen russischer Akteure in Bezug auf die US-Wahlen 2016. Russische Akteure hackten auch Datenbanken, die Informationen über Hillary Clintons Wahlkampagne enthielten und veröffentlichten diese über die Plattform WikiLeaks. Die russischen Hacker fanden Details aus Vorträgen, die Clinton vor Wallstreet-Bankern gehalten hatte, in denen sie sich vor dem Hintergrund ihres eigenen Wohlstands als »von der Mittelschicht entrückt« bezeichnete. Auch eine Liste von Wahlkampfthemen, die für Clinton ungünstig und schwer zu manövrieren waren, wurde veröffentlicht. Insgesamt zeigte der Leak die Schwachstellen ihrer Wahlkampfkampagne auf. Das Hack-and-Leak-Vorgehen ist eine oft wiederholte Taktik des Kremls, um Individuen und politischen Parteien zu schaden. Der Kreml hackte ebenfalls erfolgreich Datenbanken vieler Bundesstaaten und erlangte damit Zugriff auf Informationen über Millionen registrierter Wähler. Wie Moskau diese Daten einsetzte, ist nicht bekannt, doch es ist denkbar, dass dadurch gezielte Einflussnahmen nach dem Schema von Cambridge Analytica, der Firma, die illegal die persönlichen Daten von Millionen Facebook-Usern für politische Kampagnen nutzte, möglich wurden.

Weniger bekannt als die Eingriffe in die US-Wahlen ist, dass sich nahezu das gleiche Szenario wenige Monate später in Frankreich wiederholte. Russland, das sich stets über die angeblichen Eingriffe westlicher Staaten in seine Innenpolitik beschwert, hatte bereits zuvor die rechtsextreme Partei Marine Le Pens, der Rassemblement National, mit einem Millionenkredit unterstützt. Zwei Tage vor der entscheidenden Stichwahl 2017 zwischen Emmanuel Macron und Marine Le Pen wurden E-Mails aus dem Umfeld Macrons, die per Cyberangriff gestohlen worden waren, im Netz veröffentlicht. Damit sollte dem bürgerlichen Präsidentschaftskandidaten im Kopf-an-Kopf-Rennen massiv geschadet werden. Es war eine Hack-and-Leak-Kampagne wie aus dem Bilderbuch. Der Angriff floppte jedoch, weil die französischen Sicherheitsbehörden unter dem Eindruck der US-amerikanischen Wahlen rechtzeitig auf die russische Spur gekommen waren. Sie waren gut vorbereitet und konnten die Kampagne sofort öffentlich aufdecken.

WIE HAT SICH DER INFORMATIONSKRIEG SEIT DEN US-WAHLEN WEITERENTWICKELT?

Der digitale Fortschritt hat in den vergangenen Jahren zu einer rasanten Weiterentwicklung digitaler Techniken und einer

Anpassung der Taktiken geführt. Die Abteilung »Strategische Kommunikation« (StratCom) des Europäischen Auswärtigen Dienstes in Brüssel befasst sich seit ihrer Gründung 2015 mit der Analyse der Entwicklungen auf dem europäischen Kontinent. Anfangs war die StratCom mit geringen Mitteln ausgestattet und beschäftigte nicht mehr als acht Experten. Von der Chefetage der EU und manchen Mitgliedsstaaten wurde die neue Einheit nur halbherzig unterstützt. Einige sahen in ihr einen antirussischen Störenfried. Inzwischen verfügt die StratCom über mehr als 40 Mitarbeiter und ein vielfach größeres Budget. Sie hat sich zu einer führenden, allseits respektierten Anlaufstelle in Europa für die Analyse des Informationskriegs entwickelt. Auf ihrer Website sind mehr als 17.000 aufgedeckte und widerlegte Vorgänge von Desinformation aufgelistet. Sie ermöglichen es, Trends und Schwerpunktthemen zu ermitteln. Bemerkenswert dabei: Fast alle der Vorgänge kamen aus Russland, und seit der Invasion vor zwei Jahren ist die Ukraine das vorrangige Thema.

»Das Problem ist viel größer als Desinformation. Diese ist nur die Spitze des Eisbergs. Russland betreibt heute eine vielschichtige und umfassende Manipulation des Informationsraums, deren Ziel es letztlich ist, den öffentlichen Raum zu beherrschen.« So beschreibt Lutz Güllner, Chef der Abteilung Strategische Kommunikation, im Gespräch mit uns die Lage. Er ergänzt:

> »Charakteristisch für Russlands Vorgehen ist dabei weniger, den eigenen Standpunkt herüberzubringen, auch wenn dies zum Beispiel im Ukraine-Krieg nach wie vor relevant ist. Viel häufiger geht es aber darum, bestehende Konflikte

und Debatten aufzugreifen, sie durch das Verstärken bestimmter Positionen oder Aspekte zu verzerren und diese dann hunderttausendfach weiterzuverbreiten, oftmals mit falschen Identitäten. Problematisch daran ist nicht die Wiedergabe einzelner kritischer Stimmen – diese ist legitim, solange es sich nicht um vorsätzliche Fakes oder illegitime Inhalte handelt. Nicht hinnehmbar ist vielmehr die verdeckt betriebene massenweise Manipulation der Verbreitungswege durch das selektive Fluten des Informationsraums mit kremlnahen Inhalten.«

Russland wird weiterhin alles tun, um eigene Narrative zu verbreiten, die »Spezialoperation« gegen die Ukraine zu legitimieren, die Ukraine zu diskreditieren und gegen Waffenlieferungen an die Ukraine zu hetzen. Eine der erfolgreichsten russischen Kampagnen ist die Behauptung, der Westen habe Russland durch die NATO-Erweiterung so in die Defensive getrieben, bis es keine andere Wahl mehr hatte, als die Ukraine anzugreifen. Wie kaum ein anderes Narrativ hat diese These weltweit Millionen von Anhängern gefunden, gerade auch in Deutschland.

Der Schwerpunkt der Einflussoperationen liegt aber in einem eher indirekteren Vorgehen. Moskau nutzt alle sich bietenden Möglichkeiten, um unsere Gesellschaften zu destabilisieren und zu spalten. Systematisch werden Misstrauensreflexe gegenüber der freiheitlichen Demokratie und ihrer Institutionen geschürt, extremistische Parteien unterstützt und Sezessionsbestrebungen gefördert wie beim britischen Brexit oder der Unabhängigkeitsbewegung in Katalonien.

Hiermit geht eine weitere Veränderung einher. Es geht heute weniger darum, aufwendig erstellte Fake News oder Lügen in Umlauf zu bringen (obwohl dies durchaus weiter geschieht). Immer häufiger zu beobachten ist ein opportunistisches Aufspringen auf bestehende gesellschaftliche Konflikte durch die einseitige Verstärkung bereits existierender Meinungen und Narrative. Dies bedeutet auch: Das Faktenchecken und Richtigstellen von Fake News ist weiterhin notwendig, greift aber viel zu kurz. Unsere Reaktion auf den Informations-Tsunami muss viel umfassender werden!

Häufig werden vorhandene Proteste und Kontroversen selektiv verstärkt, um feindliche Fronten zu verhärten. Dazu gehören Themen wie Migration und die Coronapandemie, auf die noch ausführlich einzugehen sein wird. Oft rechnet man bei solchen Streitthemen gar nicht mit einer aktiven Einmischung Russlands. Auf den ersten Blick deutet bei den Gelbwestenprotesten in Frankreich oder den Bauerndemonstrationen in Deutschland nichts auf eine Russland-Connection hin. Sieht man jedoch genauer hin, werden auf prorussischen Nachrichtenseiten und Kanälen die Bauernproteste mit dem Krieg in der Ukraine in Verbindung gebracht. In deutschsprachigen wie auch in englischen und russischen Telegram-Kanälen wird beispielsweise eine Grafik verbreitet, in der die Kosten für westliche Waffen wie die deutschen Panzer *Leopard* und *Marder* mit Bauernhöfen gegengerechnet werden. Dazu heißt es: »Der Ukraine Leoparden schicken oder Tausende von Bauernhöfen retten?« Die »unabhängige Ukraine« werde »weiterhin auf Kosten der Bürger« in Deutschland reich.

Wer dächte bei einer Bettwanzenplage in Frankreich an Moskau? In sozialen Medien sorgte das Thema im vergangenen Jahr wochenlang für Aufregung: Demnach seien in Pariser Hotels und Kinos verstärkt Bettwanzen aufgetreten. Es wurde sogar in der Nationalversammlung ein Notfallplan verlangt. Dann erklärte Europaminister Jean-Noël Barrot, der Kreml habe seine Hände im Spiel gehabt. Das Bettwanzenproblem sei sehr stark von »mit dem Kreml verbundenen Konten verstärkt worden«. Einige Internetkonten hätten zudem versucht, einen Zusammenhang zwischen der Ankunft ukrainischer Flüchtlinge und dem Auftauchen der Bettwanzen herzustellen. Neben dem Versuch, die Unterstützung für die Ukraine zu schwächen, verfolge der Kreml noch das zweite Ziel, Verunsicherung im Vorfeld der im Sommer 2024 in Paris veranstalteten Olympischen Spiele zu säen.

Bei diesen Aussagen beruft sich Barrot auf die Erkenntnisse der staatlichen Agentur Viginum, die im Januar 2021 zur Erkennung und Bekämpfung derartiger Online-Desinformationskampagnen gegründet wurde (siehe Kapitel 16). Die Bettwanzenstory ist ein gutes Beispiel für den kremltypischen Mix aus Lüge und Wahrheit: Tatsächlich zeigen Statistiken, dass die Verbreitung von Bettwanzen in Frankreich leicht zugenommen hatte – jedoch beileibe nicht in dem Ausmaß, die die Behandlung in den sozialen Medien nahelegte.

BREXIT UND KATALONIEN

Eine Jahrhundertchance, die EU zu spalten, bot sich Russland mit dem Brexit. Auch dieser wurde von Social-Media-Troll-fabriken und RT eifrig befördert. In den sechs Monaten vor dem EU-Referendum 2016 verbreiteten RT und Sputnik 261 Medienartikel über das Referendum, die gegen die EU Stimmung machten. RT und Sputnik erzielten in dieser Zeit mehr Reichweite mit EU-feindlichen Inhalten auf Twitter als die »Vote-Leave«-Kampagne.[52] Die große Frage ist, ob und inwiefern Russland tatsächlich Einfluss auf das Referendum genommen hat. Diese Frage beantwortet ein Bericht des britischen Geheimdienstausschusses nicht eindeutig. Alles sähe nach einer versuchten Einflussnahme aus, wobei sich deren Wirkung nicht wirklich messen lasse, erklärte Ausschussmitglied Stewart Hosie. Schwere Vorwürfe erhebt der Bericht gleichwohl gegen die eigene Regierung. »Aus Sicht des Ausschusses zeigt der Report, dass niemand in der Regierung wusste, ob Russland sich einmischte, weil man es nicht wissen wollte. Die britische Regierung hat aktiv vermieden, nach Beweisen für russische Einmischung zu suchen.« 10 Downing Street hätte es besser wissen müssen, meint der Geheimdienstausschuss; es habe glaubwürdige Informationen gegeben, dass Russland schon 2014 versucht hatte, das schottische Unabhängigkeitsreferendum zu beeinflussen.

Eindeutiger als beim Brexit verhält es sich bei Russlands Einflussnahme auf die Abspaltung Kataloniens von Spanien: Der Verteidigungsminister und die Außenministerin Spaniens sprachen öffentlich von »eindeutigen Beweisen«, dass Russland im Herbst 2017 das Unabhängigkeitsreferendum Kataloniens mit einer Kampagne in den sozialen Medien vorangetrieben hat. Aus einem Bericht des spanischen Ermittlungsrichters Joaquin Aguirre geht hervor, dass es unmittelbar vor der Ausrufung der Unabhängigkeit enge Kontakte gab zwischen Separatistenführer Carles Puigdemont und russischen Emissären, von denen einige diplomatische Posten bzw. Beziehungen zu russischen Geheimdiensten hatten. Deren Interesse sei es gewesen, politische und wirtschaftliche Beziehungen zu einem unabhängigen Katalonien aufzubauen, um die Europäische Union zu destabilisieren. Russische Bemühungen, die katalonische Unabhängigkeit zu fördern, waren allein destruktiv motiviert. Sie zielten auf eine Schwächung Spaniens und damit der EU insgesamt.

AKTUELLE TRENDS: AUTOMATISIERUNG, DOPPELGÄNGER, KI

Noch vor wenigen Jahren brauchte es aufwendige Strukturen, um tief in das Innenleben der westlichen Demokratien einzudringen. Man musste viele Menschen anwerben, einweisen und bezahlen, um Lügen und Fake News zu verbreiten, etwa in Troll-Farmen oder als Influencer in den sozialen Netzwerken. Heute ist die Automatisierung weit vorangeschritten, vieles kann allein durch Bots und Algorithmen bewerkstelligt werden. Angesichts dieses hohen Automatisierungsgrades setzt Russland längst auf »Masse statt Klasse«. Die Maxime scheint zu sein: Wo gehobelt wird, fallen Späne – Hauptsache der Informationsraum wird schnell und hundertausendfach geflutet! Fehler, Unstimmigkeiten und Widersprüche werden dafür in Kauf genommen.

Zudem erlaubt es das globale Internet, einen Artikel in einer entfernten Weltregion zu veröffentlichen und ihn anschließend als Primärquelle in Europa zu zitieren. Hierdurch wird die scheinbare Glaubwürdigkeit des Textes und damit auch seine Reichweite erhöht. Eine andere Taktik ist das »Astroturfing«. Es bezeichnet das Überschwemmen einer Unterhaltung mit Bots, um den Eindruck massenweiser Unterstützung vorzugaukeln. Es entspricht der zuvor erwähnten »anekdotischen Evidenz«.

Derartige Methoden dürften mit Anwendungen von KI und der Zunahme von Deepfakes billiger, schneller und weniger fehleranfällig werden. Dem gesamten Einfluss der KI auf Propaganda und Desinformation in Gegenwart und Zukunft widmen wir uns in Kapitel 14. Weitere Trends sind der zunehmende Einsatz von »Proxies«, von Stellvertretern, um die eigene Identität zu verschleiern und die Verlagerung von öffentlich zugänglichen Chats in Gruppenchats bei Telegram.

Vor zwei Jahren entdeckt wurde das »Klonen« von Websites etablierter Medien. Dazu werden zunächst sogenannte »Doppelgänger«, also Kopien echter Websites, erstellt. Auf ihnen werden dann gefakte Artikel oder Videos gepostet und diese anschließend auf Meta oder anderen sozialen Netzwerken hunderttausendfach weiterverbreitet. Durch die kopierten Websites renommierter Medien soll die Glaubwürdigkeit der transportierten Botschaften erhöht werden. Dutzende solcher Medienklone wurden erkannt, z. B. von *Bild*, *Spiegel*, *The Guardian* oder *RBC-Ukraine*. Durch clevere Umleitungen und Geoblocking kann der geografische Ursprung der verbreiteten Botschaften verschleiert werden. Durch digitale Forensik ist es jedoch möglich, festzustellen, dass Russland häufig der Ursprung derartiger Kampagnen ist. Doch die Qualität solcher Doppelgänger-Websites wird künftig durch den Fortschritt der KI immer weiter steigen, und damit wird auch die Überführung schwieriger.

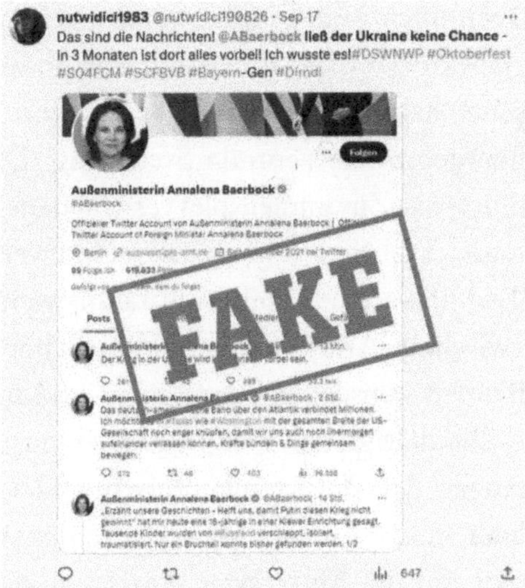

Gefälschter Tweet der Bundesaußenministerin Annalena Baerbock.[53]

Optimiert hat Russland auch das »Targeting« seiner Informationskampagnen mittels KI, also das Ansteuern definierter User oder Usergruppen. Es ist beeindruckend zu sehen, wie präzise Narrative häufig auf ein bestimmtes Zielpublikum oder Zielland zugeschnitten sind. Dies setzt eine tiefgehende Analyse der betroffenen Gesellschaften voraus. Wir werden im Zusammenhang mit der Ukraine und Deutschland auf Targeting zurückkommen.

EINE UMFASSENDE BEDROHUNG

Die in diesem Kapitel angeführten Beispiele zeigen nur einen Ausschnitt aus dem Arsenal des russischen Informationskriegs. Aber sie illustrieren die Spannbreite der angewandten

Techniken und Taktiken und machen einige grundlegende Aspekte deutlich: Wie wir bereits im vergangenen Kapitel gesehen haben, agiert Moskau *ganzheitlich*, das heißt, es gibt eine übergeordnete zentrale Steuerung. Die Umsetzung erfolgt durch das Zusammenspiel verschiedener Instrumente und Akteure, Websites und sozialer Netzwerke. Die angewandten Techniken entwickeln sich rasant weiter und beinhalten inzwischen Anwendungen künstlicher Intelligenz. Moskau handelt konsequent, permanent und mit langem Atem. Und es handelt global. Der Ukraine-Krieg führt anschaulich vor Augen, dass der Kreml unterschiedliche Zielgruppen in Russland, in Europa, in Afrika oder Lateinamerika mit verschiedenen, auf die Empfänger präzise zugeschnittenen Narrativen bespielt. In Russland selbst soll die Ukraine als Feind dargestellt werden. In der Ukraine und in Europa geht es um Spaltung und Destabilisierung, international um die Legitimierung der russischen Aggression. Alle Teilaspekte dienen letztlich einem übergeordneten Ziel, dem Durchsetzen eigener Machtinteressen und der Sicherung der Putinschen Macht.

Unser Fazit lautet deshalb: Der hybride Krieg gegen den Westen ist in vollem Gange. Moskau hat ein beeindruckendes Arsenal für die Auseinandersetzung im Äther und im Internet entwickelt und perfektioniert dieses laufend weiter. Wir dürfen nicht vergessen, dass der Kreml nicht davor zurückschreckt, neben den beschriebenen Einflussoperationen auch weitere Mittel wie Sabotage, Cyberattacken bis hin zur Ermordung politischer Gegner zum Einsatz zu bringen. Wir leben damit wieder in einer Ära »aktiver Maßnahmen«, nur dass diese heute mit weitreichenderen und gefährlicheren Mitteln als im Kalten Krieg eingesetzt werden.

TEIL 2
ZIELSCHEIBE DEUTSCHLAND

KAPITEL 6: DEUTSCHLAND IM VISIER

»Sie wissen, dass sie die gesamte EU schwächen würden, wenn sie Deutschland brechen. Deutschland muss unzerbrechlich sein.«[54]

Věra Jourová, EU-Kommissarin, 2023

Anfang des Jahres 2024, ziemlich genau zwei Jahre nach dem Beginn des Ukrainekrieges, deckte das Auswärtige Amt eine gigantische prorussische Desinformationskampagne im Internet auf.[55] In nur vier Wochen waren mehr als 50.000 gefälschte Nutzerkonten erstellt worden, deren Inhalte millionenfach in den sozialen Netzwerken verbreitet wurden. An manchen Tagen waren es bis zu 200.000 Tweets – ein digitaler Tsunami. Das Auswärtige Amt kam zu einer ebenso dramatischen wie bedrohlichen Einschätzung: Das aufgedeckte Netzwerk steht den russischen Bemühungen zur Beeinflussung der US-Präsidentschaftswahl 2016 weder im Umfang noch im Grad der Einmischung nach.

Für die Brüsseler Analyseeinheit gegen Propaganda und Desinformation StratCom gibt es keinen Zweifel: Deutschland steht heute im Fadenkreuz. Die EU-Kommissarin für Werte und Transparenz, Věra Jourová, warnt mit deutlichen Worten vor dem steigenden Einfluss russischer Desinformation: »Deutschland steht besonders im Fokus der Russen, tut aber zu wenig, um dagegen vorzugehen. Es ist eine bewährte Taktik Russlands, auf inländische Erfüllungsgehilfen zu setzen. In

Deutschland gibt es einige davon, links- und rechtsextreme Politiker sind die Soldaten des Informationskriegs.«

Das Bundesamt für Verfassungsschutz (BfV) kommt zu einem ähnlichen Schluss, was die russischen Ziele anlangt[56]: »Einfluss auf politische Entscheidungs- und Funktionsträger auszuüben, das Vertrauen der Bevölkerung in die Stabilität und Handlungsfähigkeit der demokratischen Institutionen und Mechanismen zu untergraben, die westliche Wertegemeinschaft zu diskreditieren und Bündnisse wie die EU und NATO zu schwächen«. Soziale Medien würden, so das BfV weiter, von staatlichen und staatsnahen russischen Akteuren verstärkt genutzt, um dort ihre Inhalte und Narrative zu verbreiten. Die Kampagnen seien deutlich intensiver und aggressiver geworden. Das BfV geht von einer »hohen Dunkelziffer nicht erkannter, qualitativ sehr hochwertiger Cyberangriffe aus«.

Inhaltlich geht es in den Kampagnen häufig um den Ukraine-Krieg. Die Ukraine wird dämonisiert und die ukrainischen Flüchtlinge werden diffamiert, um eine Entsolidarisierung deutscher Unterstützer zu bewirken. Der Bundesregierung wird vorgeworfen, die eigene Bevölkerung zu vernachlässigen, um die Ukraine zu unterstützen.

Es geht aber auch um viele andere Themen – Corona, Migration, Energie, Klima, die Unterstützung extremistischer Parteien und den Krieg in Gaza. Jedes Thema ist recht, wenn es dazu genutzt werden kann, unser Land zu destabilisieren und die Gesellschaft zu verwirren. Es geht um einen regelrechten Feldzug gegen unsere Demokratie, gegen den »Westen« und seine Werte, die Menschenrechte und die offene Gesellschaft.

WARUM IST DEUTSCHLAND FÜR MOSKAU SO WICHTIG?

In der EU ist Deutschland heute das wichtigste Land in Putins Informationskrieg. Warum Deutschland? Die Gründe dafür sind komplexer als auf den ersten Blick ersichtlich. Deutschland hat für Moskau eine hervorgehobene historische, politische und ökonomische Bedeutung, bietet aber zugleich auch zahlreiche »weiche Stellen« und Einfallstore für Beeinflussung.

»Die Schlüsselrolle in der Kreml-Ideologie des neuen Patriotismus spielt die Erinnerung an den Sieg im Großen Vaterländischen Krieg, in dem Deutschland der Hauptfeind war.« Für Irina Scherbakowa, Mitgründerin der russischen Menschenrechtsorganisation Memorial, die 2022 den Friedensnobelpreis erhielt, sind Moskaus Beweggründe klar: »Die Kreml-Ideologen bedienen sich alter Mythen – wenn Deutschland die Ukraine verteidigt, dann verteidigt es den Nazismus. Tatsächlich ist die aggressive russische Propaganda darauf aufgebaut«, sagte uns Irina im Gespräch.

Der gemeinsamen Geschichte beider Länder, von Katharina der Großen und der Rolle der deutschen Einwanderer in Russland, den engen Verbindungen in Kunst und Wissenschaft über Bismarcks Rückversicherungsvertrag und das Rapallo-Abkommen vor 100 Jahren bis zu den Schicksalsschlachten im Zweiten Weltkrieg, kommt aber auch in Deutschland große Bedeutung zu. Altkanzler Helmut Schmidt sagte mir – Arndt Freytag von Loringhoven – bei einem Besuch in Moskau 2003: »An Deutschland und Russland entscheidet sich das Schicksal Europas. Wenn beide Länder sich verstehen, ist das der Schlüssel zum Frieden auf unserem Kontinent.«

Neben der historischen Bedeutung ist ein offensichtlicher Grund für den russischen Fokus auf Deutschland das politische und wirtschaftliche Gewicht, über das unser Land international und besonders in der EU verfügt. Von der deutschen Positionierung hängen europäische Entscheidungen über alle Themen ab, die für den Kreml wichtig sind – Energieimporte, Verteidigungspolitik, Sanktionen, der Beitritt der Ukraine zu EU und NATO, das Verhältnis zu Russland. Hierauf Einfluss zu nehmen, indem man lockt (mit einer Verhandlungsperspektive für einen Frieden mit der Ukraine), droht (mit einem Atomkrieg) oder verwirrt (mit einer Flut sich widersprechender Inhalte), ist ein vorrangiges Anliegen der russischen Politik.

Dies gilt umso mehr, seit Berlin zum zweitgrößten militärischen Unterstützer Kyjiws geworden ist. Der Kreml verfolgt die innerdeutsche Debatte über Waffenlieferungen genau und weiß, dass unsere Unterstützung auf dünnerer Grundlage steht als in anderen Ländern. In Deutschland meint der Kreml einen probaten Hebel finden zu können, um die Front der westlichen Ukraineunterstützer aufzuweichen.

Ein weiterer Grund liegt in Putins persönlicher Sonderbeziehung zu Deutschland. Vom Beginn seiner Karriere als junger KGB-Offizier in Dresden über seine Rede im Deutschen Bundestag 2001 und das Projekt Nord Stream bis zur loyalen

Freundschaft mit Altkanzler Gerhard Schröder – immer hat Putin Deutschland seine besondere Aufmerksamkeit gewidmet. Und immer hat er versucht, über die Nähe zu Deutschland den Westen zu spalten. Nach Jahrzehnten als Freund Nummer eins ist Deutschland nach der deutschen »Zeitenwende«, der Reaktion auf den Ukraine-Krieg, zur Zielscheibe Nummer eins geworden. Nicht auszuschließen ist, dass sich in Russlands antideutschen Kampagnen auch eine gewisse Enttäuschung über den Politikschwenk Berlins manifestiert.

Das Verhältnis zwischen Russland und Deutschland war besonders seit dem Ende des Kalten Krieges in vielerlei Hinsicht einzigartig. Auf allen Ebenen hatte sich ein dichtes Beziehungsgeflecht entwickelt – zwischen Politikern fast aller Parteien ebenso wie in der Wirtschaft. Für deutsche Unternehmen und besonders den Ostausschuss der deutschen Wirtschaft galt Russland lange als einer der wichtigsten Zukunftsmärkte. Auch zwischen den Zivilgesellschaften entstand ein sehr dichtes Netzwerk, Deutschland hatte sogar einen nationalen Koordinator für zivilgesellschaftliche Beziehungen mit Russland. So wichtig enge menschliche Kontakte sind, bieten sie doch auch mannigfache Gelegenheiten zur Einflussnahme. Moskau gelang es, staatliche Interessen und Propaganda in zivilgesellschaftlichen Vorzeige-Organisationen wie dem Deutsch-Russischen Forum, dem Petersburger Dialog oder dem Verein Deutschland-Russland – Die neue Generation, der jedes Jahr »deutsch-russische Young Leaders Konferenzen« veranstaltete, zur Geltung zu bringen.

Ein besonderes Einfallstor für Moskau bietet die Gruppe von etwa 3,5 Millionen russischsprachiger Menschen in Deutschland, eine Mischung aus postsowjetischen Migranten, Russlanddeutschen, Studierenden sowie Einwanderern aus anderen ehemaligen Sowjetrepubliken. Diese bilden zwar eine sozial und politisch äußerst vielschichtige Gruppe, in der Putin-Gegner zahlreich vertreten sind; sie stellen aber aufgrund von Sprache und Herkunft für staatliche russische und staatsnahe Propaganda ein attraktives Ziel dar.

DEUTSCHLAND IST »LEICHTE BEUTE«

In der deutschen Gesellschaft kommen mehrere Faktoren zusammen, die uns besonders empfänglich machen für russische Einflussnahme. Diese reichen von der traditionellen deutschen Russland-Romantik, dem Glauben an eine spirituelle Kraft aus dem Osten und die Bewunderung für die Gefühlstiefe der russischen Literatur und Musik bis zur gegenwärtigen psychologischen Überforderung der Menschen (nicht nur in Deutschland) mit der »Polykrise« und der Sehnsucht nach einfachen Lösungen. Diese voneinander völlig unabhängigen Faktoren bilden zusammen einen Nährboden, der von Russland für seine Interessen gezielt ausgenutzt wird und der eine Generation von sogenannten »Russland-Verstehern« und kremlnahen Extremisten hervorgebracht hat.

ÜBERFORDERUNG, VERSCHWÖRUNGSTHEORIEN UND WUNSCHDENKEN

»Polykrise« ist das geflügelte Wort der vergangenen Jahre. Alles ballt sich zur Krise: Klimawandel, Covid-19, Migration,

Ukraine-Krieg, steigende Mieten, Inflation, Armut, Energieversorgung, Brexit, Trump, erstarkender Rechtsextremismus, Korruption, Krieg in Gaza, Verschwörungen. Haben wir etwas vergessen? Die Welt scheint sich von einer Katastrophe in die nächste zu stürzen, und wir sitzen vorn in der ersten Reihe. Das, was wir beobachten, verstehen wir nicht immer; manches ist uns kulturell fremd, es scheint keine verlässliche Quellenlage zu geben oder es scheint uns ganz einfach zu absurd, um wahr zu sein. Die Politik ist hier als gestaltende, schützende und vermittelnde Instanz zwischen verunsichernder Krise und Zivilgesellschaft gefragt, um komplexe Herausforderungen zu erklären und Lösungsstrategien zu entwickeln. Damit ist sie gegenwärtig offensichtlich überfordert.

Fritz Heider, ein österreichischer Psychologe, schrieb schon 1958, dass die Suche nach kausalen Erklärungen ein wesentlicher Bestandteil des Aufbaus eines stabilen und konsistenten Verständnisses der Welt ist. Das menschliche Streben nach kohärenten Erklärungen, die uns beruhigen können, ist durch die »Polykrise«, in der wir leben, überfordert. Hierin sieht die gegenwärtige Psychologie eine Erklärung für die Anfälligkeit gegenüber Verschwörungserzählungen – und damit auch gegenüber der russischen Propaganda. Statt der Komplexität der Polykrise zu begegnen, flüchtet sich der Verstand in unterkomplexe Narrative, die einfacher verfügbar und zu begreifen sind.

Kausale Erklärungen dienen dem Bedürfnis der Menschen, sich in ihrer Umwelt sicher und geborgen zu fühlen. Die Erklärung, dass Putin eigentlich ein friedliebender Staatsmann sei, der die Bürger der Ukraine lediglich von der eigenen Nazi-

Regierung befreien will, ist deutlich angenehmer als die Erkenntnis, dass Russland auf der Grundlage eines Lügenteppichs Nachbarländer überfällt, um Großmachtfantasien zu befriedigen.

Wissenschaftler vermuten auch, dass Verschwörungstheorien das Selbstbild und die eigene soziale Gruppe aufwerten, indem sie ermöglichen, die Schuld für negative Entwicklungen anderen zuzuschreiben, und zwar eindeutig. So kann das Selbstbild als moralisch gut aufrechterhalten werden. Weitergedacht bedeutet diese Dynamik, dass Verschwörungstheorien besonders attraktiv für Menschen sind, die sich in ihrem positiven Selbstbild bedroht fühlen oder bei wem es nur schwach ausgeprägt ist. Praktisch sind also Menschen, die aufgrund von Armut, Rassismus, Bildungsferne oder anderen Gründen sozial geächtet werden und immer wieder negatives Feedback zu ihrer Person erhalten, anfälliger dafür, sich in Verschwörungserzählungen zu flüchten.

Überlassen wir – das meint politische Verantwortungsträger und Privatpersonen gleichermaßen – die gesellschaftlichen Krisen und Streits sich selbst, ohne sie durchzudiskutieren und tatsächliche Lösungsstrategien zu entwickeln, stärken wir indirekt die russischen Propagandisten und politischen Extremisten. Zygmunt Bauman, ein polnischer Philosoph, beschreibt in seinem Buch *Liquid Modernity* eine Lebenspraxis, die wir heute durch die abgetrennten digitalen Räume, in denen wir leben, verlernt haben:

> »Die Fähigkeit, mit Unterschieden zu leben, geschweige denn, ein solches Leben zu genießen und davon zu profi-

tieren, kommt nicht von selbst und schon gar nicht aus eigenem Antrieb. Diese Fähigkeit ist eine Kunst, die, wie alle Künste, gelernt und geübt werden muss.«

Sich dem ganz Anderen, dem Fremden und Unbekannten auszuliefern, war für Menschen nie einfach. Im Gegensatz zu vergangenen medialen Öffentlichkeiten erlaubt uns die Allgegenwärtigkeit der sozialen Netzwerke und der allwissenden Informationsquellen eine Existenz in selbst gewählter Umgebung. Das Unterschiedliche muss nicht mehr ausgehalten werden. Wenn wir im digitalen Raum mit anderen Meinungen konfrontiert werden, tun wir sie schnell als unsinnig ab und erklären sie zum schwachsinnigen Feind. Zusammengenommen fördern also die Überforderung durch Krisen und die digitalen sozialen Medien, in denen wir uns aufhalten, Wunschdenken und bequeme, einfache Lösungen. Ideale Voraussetzungen für russische Propaganda.

RADIKALE ESOTERIK

Neben der Russland-Romantik spielen die in Deutschland verbreitete Esoterik und Anthroposophie eine oft unterschätzte Rolle im Kontext von Verschwörungsglaube, Rechtsextremismus und russischer Desinformation. In ihrem Buch *Gefährlicher Glaube – Die radikale Gedankenwelt der Esoterik*[57] erklären Pia Lamberty und Katharina Nocun, was Astrologie, Wunderheilung oder Kosmische Therapie mit Reichkriegsflaggen, Russland und Kriegen zu tun haben.

2020 zeigte eine repräsentative Studie, dass knapp 23 Prozent der Deutschen die Aussage »Es gibt Wahrsager, die die Zukunft wirklich voraussehen können« mit »stimmt wahrscheinlich« oder »stimmt sicher« bewerteten. Über 40 Prozent bewerteten die Aussage »Glücksbringer bringen tatsächlich manchmal Glück« mit denselben Qualifizierungen. Esoterik, Aberglaube und Anthroposophie sind in Deutschland verfestigt.

Russland weiß die esoterische Befindlichkeit bestens auszunutzen – bei der eigenen Bevölkerung und bei uns in Deutschland. Prorussische Narrative und Verschwörungserzählungen integrieren bestehende esoterische Glaubenssätze wie Wunderheilungen, Homöopathie und die generelle Abkehr vom ›Mainstream‹ auf kreative Weise in propagandistische Kampagnen. In Russland gibt es auch eine lange Esoterik-Tradition. Dort wurde diese vom Kreml eingesetzt, um den Westen als ideologischen Feind zu positionieren und die Annexion der Krim vorzubereiten, wie Andreas Umland in seinem Artikel »Historische Esoterik als Erkenntnismethode. Wie russische Pseudo-Wissenschaftler zu Moskaus antiwestlicher Wende beigetragen haben« eindrücklich dargelegt hat.[58]

Im Themenfeld der Migration werden vermehrt »arische« und rechtsextreme Falschinformationen verbreitet, die auf okkulten und esoterischen Erzählungen beruhen. Diese schließen an Hitlers Gedankenkonstrukt der arischen Herrenrasse an. Die deutsche Tradition der Esoterik wird häufig als harmlose Spinnerei abgetan, doch das ist sie keinesfalls. Mehr hierzu in Kapitel 8.

In der Pandemie nutzte der Kreml die esoterische Verteufelung von Impfstoffen als trojanisches Pferd, um die esoterischen Hardliner gegen die sogenannte »Corona-Diktatur« aufzuhetzen. So kamen beispielsweise am 29. August 2020 in Berlin rund 30.000 Personen zusammen, die ideologisch kaum etwas gemein hatten, um gegen die Corona-Maßnahmen zu protestieren. Darunter Rechtsextreme, Linksextreme, vermeintlich friedliebende Esoteriker, Reichsbürger, Verschwörungsideologen und Putin-Anhänger. Mehr dazu in Kapitel 9.

KEINE SORGE, WIR VERSTEHEN RUSSLAND

Wir alle erinnern uns, wie geschockt wir am 24. Februar 2022, dem Tag des Einmarschs in die Ukraine, waren. Wer hätte es für möglich gehalten, dass der Kreml in aller Offenheit einen völkerrechtswidrigen Angriff auf die gesamte Ukraine beginnt? Die falsche Sicherheit, in der sich die meisten Deutschen wähnten und wohlfühlten, rührt nicht nur daher, dass wir nicht genau genug hingesehen haben, sondern beruht auch auf einer gewissen Russland-Arroganz.

Viele Deutsche – Politiker, Diplomaten, Journalisten, Wissenschaftler, Künstler – begriffen sich als »Russland-Versteher«. Dies liegt nicht nur an der positiven Erfahrung mit Michail Gorbatschows Perestroika, wie eingangs erwähnt. In Deutschland, so waren viele überzeugt, habe man eine besondere Beziehung zu Russland, die auf einem tiefen Verständnis von russischer Kultur und Politik wie auch der Aufarbeitung der historischen Kriegsschuld Deutschlands gegenüber Russland beruhe. Russland genoss in weiten Teilen der deutschen Bevölkerung eine traditionelle Sympathie, die auch in gemeinsamen spirituellen Motiven begründet ist. Konservative Personengruppen und gläubige Christen sahen in Putins Politik eine Verteidigung ehrenhafter Werte. Die patriarchale Gesellschaftsstruktur, die Ausgrenzung von Homosexuellen und klare Ablehnung der Abtreibung stießen auch bei vielen deutschen Konservativen auf Sympathie.

Sogenannte »Russland-Versteher« gab es in Deutschland zuhauf – in allen Teilen der Gesellschaft. Viele von ihnen waren lange Dauergäste in reichweitenstarken Talkshows und haben dort großen Schaden angerichtet. Anfang 2022 wurde öffentlich bekannt, dass der Filmemacher und Journalist Hubert Seipel für Buchprojekte Geld von kremlnahen Oligarchen annahm. Seipel arbeitete für das ZDF, den WDR und den NDR, veröffentlichte Dokumentationen über Putin und erhielt 2014 den Deutschen Fernsehpreis für sein Interview mit Edward Snowden. 2018 unterschrieb Seipel einen Vertrag, der ihm ein Honorar von 600.000 Euro zusicherte, um das Buch *Putins Macht – Warum Europa Russland braucht* zu schreiben. Jeder, der bereits ein Sachbuch geschrieben hat, weiß, wie astronomisch hoch diese Vorauszahlung ist. Seipel begleitete Putin auf Jagdausflüge und berichtete seit 2012 mit übertriebenem Pathos über Putin und Russland.[59]

Der FAZ-Journalist Markus Wehner hat darauf aufmerksam gemacht, dass nicht wenige Journalisten Russland verteidigen. Jahrelang saßen sogenannte »Russland-Experten« in Talkshows. Immer wieder rechtfertigten sie Putins Machenschaften mit bizarren Argumenten, die scharfe Kritik an Putins

Russland vermeiden. Bestes Beispiel für eine überzeugte Russland-Versteherin ist Gabriele Krone-Schmalz. Die ehemalige Moskau-Korrespondentin der ARD sieht die Schuld für den Angriffskrieg Russlands gegen die Ukraine klar beim »Westen« und stützt ihre These mit Halbwahrheiten und unbelegten Behauptungen. Sie brachte beispielsweise vor, dass die »Ostukraine« zu Russland tendieren würde, also die Bevölkerung lieber ein Teil Russlands sein wollte. Tatsächlich fanden sich die stärksten prorussischen Zustimmungsraten in Donezk und Luhansk, doch auch dort mit lediglich 18 Prozent.[60]

Neben Krone-Schmalz und Seipel sind hier Matthias Platzeck, Manuela Schwesig und vor allem der ehemalige Bundeskanzler Gerhard Schröder zu nennen. Platzeck war Ministerpräsident von Brandenburg, kurzzeitig SPD-Chef und Vorsitzender des Deutsch-Russischen Forums. Viele Jahre lang galt Platzeck als Unterstützer von Russland und dessen Staatschef Wladimir Putin. 2014 sprach er sich dafür aus, die Annexion der Krim »nachträglich völkerrechtlich (zu) regeln«, sodass sie »für alle hinnehmbar ist«[61]. Nach der Invasion 2022 zeigte er sich ebenso wie Bundespräsident Steinmeier selbstkritisch. »Bei genauem Hinschauen hätte man wahrscheinlich schärfer und klarer sehen können, welche Entwicklungsrichtung dort genommen wird.« Er habe »mit Sicherheit« zu sehr die »russische Brille« aufgehabt.

Die Ministerpräsidentin von Mecklenburg-Vorpommern Manuela Schwesig initiierte 2021 die Gründung einer »Klimastiftung«, deren Gelder für den Klimaschutz eingesetzt werden sollten. Tatsächlich wurde sie mit 20 Millionen Euro von Gazprom finanziert und diente vor allem dem Ziel, die umstrittene

Gaspipeline Nord Stream 2 trotz drohender Sanktionen der USA fertig zu bauen.[62]

All diese Russland-Apologeten knüpfen immer wieder an den so verständlichen Wunsch nach Frieden an. Wie wir in Kapitel 2 beschrieben haben, ist dieses Streben nach Frieden in Deutschland schon im Kalten Krieg von Moskau immer wieder ausgenutzt und manipuliert worden. Der Ruf nach Frieden, so berechtigt und nachvollziehbar er ist, kaschiert die Komplexität des Krieges, lässt Fakten unter den Tisch fallen und stärkt letztlich die Position Putins.

RUSSLAND UND DIE AFD

Auf dem Nährboden, der das Verständnis und die Hinwendung zu Russland besonders fördert, sind in den vergangenen Jahren in Deutschland extremistische, kremlfreundliche Parteien gewachsen. Dass die AfD in den Wahlen zum Europaparlament 2024 zweitstärkste Partei wurde – und im Osten sogar die stärkste –, ist für den Kreml ein großes Geschenk, denn die AfD liegt in ihren Positionen nahe an Moskau. Sie befürwortet Friedensverhandlungen ohne weitere militärische Unterstützung für Kyjiw und die Wiederaufnahme von Energieimporten aus Russland. Mit dem Bündnis Sahra Wagenknecht (BSW) bietet sich für Moskau inzwischen ein zweiter attraktiver Partner an, der sich ähnlich kremlnah zeigt. Die Stärkung dieser Parteien stellt für Moskau eine Gelegenheit dar, die Hilfe für die Ukraine zu unterminieren und die Chancen für eine Wiederaufnahme der Kooperation mit Russland zu erhöhen. Zugleich sollen die bürgerlichen Parteien geschwächt und in ihrer Handlungsfähigkeit national und auf europäischer Bühne eingeschränkt werden.

MANIPULIERT RUSSLAND AUCH IN DEUTSCHLAND WAHLEN?

Nach den Erfahrungen in den USA 2016 und Frankreich 2017 wurden auch für die Wahlen zum Deutschen Bundestag im September 2017 Einflussnahmen durch Russland erwartet. Das Bundeskanzleramt war alarmiert, und die zuständigen Behörden – BND, Verfassungsschutz und das Bundesamt für Sicherheit in der Informationstechnik – fahndeten monatelang nach möglichen Manipulationen. Denn bereits 2015 hatte ein Cyber-Großangriff auf Dutzende deutsche Abgeordnete stattgefunden. Cyberattacken fanden sich dann auch im Vorfeld der Bundestagswahlen 2017, allerdings in geringerem Umfang als erwartet. Auch bleibt anders als in Frankreich und den USA in Deutschland unklar, weshalb und wozu diese durchgeführt wurden. Hinweise auf Hack-and-Leak-Operationen fanden sich bei uns nicht. Die Behörden zogen deshalb das Fazit, dass es sich wohl eher um klassische Spionage als um eine direkte Einflusskampagne gehandelt hat.

Offenbar hatte die Bundesregierung ein aggressiveres Vorgehen Moskaus erwartet. Sie fand »keine eindeutigen Beweise für eine russische Desinformationskampagne gegen die Bundesregierung« und keinen »rauchenden Colt«. Trotz sich wiederholender Cyberangriffe und der bereits damals von unabhängigen Experten festgestellten gezielten Förderung extremer rechter und linker Kräfte durch russische Staatsmedien wie

Sputnik und kremlnahe soziale Medien[63] zog die Regierung deshalb nicht die Konsequenz, dass der Bekämpfung der Einflussnahme fremder Mächte im Informationsraum von nun an eine hohe Priorität zukommen sollte. »Lauter Alarm, leise Entwarnung«, schrieb damals die *Süddeutsche Zeitung*.[64]

Bei den Wahlen zum deutschen Parlament 2021 war es nicht viel anders. Dort fiel ein anderer Befund auf: Diesmal häuften sich digitale Hass- und Desinformationskampagnen in besorgniserregendem Ausmaß[65], vor allem gegen die Grünen. Besonders die damalige Kanzlerkandidatin und spätere Außenministerin Annalena Baerbock war deutlich mehr Anfeindungen ausgesetzt als ihre männlichen Mitstreiter Olaf Scholz und Armin Laschet. Sie wurde öfter angegriffen, abqualifiziert, mit sexuellen Herabsetzungen und mit Gewaltandrohungen überzogen. Wiederholt war sie Ziel von genderspezifischen Vorwürfen der Inkompetenz.

Wie aber verhält es sich 2024, im sogenannten »Superwahljahr«? Für eine umfassende Bewertung ist es zum Zeitpunkt der Drucklegung dieses Buches noch zu früh. Dabei ist das überragende Interesse Russlands an einer Beeinflussung der Wahlen in Europa und Amerika, konkret an einem Rechtsruck im Europäischen Parlament und den Landtagswahlen in Ostdeutschland sowie einer Rückkehr Donald Trumps ins Weiße Haus, offensichtlich. Auch bieten gewachsene technische Möglichkeiten bis hin zum Einsatz künstlicher Intelligenz neue Ansatzpunkte für Manipulation und Verschleierung.

Neben den in diesem Buch beschriebenen langfristig angelegten Informationsmanipulationen des Kremls, die auch einen

Einfluss auf die Europawahlen nahmen, fanden sich schon wenige Wochen nach der Wahl Hinweise auf Kampagnen, die präzise auf die Beeinflussung des Wahlergebnisses bei der Europawahl zugeschnitten waren. Die Abteilung »Strategische Kommunikation« des Europäischen Auswärtigen Dienstes beschreibt in einer Analyse, wie das alte Doppelgänger-Netzwerk in der ersten Hälfte des Jahres 2024 reaktiviert und verstärkt wurde, um die Propaganda des Kremls in Bezug zu den Europawahlen bestmöglich zu verbreiten.[66] Dabei wurde KI so eingesetzt, wie wir es in Kapitel 14 beschrieben haben.

Die Analyse zeigt, dass Deutschland und Frankreich von allen europäischen Ländern am häufigsten im Visier prorussischer Kampagnen standen. Von 47 gefälschten Medien-Webseiten zielten je 14 auf Deutschland und auf Frankreich und verbreiteten dort Inhalte, die sich auf die Europawahlen bezogen und die politischen Ränder begünstigten; in Deutschland spielte dabei ein »Klon« der Website der Zeitung *Die Welt* eine herausgehobene Rolle. Die Inhalte variierten wie üblich von Land zu Land. In Deutschland ging es um Energie, Klima und den Ukraine-Krieg, in Frankreich vor allem um Migration und die Ukraine. Insgesamt zeigt sich, dass die Reichweite der Doppelgänger-Netzwerke deutlich größer ist als vermutet. Laut AI Forensics hat die prorussische Doppelgänger-Kampagne allein in Deutschland in Frankreich und allein auf Facebook zwischen August 2023 und März 2024 sagenhafte 38 Millionen Menschen erreicht.[67]

Das niederländische Forschungsinstitut »Trollrensics« hat die Aktivitäten sogenannter Trollarmeen in Europa ausgewertet[68] und ist zu dem Schluss gelangt, dass in den Europawahlen ein aus Russland gesteuertes Netzwerk die AfD und – in geringerem Ausmaß – das Bündnis Sahra Wagenknecht unterstützt hat. Eine riesige Menge von Posts, die vor der Wahl auf der Plattform X für die AfD warben, wurde von einer kleinen Personengruppe verbreitet, die dafür Tausende Accounts nutzte.

Der Wahlerfolg der AfD und des BSW wurde in Moskau sicherlich mit einem zufriedenen Lächeln begrüßt – und wohl auch als Erfolg der eigenen Bemühungen gewertet. Wir müssen uns hier noch einmal ins Gedächtnis rufen, dass russische und prorussische Propaganda genau zwei Parteien in Deutschland unterstützt und dass das Ziel dieser Informationsmanipulation die Schwächung Deutschlands und der EU ist. Der Kreml begreift also den Erfolg von AfD und BSW als Schwächung des Westens. Vielleicht liegt in dieser Einsicht ein Argument, um Personen von der Wahl beider Parteien abzuhalten. Insbesondere mit dem Blick auf die Bundestagswahlen.

KAPITEL 7: ESKALATION AUF ALLEN EBENEN

Der Rollenwechsel Deutschlands vom Freund zum Widersacher hat nicht nur dazu geführt, dass Moskau seine Einflussoperationen intensiviert hat. Wir sehen heute eine breit angelegte Eskalation auf allen Ebenen, in den Medien ebenso wie im Cyberraum und sogar bei physischen Angriffen auf kritische Infrastruktur. Sanktionen und die Ausweisung russischer Spione haben nicht zu einer Verminderung, sondern im Gegenteil zu einer Zunahme aggressiven Verhaltens geführt. Es ist zu befürchten, dass dies auch in Zukunft so bleibt. In diesem Kapitel betrachten wir die wichtigsten Akteure russischer Manipulationen, in den darauffolgenden Kapiteln die Themen, um die es bei ihnen geht.

STAATLICHE MEDIEN

Präsident Putin und andere russische Regimevertreter, sein Vorgänger im Amt Dmitri Medwedew, Außenminister Sergej Lawrow oder der russische Botschafter in Berlin Sergej Netschajew, setzen auch in Deutschland den Ton. Sie alle folgen einem Skript aus dem Kreml, das ein national-konservatives, imperialistisches Weltbild mit antiamerikanischen, homophoben und rassistischen Zügen vertritt. Moskau biedert sich in unserer Gesellschaft bei Menschen mit antimodernen Überzeugungen und traditionellen Werten an – nicht ohne Erfolg.

Die Kreml-Narrative wurden in Deutschland vor allem durch RT und Sputnik verbreitet. Als Sputnik 2014 in Deutschland vorgestellt wurde, äußerten RT-Chefredakteurin Margarita Simonjan und Generaldirektor Dmitri Kisseljow: »Das Vertrauen des Publikums in deutsche Medien schwindet. Nur 32 Prozent der Deutschen vertrauen dem Fernsehen, nur 19 Prozent den Printmedien. Der Rest sucht nach alternativer, wahrer Information. Deshalb haben wir alle Chancen, in Deutschland erfolgreich zu werden.« Moskaus Anspruch war es von Anfang an, eine Gegenöffentlichkeit zu den etablierten Medien zu bieten, die die »Wahrheit« (implizit: im Gegensatz zur deutschen »Lügenpresse«) bietet.

2014 wurde RT DE als deutschsprachiger Ableger von RT gegründet. RT DE fungierte in Deutschland fortan als Leitmedium im Kosmos der russischen Einflussoperationen. Der Sender folgte der Agenda des Mutterkanals und war thematisch ebenfalls breit aufgestellt. Neben dem Krieg in der Ukraine setzte RT DE vor allem auf »Krisenthemen« – Flüchtlingskrise, Coronakrise, Energiekrise, Inflationskrise. Durchweg wurde die Bundesregierung dabei als hilflos und inkompetent dargestellt – unfähig, die Krisen zu meistern. RT DE bot politischen Kritikern wie Pegida, der AfD und Impfgegnern regelmäßig eine Bühne. Chefredakteur Ivan Rodionov war ein häufiger Gast in deutschen Talkshows, wo er beispielsweise die Annexion der Krim verteidigte.

Ergänzt wurde RT DE durch die Videoagentur Ruptly TV, einen Ableger von RT, der seinen Sitz in Berlin hat und bis heute dort aktiv ist. Ein Tochterunternehmen von Ruptly, Redfish, arbeitete nach den Sanktionierungen gegen RT DE ebenfalls in Deutschland weiter und wurde erst 2023 aufgelöst.

Neben den Medien verbreitet der russische Staat in Deutschland durch die russische Botschaft und das »Russische Haus« in Berlin Propaganda. Das Russische Haus gehört zur Regierungsagentur Rossotrudnitschestwo, deren primäre Aufgabe darin besteht, »im Ausland lebende Landsleute« an Russland zu binden. Die Agentur wurde 2022 mit Sanktionen belegt, nicht aber das Russische Haus, das Reisen von prorussischen Influencern nach Moskau unterstützt und Propagandafilme über den Holocaust, in denen Ukrainer als Nazis verunglimpft werden, zeigt[69].

SOZIALE NETZWERKE

Soziale Netzwerke haben auch in Deutschland die wichtigste Rolle bei der Verbreitung von Desinformation und Propaganda. Wie in anderen Ländern sind bei uns Telegram und TikTok – neben Facebook, Instagram und YouTube – gerade bei jungen Usern sehr beliebt. Auch die beiden größten russischen sozialen Netzwerke vKontakte (»In Kontakt«) und Odnoklassniki (»Jahrgangskameraden«) werden in Deutschland gern genutzt, wenn auch in geringerem Ausmaß. Gerade weil die sozialen Netzwerke eine Schlüsselrolle bei der Manipulation unseres Informationsraums spielen, ist es umso bedauerlicher, dass keine Vertreter der großen Plattformen mit uns über die russische Bedrohung sprechen wollten. All unsere Anfragen blieben unbeantwortet.

Zum besseren Verständnis der Bedeutung und Funktionsweise sozialer Medien soll hier die bereits erwähnte, Anfang des Jahres vom Auswärtigen Amt aufgedeckte Kampagne noch einmal näher beschrieben werden. Es handelt sich nicht nur um das mit Abstand größte bisher bekannte prorussische Desinformationsnetzwerk, das gezielt die deutschsprachige Bevölkerung bespielt. Die Kampagne hat auch in mehrfacher Hinsicht Modellcharakter für das gegenwärtige Vorgehen Russlands.

Datenforensische Untersuchungen legen nahe, dass dieses Netzwerk aus Russland gesteuert wird. Hierfür sprechen auch zahlreiche Überschneidungen mit anderen Kampagnen der Kategorie »Doppelgänger«, die bereits durch Experten von Meta und der französischen Agentur Viginum identifiziert wurden. Wahrscheinlich sind all diese unabhängig voneinander aufgedeckten Kampagnen auf dieselben Strukturen und Hintermänner zurückzuführen.

Das vom Auswärtigen Amt aufgedeckte Netzwerk funktioniert so: Tausende von Tweets werden künstlich produziert und häufig von Bildkacheln oder kurzen Videoausschnitten begleitet. Anschließend werden diese Tweets von Zehntausenden »Amplifikatoren-Accounts« verbreitet und massenhaft automatisiert in die Kommentarspalten von echten Bürgern gespült. Dadurch erreichen solche Tweets von künstlichen Accounts eine große Zahl realer Personen.

Eine Variante ist das Verbreiten von Weiterleitungs-Links, die nicht zu Bürgern, sondern zu gefälschten Nachrichtenseiten mit prorussischen Inhalten führen. Solche Links werden ebenfalls zehntausendfach publiziert und anschließend automatisiert verstärkt.

Dieses auch »Doppelgänger« oder »Klonen« genannte Vorgehen haben wir bereits in Kapitel 4 beschrieben. Zum Teil wird hier mit manipulierten Screenshots gearbeitet. So wurde beispielsweise in eine Kopie der *Spiegel-Online*-Seite ein angeblicher Tweet von Außenministerin Baerbock eingeblendet, nach dem der Ukraine-Krieg in drei Wochen vorbei sein werde – was sie aber nie gesagt hat. In diesem Fall legte ein Detail – die Zählung der Nutzer zeigt eine russische anstatt einer deutschen Abkürzung – die russische Urheberschaft nahe.

Von besonderer Bedeutung ist der hohe Automatisierungsgrad, das koordinierte Absetzen von Tweets in schneller zeitlicher Abfolge. In Spitzenzeiten werden mehr als 2,5 Tweets pro Sekunde abgesetzt. Die Kampagne pausiert weder in der Nacht noch am Wochenende. Die stark repetitiven Muster und hohe Geschwindigkeit, mit der Inhalte verbreitet werden, lassen sich nur dadurch erklären, dass das Netzwerk mit einem hohen Grad an technisch sehr anspruchsvoller Automatisierung arbeitet. Es ist zu befürchten, dass digitale Desinformationskampagnen in naher Zukunft durch künstliche Intelligenz noch befeuert werden können.

Zur massenhaften Weiterverbreitung trägt auch bei, dass Retweets häufig mit Hashtags versehen sind, die keinerlei politischen Bezug aufweisen, aber in einem betreffenden Monat einfach populär sind, wie zum Beispiel im Oktober #Oktoberfest oder #Dirndl. Auch Hashtags zu Bundesligaspielen sind ein cleverer Trick, um die Reichweite zu erhöhen.

»ALTERNATIVE MEDIEN«

Nach dem Ausbruch des Ukraine-Kriegs 2022 wurden RT und Sputnik in Deutschland wie in der gesamten EU gezwungen, den Sendebetrieb einzustellen. Russland fand sehr rasch Ausweichmöglichkeiten. Alternative Webseiten kopieren die Inhalte von RT eins zu eins. Mithilfe sogenannter »Virtual Private Networks« (VPNs), einfach zu installierender Computerprogramme, mit denen die Identität und der Standort von Nutzern verschleiert werden können, war der Livestream zu nutzen. Links verbreiten sich über Telegram-Kanäle. Manche Autoren, die für RT produzier(t)en, arbeiten auch für die sogenannten »alternativen Medien« und verbreiten dort dieselben kremlnahen Narrative weiter. Hinter dem YouTube-Kanal »InfraRot Medien – Sicht ins Dunkel« steht zum Beispiel der ehemalige RT-DE-Geschäftsführer Ivan Rodionov.

»Alternative Medien« verstehen sich genau wie die russischen Staatsmedien als Gegenöffentlichkeit zu den etablierten Medien. Ihr politisches Spektrum ist heterogen und verläuft quer zu den politischen Lagern. Die Abgrenzung zwischen rechts und links hat im alternativen Lager kaum noch Bedeutung. Inhaltlich vereinen sie zwei große Themenfelder: erstens die Kritik am politischen »System« und an den bestehenden Medien, der sogenannten »Lügenpresse«, übrigens ein von den Nationalsozialisten geprägter Kampfbegriff. Und zweitens ein ausgeprägter Antiamerikanismus und die Unterstützung einer prorussischen Agenda.

Ein gutes Beispiel hierfür ist Florian Warweg, ehemals Onlinechef von RT DE und seit Juli 2022 Redakteur der *Nach-*

DenkSeiten. Die *NachDenkSeiten* sind bemüht, sich als neutral und pluralistisch darzustellen, und sprechen schon einmal vom »völkerrechtswidrigen russischen Angriffskrieg«. Gleichzeitig ist aber die Gegnerschaft zur NATO und den USA ein zentrales Thema. Berichte über Gräueltaten der Russen werden in Zweifel gezogen und relativiert, sie seien »oft nicht angemessen überprüft«. Was genau auf dem Schlachtfeld passiert, wisse ja niemand, da *beide* Seiten die Wahrheit durch Propaganda ersetzt hätten.[70]

Weniger subtil und deutlich kremlnäher verhalten sich das *Compact*-Magazin oder der *Anti-Spiegel*. Jürgen Elsässer, Chefredakteur des vom Verfassungsschutz als rechtsextrem eingestuften und kurzzeitig verbotenen *Compact*, plädiert seit Langem für ein Bündnis Europas mit Russland gegen die USA. Dem ultranationalistischen Publizisten Alexander Dugin, seinem eurasischen Imperialismus und seiner Vorstellung einer multipolaren Weltordnung gibt er seit Jahren eine Bühne. Auch der österreichische Identitäre Martin Sellner, der im Frühjahr 2024 bei einem Treffen bei Berlin mit deutschen Nationalisten für eine »Remigration« (ein verharmlosendes Wort für Deportation) von Millionen Migranten und deutschen Staatsbürgern eintrat, kommt in *Compact* zu Wort. Bei *Compact* ist das alte Links-rechts-Raster schon lange Geschichte. Das rechtsextreme Blatt hob 2022 die ehemalige Linkenpolitikerin Sahra Wagenknecht als »Die beste Kanzlerin – eine Kandidatin für Links und Rechts« auf seinen Titel.

Thomas Röper, der angeblich seit 20 Jahren in Sankt Petersburg lebt, verbreitete in seinem Blog *Anti-Spiegel* jahrelang Verschwörungserzählungen zur Covid-Pandemie und zu angeblich von den USA betriebenen Biowaffenlaboren in der Ukraine. Die USA hätten in der Ukraine an Zugvögeln geforscht, die Krankheitserreger aus der Ukraine nach Russland bringen könnten. Die Ukraine, nicht Russland sei schuld an dem Massaker in Butscha und Ähnliches mehr.

In den sozialen Netzwerken verbreitet sich russische Desinformation besonders auf Telegram. Am bekanntesten sind die Influencerin Alina Lipp und ihr Kanal *@neuesausrussland*. Lipp, die früher bei den Grünen engagiert war, zog 2021 erst auf die Krim und dann in die russisch besetzte »Volksrepublik Donezk«. Sie vermischt eigene Berichte aus dem Donbass mit der Übersetzung prorussischer Beiträge. Ihre auf Deutsch und auf Russisch verbreiteten Nachrichten erreichen teilweise mehr als zwei Millionen Klicks. Lipps Beiträge werden häufig von rechtsextremen und verschwörungsideologischen Akteuren weiterverbreitet. Die Influencerin verfügt über gute Beziehungen nach Moskau und tritt gelegentlich zusammen mit Margarita Simonjan oder der Sprecherin des russischen Außenministeriums, Maria Sacharowa, auf.

Unter Verschwörungsgläubigen war KenFM eine besonders beliebte Plattform. Ihr Gründer Ken Jebsen, der eigentlich Kayvan Soufi-Siavash heißt und 2011 vom RBB entlassen wurde, trat häufig bei Querdenker-Demonstrationen auf. Wegen Falschinformationen und Verschwörungstheorien sperrte YouTube durch den Berliner Verfassungsschutz den KenFM-Kanal im November 2020 dauerhaft.[71] Jebsen hatte unter anderem behauptet, Microsoft-Mitgründer Bill Gates denke darüber nach, »Menschen im Rahmen von Impfungen gezielt zu sterilisieren«[72], und der Ukraine-Krieg sei ein Ablenkungsmanöver, um gegen Corona »hinterrücks« die Impfpflicht einzuführen. Dies funktioniere, weil die Medien uns »permanent das Gehirn waschen«. Kurz nach der YouTube-Sperre entstand mit *Apolut* eine neue mit Jebsen verbundene Medienplattform mit ähnlichem Profil.

Die »Alternativmedien« haben sich mittlerweile im Netz und den sozialen Netzwerken fest etabliert. Was sie besonders gefährlich macht, ist ihre Wirkung über die Ränder des politischen Spektrums hinaus in die politische Mitte. Indem sie flächendeckend Misstrauen schüren, erreichen sie nämlich auch breitere Gesellschaftsschichten. In der Radikalisierung der Mitte liegt die eigentliche Herausforderung der »alternativen Medien«. Wie bei den russischen Kampagnen in sozialen Medien geht es auch bei den »alternativen Medien« nur teilweise um die Verbreitung von falschen oder illegitimen Inhalten. Das eigentliche Problem ist die Verzerrung von Debatten und die allgemeine Verwirrung der Bevölkerung.

Bei den »alternativen Medien« ist oftmals unklar, wer genau die Urheber sind. Stammt eine in Deutschland verbreitete Nachricht aus Russland? Oder kommt sie aus einer deutschen Quelle, die inhaltlich mit russischen Positionen übereinstimmt? Treffen sich beide Seiten zufällig oder kooperieren sie bewusst und vorsätzlich miteinander? Gerade bei den beschriebenen Influencern und Social-Media-Aktivisten ist eine klare Zuordnung kaum möglich. Es bleibt unklar, wer die Henne ist und wer das Ei. Genau auf diese Intransparenz und Verschwommenheit legen es die Urheber aber an.

Am Ende ist die Frage der Urheberschaft ohnehin eher akademisch. Entscheidend ist das »Cui bono«, wem nützt es? Hier ist die Antwort eindeutig: dem Kreml. Seit 2022 ist die Zustimmung zu prorussischen Propaganda-Narrativen signifikant gestiegen[73] (hierzu ausführlich in Kapitel 12).

AGGRESSIVERE GEHEIMDIENSTE

Zum hybriden Krieg, den Russland gegen Deutschland führt, gehört nicht nur die Beeinflussung der öffentlichen Meinung, sondern auch die Tätigkeit der Geheimdienste. Nach dem Überfall auf die Ukraine hatten die EU-Staaten mehr als 500 Personen mit vermuteter russischer Geheimdiensttätigkeit ausgewiesen, davon mehr als 70 allein aus Deutschland. Es war die mit Abstand größte Ausweisung von Spionen seit Jahrzehnten. Ein schwerer Schlag für die russischen Dienste, denn ein solcher Aderlass macht jahrelange Aufbauarbeit von Netzwerken und Investitionen auf einen Schlag zunichte. Bedeutet dies, dass die Bedrohung durch die Dienste des Kremls gesunken ist? Keineswegs!

Ebenso wie Moskau nach dem Verbot von RT und Sputnik sehr rasch neue Wege zur Verbreitung von Desinformation gefunden hat, haben sich auch die Geheimdienste schnell auf die neue Lage eingestellt. Die bisherigen »hauseigenen« Spione wurden durch andere Personen ersetzt, die deren Arbeit ganz oder teilweise übernahmen. Die verwaisten Ränge russischer Spione in Europa werden durch Kollegen aus Afrika und anderen entfernten Ländern ersetzt. Dabei greift Moskau, was die Rekrutierung angeht, auch zu unkonventionellen Lösungen, auch außerhalb der professionellen Spione. Personen aus Wirtschaft und organisierter Kriminalität unterstützen die Dienste.

Seit Jahren und besonders seit 2022 ist deutlich, dass das Vorgehen der russischen Geheimdienste robuster wird. Zwar ist das Hacken von Politiker-Accounts im Bundestag und zuletzt in der SPD-Parteizentrale zu Spionagezwecken nicht neu. Aber die Veröffentlichung des kompletten Mitschnitts eines vertraulichen Gesprächs hoher deutscher Militärs im März 2024 über das Für und Wider einer Lieferung von Taurus-Lenkraketen an die Ukraine ging deutlich darüber hinaus. Es war eine aggressive Hack-and-Leak-Aktion, wie es sie in Deutschland bisher nicht gab. Sie entlarvte einen unprofessionellen Umgang höchstrangiger deutscher Militärs mit den Sicherheitsbestimmungen und brachte auf dem Höhepunkt der deutschen Debatte über die Lieferung von Taurus-Marschflugkörpern an Kyjiw sensible Details in die Öffentlichkeit, unter anderem über die Zielgenauigkeit der Raketen und die Präsenz britischer Experten in der Ukraine. Der Imageschaden für die Bundeswehr gerade auch bei den westlichen Verbündeten war gewaltig.

Für die aggressive Gangart der Dienste auf deutschem Boden stand bisher vor allem der sogenannte »Tiergartenmord«. Am 23. August 2019 ermordete der russische Staatsbürger Wadim Krasikow den georgisch-tschetschenischen Ex-Milizionär Selimchan Changoschwili im Kleinen Tiergarten. Wie die Richter des Berliner Kammergerichtes feststellten, arbeitete Krasikow im Auftrag der russischen Regierung. Der am helllichten Tag mitten in der Hauptstadt verübte »Tiergartenmord« war in Europa zwar kein Einzelfall, aber für Deutschland ein Gamechanger, weil er zeigte, dass die russischen Machthaber auch Deutschland gegenüber die Samthandschuhe abgelegt hatten. Die damalige Bundesregierung reagierte auf diese präzedenzlose Provokation scheinbar hilflos und zurückhaltend, was in Moskau vermutlich als Schwäche interpretiert wurde. Im August 2024 wurde der Auftragsmörder Krasikow im Rahmen eines Gefangenenaustausches nach Moskau ausgeflogen und dort von Präsident Putin persönlich mit einer Umarmung empfangen.

Inzwischen vergeht kaum ein Monat ohne neue Skandale aus der Geheimdienstwelt. In jüngster Zeit wurden mehrere Spionagenetzwerke aufgedeckt. Ein gravierender Fall betrifft den Bundesnachrichtendienst selbst. Ein früherer Mitarbeiter, Carsten L., soll während seiner Tätigkeit beim BND massenweise Staatsgeheimnisse an Russland weitergegeben haben. Carsten L. arbeitete in hochrangiger Funktion – als Referatsleiter – im besonders sensiblen Bereich der technischen Aufklärung. Er soll dem FSB Informationen über Waffensysteme, die der Westen der Ukraine lieferte, zugespielt haben.

Besonders skandalös ist der Fall Jan Marsalek. Marsalek war Vorstandsmitglied beim Dax-Unternehmen Wirecard. Als sich eine riesige Bilanzlücke von fast zwei Milliarden Euro auftat, tauchte Marsalek unter und setzte sich über Minsk nach Moskau ab. Wie brisant der Fall war, stellte sich erst später heraus. Marsalek hat nach Auffassung der Ermittler von Wien aus gemeinsam mit dem FSB und dem GRU einen Ring von russischen Spionen aufgebaut, der über mindestens fünf Jahre in Europa aktiv war. Zu ihren Aufgaben sollen Spionage, Einbrüche, Diebstähle und sogar Ermordungen durch russische Auftragskiller gehört haben. Die Vorwürfe stützen sich auf

Hinweise des britischen Inlandsgeheimdienstes MI5, die in einem 86 Seiten langen Haftbefehl für den österreichischen ehemaligen Polizisten und Geheimdienstmitarbeiter Egisto Ott enthalten sind.[74]

In jüngster Zeit mehren sich Hinweise, dass russische Dienste auch physische Angriffe auf europäische Ziele planen. Thomas Haldenwang, Chef des Bundesamts für Verfassungsschutz, warnte im April 2024: »Wir gehen davon aus, dass das Risiko staatlicher Sabotage signifikant gestiegen ist.« Russland sei heute in der Lage, auf europäischem Boden Operationen durchzuführen, die massive Schäden anrichten könnten. Kurz zuvor waren zwei Deutschrussen in Bayreuth festgenommen worden unter dem Verdacht, im Auftrag eines russischen Geheimdiensts militärische Einrichtungen ausgespäht zu haben – für mögliche Bomben- oder Brandanschläge. Nach Überzeugung der Ermittler hatten es die Täter unter anderem auf Einrichtungen der US-Armee in Grafenwöhr in der Oberpfalz abgesehen, wo die US-Amerikaner ukrainische Soldaten an Panzern ausbilden. Das Motiv war nach Auffassung des Generalbundesanwalts, die deutsche Unterstützung der Ukraine zu sabotieren. Planungen für russische Anschläge auf Militäreinrichtungen in Deutschland?

Unter Berufung auf deutsche und US-amerikanische Geheimdienste berichtete CNN im Juli 2024, dass der Chef des deutschen Rüstungskonzerns Rheinmetall, Armin Papperger, ermordet werden sollte. Der Anschlag sei geplant von der russischen Regierung. Moskau dementierte die Nachricht natürlich umgehend. Aber dass einer der wichtigsten Rüstungskonzerne der EU und Lieferant von dringend benötigter Munition für die Ukraine ein Ziel für russische Aktionen sein könnte, erscheint glaubhaft, würde aber, wenn es zutrifft, eine neue Eskalationsstufe darstellen. Wie so oft wurden die deutsche Sicherheitsbehörden durch die US-amerikanischen Geheimdienste über die Bedrohungslage unterrichtet. Nur durch diesen Hinweis konnte Schlimmeres verhindert werden.[75]

In England wurden im April zwei Männer beschuldigt, im russischen Auftrag Feuer in einem Warenhaus gelegt zu haben, das Hilfslieferungen an die Ukraine lagerte. In Tschechien versuchte Russland nach Aussage des Transportministers die Signalsteuerung der Eisenbahnen zu stören. In Estland war bereits im Februar das Auto des Innenministers von russischen Geheimdienstmitarbeitern beschädigt worden.[76] In Polen wurden neun Personen wegen Verdacht auf Brandstiftung im Auftrag russischer Dienste festgenommen. Auch der Großbrand im Mai 2024 in einer Berliner Fabrik des Unternehmens Diehl, welches unter anderem das an die Ukraine gelieferte Flugabwehrsystem IRIS-T-System herstellt, war möglicherweise das Werk russischer Sabotage.[77] Die Liste ließe sich fortsetzen.

Es ist also nicht zu übersehen, dass die russischen Geheimdienste ihre Aktivitäten intensivieren. Wir müssen uns darauf einstellen, dass sie künftig über Spionage und verdeckte Aktionen im Informationsraum hinaus auch konkrete Sabotageaktionen gegen physische Ziele vornehmen. Dies könnte heißen: Sprengungen, Brandstiftung und Angriffe auf Infrastruktur. Damit muss ein Thema viel mehr als bisher in den Vordergrund rücken: der Schutz unserer kritischen Infrastruktur.

Zu besonderer Sorge gaben Überflüge von Drohnen über kritischer Infrastruktur in Deutschland Anlass, die russischen

Agenten zugerechnet werden. Im Sommer 2024 wurden über dem Industriegebiet »ChemCoastPark« in Brunsbüttel mehrfach Drohnen entdeckt, die unter anderem ein LNG-Terminal und ein stillgelegtes Kernkraftwerk überflogen. Eine besonders große Gefahr war auch der DHL-Fall, wo Brandsätze in Paketen in Europa versandt wurden. Es war nur ein glücklicher Zufall, dass 2024 in Leipzig ein Paket noch am Boden in Brand geriet und nicht während des Fluges der Maschine.

Insgesamt lautet das Fazit dieses Kapitels: Nach langen Jahren, in denen der Kreml eine Art Doppelstrategie gegenüber Deutschland gefahren hat – Partnerschaft einerseits, Unterwanderung andererseits –, hat Russland nun alle Zurückhaltung abgelegt. Seit der Invasion in die Ukraine und der deutschen »Zeitenwende« setzt Moskau die ganze Bandbreite seines hybriden Instrumentariums gegen uns ein. In den folgenden Kapiteln beleuchten wir die wichtigsten Themen und Kampagnen dieser Maßnahmen.

KAPITEL 8: WIR SCHAFFEN DAS – NICHT. MIGRATION 2015/2016

Köln, 31.12.2015. Auf dem Vorplatz des Kölner Doms versammeln sich die Menschen, um ins neue Jahr hinein zu feiern, doch die ausgelassene Stimmung verwandelt sich für viele Anwesende nach und nach in einen Albtraum. Die Polizei ist überfordert und kann die trinkenden und pöbelnden Massen zwischen Dom und Hauptbahnhof nicht unter Kontrolle bringen. Sie räumt einen Teil des Platzes und drängt so eine Menschenmasse zum Bahnhofseingang. Dort fahren aufgrund einer Brückensperrung keine Züge, und lediglich eine Tür des Bahnhofs ist geöffnet. Was dann geschah, kann nicht voll rekonstruiert werden, doch nach dieser Nacht werden für den Bahnhofsbereich 370 Strafanzeigen wegen Sexualdelikten erstellt. Die Übergriffe wurden mehrheitlich von nordafrikanischen Männern begangen – die meisten davon Asylbewerber.[78]

Für die schon angespannte gesellschaftliche Lage bildet die Silvesternacht 2015/2016 eine Zäsur. Die Asylpolitik von Angela Merkel und die berühmte »Wir-schaffen-das«-Rede spaltet die Deutschen; der »Gutmensch« wird zum Schimpfwort und auch berechtigte Kritik an der deutschen Asylpolitik als Fremdenhass delegitimiert. Für Rechtsextreme und Rassisten dagegen stellt die Silvesternacht den ultimativen Beweis für die Verkommenheit aller Migranten dar. Die russische Propaganda erkennt die Chance, den gesellschaftlichen Dissens weiter anzuheizen. Auf international sendenden russischen Staatskanälen wird wenige Tage nach Neujahr behauptet, dass die deutsche Polizei nicht eingreifen durfte, da die Bundesregierung die Asylbewerber auf keinen Fall verärgern wollte. In mehreren Sprachen berichten Russia Today und diverse YouTube-Kanäle auch, dass Angela Merkel die Ausschreitungen nicht verurteilt habe und dass die CIA die Asylbewerber bezahlt habe, um die Frauen in der Silvesternacht zu belästigen.[79] Im Rahmen unserer Recherche sind wir zu dem Schluss gekommen, dass diese Silvesternacht den Startpunkt einer neuen Intensivierung der russischen Propaganda und Desinformation in Deutschland darstellt, die bis heute anhält.

Im Januar 2016 beginnt die russische Propagandamaschine das Narrativ der vergewaltigenden Flüchtlinge und der wegsehenden Angela Merkel weiter auszubauen. Ab diesem Punkt wird die russische Propaganda nicht nur gezielt an russischsprachige Personen gerichtet, sondern auch auf Deutsch verbreitet. Die Desinformation, die zur Silvesternacht geliefert wird, ergibt – wie gewohnt – kein kohärentes Bild. Mal seien es verschiedene westliche Geheimdienste gewesen, die die Übergriffe inszeniert hätten, mal sei der Vorfall Beweis dafür, dass alle Asylbewerber vergewaltigende Wilde seien. Zur selben Zeit streut der Kreml die Behauptung, dass die Silvesternacht 2015/2016 in einer Reihe mit der Reichspogromnacht stehe. Die vom nationalsozialistischen Regime organisierten Gewalttaten gegen Juden, bei denen in der Nacht vom 9. auf den 10. November 1938 mindestens 250 Menschen starben, stehen in keinem Verhältnis zur Silvesternacht. Doch die russische Propaganda legt mit dieser Lüge nahe, dass auch die Übergriffe der Asylbewerber durch die deutsche Politik orchestriert seien.

Einige mögen sich noch daran erinnern, wie der »Fall Lisa« gesellschaftlich breit diskutiert wurde. Die 13-Jährige war am 11. Januar 2016 von ihren Eltern in Berlin bei der Polizei als vermisst gemeldet worden, tauchte aber kurze Zeit später unversehrt wieder auf. Am 17. Januar berichtet der erste russische Fernsehkanal, dass drei Flüchtlinge die Russlanddeutsche Lisa 30 Stunden lang vergewaltigt hätten und die Anzeige dieser Straftat durch die Eltern von Lisa von den deutschen Behörden nicht angenommen worden sei. Der russische Außenminister Sergej Lawrow sprach auf einer Pressekonferenz von »unserem Mädchen Lisa« und stützte den Vorwurf gegen die deutschen Behörden.[80]

Das russische Staatsfernsehen strahlt eine »Lisa-Reportage« aus, in der eine russlanddeutsche Frau den Tathergang erklärt und als Kronzeugin präsentiert wird. Kurze Zeit später verbreitet sich dieselbe Doku über einen fingierten Anonymus-Account mit deutschen Untertiteln auf Facebook. Der Beitrag wird beworben mit: »Wer erfahren möchte, welche Kapitalverbrechen der von Angela Merkel herangeschleppte, testosterongesteuerte und hochkriminelle Migranten-Mob mittlerweile in Deutschland verübt, erfährt dies unter anderem im GEZ-freien russischen Fernsehen.« Allein bis zur Richtigstellung durch die Bundesregierung am 29.01.2016 wird das Video mehr als 33.000-mal geteilt und 1,7 Millionen Mal aufgerufen.[81]

Auch über andere soziale Netzwerke verbreitet sich die falsche Behauptung in Deutschland rasant und treibt letztlich mehr als 10.000 Menschen zu Protesten auf die Straße.[82] Viele deutsche Staatsbürger demonstrierten trotz der Richtigstellung durch deutsche Behörden für eine rasche Verurteilung der

Täter – die es aber gar nicht gibt. Ein Umstand, der anzeigt, wie das Vertrauen deutscher Staatsbürger in Leitmedien und politische Ebene zu schwinden beginnt.

Die erfundene Vergewaltigung Lisas hat sich so gut in das Denken vieler deutscher Staatsbürger eingefügt, weil die Geschichte nicht gänzlich erfunden war und bestehende Ängste perfekt stimulierte. Lisa gab es wirklich, und sie wurde auch als vermisst gemeldet. Da endet die wahre Geschichte allerdings. Für viele Russlanddeutsche war die angebliche Vergewaltigung Lisas der Beweis für eine unfähige Regierung, die die postsowjetischen Migranten nicht (mehr) wertschätzte und stattdessen die syrischen Migranten förderte. Andere Deutsche sahen in der angeblichen Vergewaltigung Lisas, kombiniert mit den Übergriffen aus der Silvesternacht, eine drohende Welle an Vergewaltigungen durch Flüchtlinge, die über das Land hineinbrechen würde. Und noch heute wird über den Fall Lisa in prorussischen Telegram-Gruppen berichtet, wie man in der Abbildung auf S.163 sehen kann.

Der Fall Lisa zeigt die Durchtriebenheit russischer Desinformation; es sind nicht immer plumpe Lügen, sondern auch fein justierte Manipulationen wahrer Gegebenheiten. Das Narrativ der vergewaltigenden Flüchtlinge in Deutschland und einer Regierung, die alles unter den Teppich kehrt, wird in den nächsten Jahren immer weiter ausgebaut und mit gefälschten Statistiken gestützt. Über den Neujahrswechsel von 2016 auf 2017, also ein Jahr nach den Kölner Ereignissen, wird sogar behauptet, dass erneut Frauen von Migranten in Köln belästigt worden seien – diese Behauptung ist eine plumpe Lüge.[83]

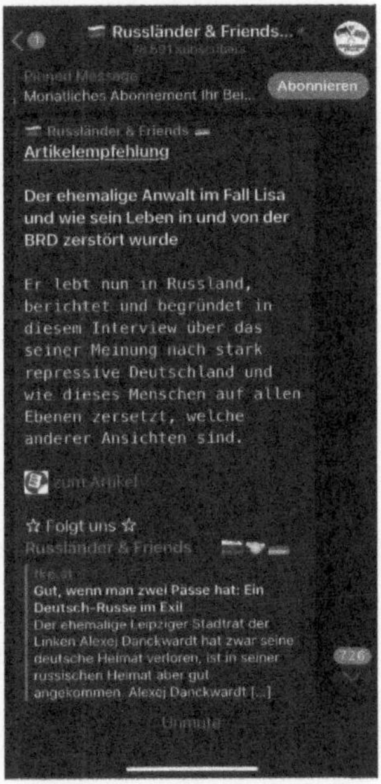

Russländer & Friends,
Telegram, 28.4.2024

Einige Mitglieder der Bundesregierung waren schon Anfang 2016 davon überzeugt, dass der Kreml bewusst Stimmung gegen Merkel und die Flüchtlingspolitik Deutschlands machte. Frank-Walter Steinmeier, zu dieser Zeit Bundesaußenminister, warf Russland »politische Propaganda« vor, um »eine ohnehin schwierige innerdeutsche Migrationsdebatte […] anzuheizen«.[84] Die mittlerweile acht Jahre alte Beschreibung Steinmeiers ist präzise, doch trotz dieser klaren Benennung der Lage setzte die Bundesregierung der strategischen Manipulation kaum etwas entgegen.

Das Schema Lisa war so erfolgreich, dass die russische Propagandamaschine es wiederholte. Im NATO-Partnerland Litauen waren im Jahr 2017 Bundeswehrsoldaten stationiert, um

Litauen symbolisch vor russischen Angriffen zu schützen. Am 14. Februar ging bei mehreren Medienhäusern und dem Parlamentspräsidenten Litauens eine E-Mail ein, in der die Vergewaltigung eines litauischen Mädchens in der Ortschaft Jonava ausführlich beschrieben wird.[85] Die angeblichen Täter: deutsche Bundeswehrsoldaten. Da die litauische Regierung schnell reagierte und belegen konnte, dass diese Vergewaltigung nicht stattgefunden hatte, war das mediale Echo glücklicherweise nicht so groß wie im Fall Lisa.

Mitte 2018 brachte die russische Propaganda das Gerücht in Umlauf, dass von mehr als 500 belegten Vergewaltigungen durch Migranten kein einziger Fall zu einer Verfolgung durch Strafbehörden geführt habe.[86] Im Kontext dieser Falschbehauptung – und der allgemeinen Zuwanderung nach Deutschland – verweisen kremltreue Ideologen und Propagandisten immer wieder auf George Soros. Der US-amerikanische Investor und Milliardär ist zur Projektionsfläche einer Vielzahl an antisemitischen Verschwörungserzählungen geworden, die ihm und ihm angeblich nahestehenden zionistischen Organisationen nichts Geringeres als den Plan für einen Umsturz der gegenwärtigen Weltordnung unterstellen. In Russland grassieren diese Verschwörungserzählungen schon mindestens seit 1990. Russische Nationalisten stellen Soros' jüdische Herkunft in den Vordergrund, behaupten, er würde mit dem Mossad und der CIA zusammenarbeiten. Manchmal ist Soros sogar am Untergang der Sowjetunion schuld. Wenn es um Deutschland geht, dann soll Soros die Massenzuwanderung orchestriert haben, um so »den großen Austausch« einzuleiten. Eine weitere Verschwörungserzählung, die der AfD in die Karten spielt. Dem Narrativ der neuen Rechten folgend, wird von geheimen

Kräften ein Austausch von weißen Bürgern Europas gegen schwarze Afrikaner geplant. Wie absurd auch immer, es gibt nichts, was nicht geglaubt wird.

Mitte 2018 ändert sich das Narrativ der russischen Propaganda. Deutschland habe nun eingesehen, dass es sich durch die Zuwanderung »selbst zerstöre«.[87] Plötzlich wollten die Eliten des Landes doch nicht den »großen Austausch« herbeiführen! Dieser narrative Umschwung ist ein Beispiel für die Inkonsistenz der russischen Propaganda. Statt ein Narrativ stringent zu verfolgen, werden, wie wir schon gesehen haben, verschiedene – teilweise widersprüchliche – Erzählungen befeuert. Angela Merkel habe nun zugegeben, dass die Flüchtlingspolitik gescheitert sei. Eine der krudesten Lügen in diesem Kontext ist die Behauptung, dass Deutschland Konzentrationslager in Polen baue, um die Flüchtlinge schnell wieder aus Deutschland ausweisen zu können. Die kremltreue Propaganda wird nicht müde zu betonen, dass Deutschland die »Angewohnheit« habe, Konzentrationslager zu bauen.[88]

Der Krieg in Syrien und die katastrophale humanitäre Lage im Irak und Afghanistan bewegen im Jahr 2015 890.000 Personen dazu, einen Asylantrag in Deutschland zu stellen. Dieser enormen Herausforderung kommunikativ mit einem »Wir schaffen das« zu begegnen, kaschiert das Problem, dass es dieses »Wir« nicht gab. Viele Menschen mit niedrigem Einkommen oder anderen als existenziell bedrohlich wahrgenommenen Umständen im privaten Umfeld können der Guten-Samariter-Mentalität nichts abgewinnen, weil sie selbst am Wegesrand liegen. Genau dort, da, wo die Gesellschaft verletzlich ist und der Nährboden fruchtbar, setzt die russische

Propaganda an und gießt Brandbeschleuniger in den sich entfachenden Konflikt.

Nach 2018 spielt die Migrationskrise 2015/2016 für die russische Propaganda eine untergeordnete Rolle. Was könnte man da auch noch tun? Immerhin ist die AfD kometenhaft aufgestiegen, und die Narrative haben sich so verfestigt, dass die russischen Propagandisten mit ihrer Arbeit höchst zufrieden sein können.

Im Dezember 2020 kann man dann im international sendenden russischen Radio Vesti FM die Meldung hören, dass die Migranten in Deutschland die Covid-19-Lage verschlimmerten. Nicht nur die neu angekommenen Migranten seien das Problem, auch die türkischen und arabischen Communitys, die seit Generationen in Deutschland leben. Insbesondere der Bezirk Friedrichshain-Kreuzberg in Berlin befände sich in einer schlimmen Lage, weil Migranten die Covid-19-Regeln nicht befolgen würden.[89] Tatsächlich war die Infektionsrate in Friedrichshain-Kreuzberg geringer als die in Steglitz-Zehlendorf – obwohl der Anteil an Personen mit Migrationshintergrund in Steglitz-Zehlendorf deutlich niedriger ist.[90] Diese Propaganda verbindet in gewohnter Weise zwei große Narrative des Kremls: Deutschlands Unvermögen, die Pandemie zu managen, und der negative Einfluss von Migranten auf Deutschland.

Im April 2020 veröffentlicht *News Front* einen Artikel, in dem es heißt, dass die Flüchtlinge in den griechischen Camps die Gesundheitslage Deutschlands maßgeblich verschlechtern würden.[91] *News Front* ist ein websitebasierter Nachrichtenkanal, der in zehn Sprachen publiziert. Die deutsche Website ist zum Zeitpunkt dieser Veröffentlichung online und durch eine Google-Suche leicht zu finden. Sie als Leser oder Leserin können deshalb gut nachprüfen, ob die Website noch online ist, wenn Sie dieses Buch in den Händen halten. Die Website wird in Europa mehrere Millionen Mal pro Monat angeklickt und steht mit den russischen Geheimdiensten in Verbindung.[92] Ihr Chefredakteur Konstantin Knyrik ist bereits durch Institutionen der Schweiz, Frankreichs und Neuseelands sanktioniert worden, weil er prorussische Desinformation verbreitet.[93] Der erwähnte Artikel aus dem April 2020 wiederholt das oft benutzte Narrativ der »falschen Flüchtlinge«, die nicht vor etwas fliehen würden, sondern lediglich den deutschen Sozialstaat missbrauchen würden. Diese Lüge paart *News Front* mit der Behauptung, dass die Flüchtlinge in den griechischen Camps alle das Coronavirus hätten, und das würde die Bundesregierung sich mit den Flüchtlingen ins Land holen.

Die Verknüpfung von sachlich höchst unterschiedlichen Themenbereichen, die der Kreml für propagandistische Kampagnen ins Visier genommen hat, ist eine Vorgehensweise, die uns in diesem Buch öfter begegnet. Themenfelder und Ereignisse, die in keiner kausalen Verbindung zueinander stehen, verknüpft der Kreml innerhalb von propagandistischen und desinformativen Kampagnen. So können Adressaten und Opfer der russischen Propaganda und Desinformation sachte von den Lügen eines Themenfelds zu neuen Lügen anderer Themenfelder geführt werden. Hat der Fisch einmal angebissen, lässt man ihn besser nicht mehr los.

Insgesamt abzuschätzen, wie häufig propagandistische und desinformative Nachrichten, Posts, Fotos und Videos des Kremls im Kontext der Migration 2015/2016 in Deutschland geklickt und geteilt wurden, ist unmöglich. Sicher ist nur, dass sich die Zahl im Millionenbereich bewegt. Es ist aber klar, dass die russische Manipulation unseres Informationsraums einen Nerv in der deutschen Gesellschaft traf und so eine höchst destruktive Wirkung entfalten konnte.

KAPITEL 9: COVID-19: EINE CHRONOLOGIE RUSSISCHER INFORMATIONS-MANIPULATION

Die Coronapandemie ist nicht mehr akut, im öffentlichen Raum erinnern noch die vergessenen Aushänge an die gesellschaftlichen Ausnahmezustände. Das laminierte A4-Papier mit dem Schriftzug »Mindestens 1,5 m Abstand« vor dem örtlichen Supermarkt lässt uns zurückdenken an die ganzen Regeln, Einschränkungen und Lockdowns, die schon so weit entfernt scheinen. Doch für einen Teil der deutschen Bevölkerung sind diese Erinnerungen an eine Wut gekoppelt, die noch nicht vergangen ist. Auf Telegram verbreitet unter anderem Michael Wendler in seinem Kanal neben seiner Konzertwerbung immer noch Warnungen vor einer drohenden Zwangsimpfung, die schon bald für alle komme. Die knapp 61.000 Follower lesen – auch Jahre nach dem letzten Lockdown – fast täglich vom Versagen der Bundesregierung, der Orchestrierung der Pandemie durch die Eliten und der drohenden Unterdrückung durch die WHO. Für diesen Umstand ist die russische Desinformation mitverantwortlich.

Hier kann es nicht darum gehen, die seinerzeitigen Maßnahmen der Bundesregierung zu diskutieren, zu loben oder zu kritisieren. Dieses Kapitel beleuchtet die Pandemie aus propagandistischer Sicht und deckt die Erfolge russischer Informationsmanipulation in Deutschland auf. Vielleicht erkennen Sie als Leser oder Leserin dieses Kapitels im Nachhinein, dass

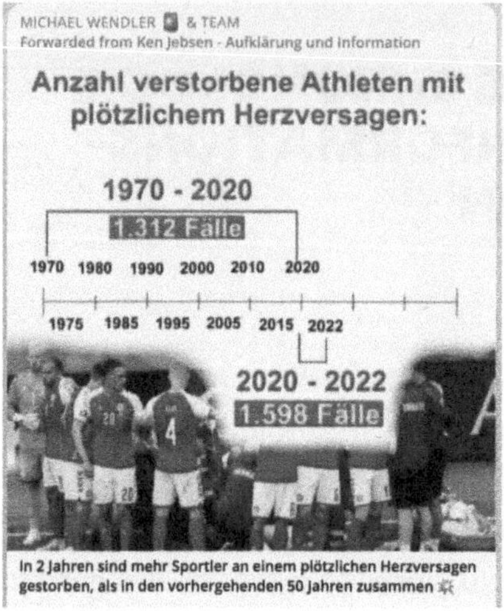

Telegramkanal von Michael Wendler, 20.1.2024

auch Sie der russischen Desinformation über Covid-19 begegnet sind.

Die Pandemie bot analog zu anderen gesellschaftlichen Notsituationen einen Nährboden für eine gesellschaftliche Unsicherheit, der vom Kreml erkannt und ausgenutzt wurde. Marshall McLuhan, kanadischer Philosoph und Medientheoretiker, schrieb einst: »Propaganda endet dort, wo Dialog beginnt.« Personen, die in einen echten Diskurs treten, sich mit gegensätzlichen Meinungen auseinandersetzen, immunisieren sich gegen Propaganda. Diskussion und Austausch können den unterkomplexen oder unwahren Charakter von Propaganda und Desinformation entlarven. Die Pandemie vereinzelte viele Menschen in Deutschland, besonders für alleinlebende Menschen wurde die Pandemie zur psychischen Ausnahmesituation. Alltäglicher sozialer Austausch zwischen »echten Menschen« wurde auf ein Minimum beschränkt und in den digitalen Raum verschoben. Dialog mit einem realen Gegenüber fand kaum noch statt.

Die Entscheidungen der Bundesregierung nahmen in bisher nicht gekannten Maß einen direkten Einfluss auf unser Leben; die täglichen Nachrichten erhielten dadurch eine neue persönliche Relevanz: Was darf ich, was muss ich heute tun? Die Vereinzelung, gepaart mit der Wahrnehmung des Staates als potenziell reglementierend, bedrohlich oder sogar unterwerfend, trifft auf die Informationsangebote der russischen Propaganda in sozialen Netzwerken. Die Pandemie stellte sich als perfektes Einfallstor für die Manipulation des deutschen Informationsmarktes dar.

Das angeblich von Migranten und Flüchtlingen nach Deutschland eingeschleppte Virus sei, so ein Beispiel, in einem US-amerikanischen Labor entwickelt worden. Analog zum Fall der Aids-Verschwörung der 1980er-Jahre (Kapitel 2), verbreitet der Kreml über Russia Today zu Beginn der Pandemie das Gerücht, dass die USA das Virus als strategische Waffe freigesetzt hätten. Angeblich, so die Kreml-Propaganda, könne das Virus gezielt bestimmte Personengruppen infizieren, und »der Westen« würde auf diese Weise Russlands Verbündete töten, hieß es in Meldungen aus dem Februar 2020.[94] Im April 2020 amplifiziert der Kreml über Sputnik die Aussagen des französischen Nobelpreisträgers Luc Montagnier, der öffentlich behauptete, dass das Coronavirus in Labors entwickelt worden sei.[95] Montagnier glaubte, dass dem Covid-19-Virus bei der Herstellung HIV-Partikel hinzugefügt worden seien. Er hatte zusammen mit seinem Team 1983 das HI-Virus entdeckt und vertrat bis zu seinem Tod 2022 die Ansicht, dass sich in Wuhan in einem Labor ein industrieller Unfall ereignet habe, der das Virus freigesetzt habe. Montagnier führte als Beweis für diese Behauptungen eine Gensequenz des Coronavirus an, die auch im HI-Virus zu finden ist. Zahlreiche Wissenschaftler widerlegten diese Behauptung, indem sie zeigen konnten, dass die Gensequenz so kurz ist, dass sie auch in anderen natürlichen Virusstämmen und Bakterien enthalten ist.[96] Diese propagandistische Verstärkung von Falschinformationen ist ein Paradebeispiel russischer Desinformation, weil an dieser Lüge nicht nur einiges Plausible dran ist, sondern man sich auch noch auf eine westliche Autoritätsperson beziehen kann.

In den nächsten Wochen überschlagen sich die Falschmeldungen, die der Kreml über RT, Sputnik, Blogs und YouTube-Kanäle millionenfach verbreitet. Wiederkehrende Narrative sind die gezielte Instrumentalisierung des Virus durch den Westen gegen Russland und China und später die Behauptung, dass Europa durch die Pandemie final zusammenbreche. Der offensichtliche Widerspruch zwischen diesen Behauptungen spielt keine Rolle – es geht ja um Verunsicherung. Daneben finden sich auch Behauptungen, dass eine jüdische Weltverschwörung Covid einsetze, um alle Menschen unfruchtbar zu machen, oder das 5G-Netzwerk das Virus mutieren könne. Glücklicherweise biete der Kreml für die unheimlichen Gefahren auch Methoden zum Selbstschutz an. Im März 2020 wird behauptet, dass Menschen, die rauchen, sich nicht mit dem Virus anstecken könnten. In Wirklichkeit bedeuten durchs Rauchen geschwächte Lungen eine 14-fach höhere Ansteckungsgefahr.[97]

Die schon bestehende Impfgegner-Szene, die allgemeine Unsicherheit in der deutschen Gesellschaft und die Kritik an Bundeskanzlerin Merkel und der Großen Koalition werden von Russland aus als Vehikel genutzt, um das Misstrauen gegen den deutschen Staat und die etablierten Medien zu verschärfen. Mal nutze die politische Elite das Virus bewusst als Mittel, um die Zivilbevölkerung zu unterdrücken, mal sei sie nicht in der Lage, das Virus effektiv zu bekämpfen und die Pandemie zu managen: Die russische Propaganda und Desinformation verbreitete nicht *ein* kohärentes Narrativ, sondern befeuerte bestehendes Misstrauen auf allen Seiten. Zur Mitte des Jahres 2020 verbreitet der Kreml sogar gleichzeitig die Behauptungen, dass das Virus in den USA, Frankreich, der Ukraine und China entwickelt worden sei.[98]

Am 20. August wurde Alexej Nawalny vergiftet und nach zweitägiger Behandlung in Omsk, einer Großstadt in Sibirien, in die Berliner Charité geflogen. Eine Analyse von Nawalnys Blut wies nach, dass der wichtigste Kreml-Gegner mit dem Nervengift Nowitschok vergiftet wurde, das vom FSB schon bei anderen Mordanschlägen verwendet worden war. Die russische Propaganda behauptet, dass der Westen die – natürlich angebliche – Vergiftung als Vorwand für Sanktionen gegen Russland verwende, um so die Entwicklung eines russischen Covid-Impfstoffes zu behindern. Als Drahtzieher wird unter anderem der deutsche »Deep State« genannt.[99] »Der Staat im Staat« ist ein gern genutzter Baustein für diverse Verschwörungserzählungen. Es handle sich um eine im Untergrund agierende kleine Gruppe von Personen, die den »offiziellen« Staat kontrollierten. Meistens wird im Kontext des Deep State auch behauptet, dass die einzelnen Staaten im Staat von einer jüdischen Elite kontrolliert würden. All die unterschiedlichen Lügen im Kontext der Vergiftung von Nawalny – von denen wir hier nur wenige erwähnt haben – haben gemeinsam, dass sie von den eigentlich wichtigen Fragen ablenken. Die Taktik wird manchmal als Nebelkerze bezeichnet. Nebelkerzen sind Rauchgranaten, die im Krieg von der Artillerie eingesetzt werden. Sie erzeugen meistens tiefvioletten oder grünen Rauch, der dem Feind die klare Sicht auf taktische Manöver nimmt.

Russia Today konnte bis zur Sperrung des Senders im September 2021 seine Inhalte frei verbreiten. Julia Smirnova und Hannah Winter vom »Institute for Strategic Dialogue« (ISD) fanden heraus, dass 67 der 100 meistgesehenen Videos auf dem Kanal von RT DE einen Bezug zu Covid-19 hatten. 87 der 100 meistgesehenen Videos hatten mehr als 100.000 Aufrufe. Durch die Berichterstattung über die Pandemie avancierte RT DE zu einer der beliebtesten Quellen für Coronaleugner, Impfverweigerer, Verschwörungstheoretiker und politische Populisten in Deutschland. Smirnova und Winter untersuchten 279 Telegram-Kanäle, die der rechtsextremen und verschwörungsideologischen Szene zuzuordnen sind, und stellten so fest, dass RT DE zu den fünf meistgenannten Quellen für Posts in diesen Kanälen gehörte.[100] Und obwohl RT DE und Sputnik heute in Deutschland nicht mehr frei zugänglich sind, hat sich genau dieser Umstand nicht geändert. In den einschlägigen Telegram-Gruppen wird RT DE immer noch als Quelle für falsche Behauptungen angegeben. Die späte Sanktionierung von RT DE bot der russischen Propaganda genug Raum und Zeit, um sich fest in die gedankliche Welt vieler Deutschen zu integrieren. Das ist ein Schaden, den man im Nachhinein kaum beheben kann.

Telegram wurde für Coronaleugner zu mehr als einer Plattform, um sich zu informieren und über Heilkristalle auszutauschen; es wurde auch zum Markt für gefälschte Impfausweise. So leicht man sich auf der Plattform Drogen kaufen kann, konnten über eine passende Stichwortsuche auch Impfpässe erworben werden, fanden Pia Lamberty und Miro Dittrich im Rahmen einer Studie heraus. Für 100 bis 200 Euro konnte man sich den gefälschten Ausweis bequem nach Hause liefern lassen.[101]

RUSSISCHE PROPAGANDA GEGEN RUSSISCHE PROPAGANDA

Ende 2020, mit dem Marktstart der Impfstoffe von Pfizer-Biontech und der Entwicklung des russischen Impfstoffes Sputnik V, änderte sich die Strategie der russischen Propagandaindustrie. Im Kampf um die Vormachtstellung begriff der Kreml effektive Impfstoffe als prestigeträchtig und versuchte durch den eigens entwickelten Impfstoff technologische und wissenschaftliche Überlegenheit zu demonstrieren. Da die vorangegangene Propaganda und Desinformation das Virus kleinredeten, Impfungen als Ursache der Krankheit darstellten und Bill Gates zuschrieben, Microchips in die Impfungen zu mischen, war es nicht so leicht, den eigenen Impfstoff weltweit als sicher anzupreisen. In Russland selbst wollten sich 62 Prozent der Bevölkerung nicht impfen lassen, 64 Prozent glaubten, dass Covid-19 eine biologische Waffe sei. Auch hieß es, dass die Sterberaten in Russland viel niedriger als im Westen seien, weil Russen nicht die westlichen Impfstoffe gegen die gewöhnliche Grippe verabreicht bekommen hätten. Maxim

Trudoljubow, Journalist bei *Dekoder*, schrieb passend dazu: »Die russische Propaganda hat sich selbst besiegt« – recht hat er.

Die an den Westen und Deutschland gerichtete Propaganda diffamierte folgerichtig ab Ende 2020 nicht mehr das Impfen per se als schlecht, sondern versuchte, Pfizer-Biontech zu diskreditieren. Dabei kam eine klassische Strategie der Desinformation zum Einsatz: die virtuose Mischung aus Wahrheit und Lüge. Die möglichen Nebenwirkungen von Pfizer-Biontech wurden betont und falsche Zahlen zur Häufigkeit der Nebenwirkungen verbreitet.[102] Viele werden sich an Diskussionen im Bekanntenkreis über häufig auftretende Herzmuskelentzündungen, Lähmungen oder andere Nebenwirkungen von Biontech erinnern; an diesem Punkt sind Sie indirekt mit russischer Propaganda in Kontakt gekommen.

Der Versuch, Sputnik V national und international als den besten Impfstoff zu bewerben, ging einher mit vom Kreml verbreiteten Verschwörungsnarrativen ausgerechnet über Verschwörungsnarrative. Angeblich würde der Westen Verschwörungen und Falschaussagen zum russischen Impfstoff verbreiten, weil man neidisch auf den russischen Erfolg sei. Weiter verbreitete der Kreml die Behauptung, dass »es absurd (sei) zu behaupten, dass Russland Verschwörungserzählungen in Bezug zu Covid-19 verbreite«[103]. Im Angesicht der 675 verschiedenen desinformativen Erzählungen in Bezug zu Covid-19, die *EUvsDisinfo* bis zum 14. Dezember 2020 identifiziert und Russland zugeordnet hat, ist die grelle Ironie nicht zu übersehen.

Insgesamt waren die russischen Bemühungen, Sputnik V international als den besten Impfstoff zu positionieren, nicht erfolgreich. Die russische Propaganda schoss sich selbst ins Knie, weil die anfänglich verbreiteten Lügen zur Impfung so stark verfingen, dass die späte strategische Neuausrichtung es nicht vermochte, die mittlerweile überzeugten Coronaleugner umzustimmen. Wenn Propaganda betrieben wird ohne Kohärenz, kann genau so etwas eintreten. Trotz der punktuellen Misserfolge war die russische Propaganda während der Pandemie erfolgreich darin, das Vertrauen der deutschen Zivilgesellschaft in die Politik und Medien zu schwächen. Insbesondere die Menschen, die ihre Informationen zum Tagesgeschehen während der Pandemie vorrangig über soziale Plattformen bezogen, zeigten ein starkes Misstrauen gegenüber allen nicht extremistischen Parteien.[104]

Eine Untersuchung der Amadeu Antonio Stiftung zeigt, dass die verschwörungsideologischen Gruppen auf Telegram und anderen Plattformen, die sich während der Pandemie geformt haben, seit dem russischen Überfall auf die Ukraine weiterhin prorussischen Falschinformationen Glauben schenken. Die Personengruppen, die zunächst die Falschinformationen bezüglich Covid-19 glaubten und sich über die Zeit der Pandemie hinweg weiter in das russische Kaninchenloch hineingruben, sind nun tendenziell diejenigen, die glauben, dass Russland die Ukraine nicht angegriffen hat.[105]

Die Überschneidungen zwischen beiden Gruppen sind groß und verweisen auf den themenüberformenden Charakter russischer Informationsmanipulation in Deutschland. Es ist eine beachtliche Leistung der russischen Propagandamaschine,

Themenkomplexe, die zunächst nichts miteinander zu tun haben, miteinander zu verweben. Die Migranten seien alle Covid-positiv, Nawalny sei durch eine Pfizer-Impfung gestorben, die Pandemie wird von geheimen Eliten orchestriert und der Krieg in der Ukraine solle die Menschen bloß von den Repressionen während der Pandemie ablenken. Das mag sich für unsere Ohren absurd anhören, doch für mehr als 15 Millionen (!) Deutsche sind Behauptungen wie diese plausibel. Eine statistisch repräsentative Erhebung im Juni und Juli 2021 offenbarte, dass 20 Prozent der Deutschen, also etwa 16,4 Millionen Menschen, der Aussage zustimmten: »Ich kann mir vorstellen, dass hinter der Pandemie eine Elite steht, die eine neue Weltordnung schaffen will.«[106]

Das übergeordnete Ziel der russischen Propaganda ist die Destabilisierung des Westens. Um es zu erreichen, werden gesellschaftliche Diskurse an allen Enden zugespitzt, um die jeweiligen Positionen zu verhärten und Kompromissschließungen unmöglich zu machen. Und Missstimmung unter den gesellschaftlichen Gruppen zu säen. Wenn Sie als Leser also bis zu diesem Punkt denken: »Nein, den ganzen Nonsens während der Pandemie habe ich natürlich nicht geglaubt«, waren Sie aber vielleicht auch sauer auf diejenigen, die sich nicht impfen lassen wollten, erbost über die, die sich offensichtlich unvernünftig und fremdgefährdend verhielten. Verständlich!

Die Hysterie während der akuten Pandemie ließ Emotionen schneller hochkochen als gewöhnlich. Ich selber, Leon Erlenhorst, erinnere mich, wie ungehalten ich war, als ich zum ersten Mal mit einem Impfgegner im Familien- und Bekanntenkreis zusammen am Tisch saß und diskutierte. Die Kompromisslosigkeit von Impfgegnern war im Übrigen auch bei Impfbefürwortern zu finden, und genau diese scheinbar unüberbrückbaren Differenzen destabilisieren unsere Gesellschaft. Die russische Einflussnahme ist nicht der hauptsächliche Auslöser für diese Differenzen, doch verantwortlich dafür, sie zu verhärten.

Interessanterweise erhöhte sich während der Pandemie das Vertrauen der Deutschen in die Leitmedien kurzfristig.[107] Der Grund könnte sein, dass während der Pandemie alle Menschen nach informativer Sicherheit gesucht haben; die einen wandten sich den deutschen Leitmedien zu, die anderen den Telegram-Gruppen.

KAPITEL 10: AUFSTIEG EXTREMISTISCHER PARTEIEN

Bis in die frühen Zehnerjahre unseres Jahrhunderts legte Moskau großen Wert darauf, enge Beziehungen zu den großen europäischen Volksparteien zu pflegen. Besonders zu Spitzenpolitikern der SPD bestand ein ausgesprochen vertrauensvolles Verhältnis, allen voran zu Altkanzler Gerhard Schröder, aber auch zu anderen Politikern wie dem früheren Außenminister und heutigen Bundespräsidenten Frank-Walter Steinmeier, dem damaligen SPD-Vorsitzenden Sigmar Gabriel oder dem ehemaligen brandenburgischen Ministerpräsidenten Matthias Platzeck. Diese »Moskau-Connection«, die unter anderem zur Grundlage für den Bau der Erdgaspipeline Nord Stream wurde, ist in dem gleichnamigen Buch der beiden FAZ-Journalisten Reinhard Bingener und Markus Wehner[108] eingehend beschrieben. Gute Beziehungen unterhielt Russland aber auch zu Politikern der CDU/CSU, wie dem früheren Vorsitzenden der Jungen Union Philipp Mißfelder, dem ehemaligen Bundesverkehrsminister Peter Ramsauer oder den CSU-Vorsitzenden Edmund Stoiber, Horst Seehofer und Markus Söder. Diese engen Kontakte waren für beide Seiten vorteilhaft; man unterstützte sich gegenseitig zum Wohl politischer Stabilität und guter Wirtschaftsbeziehungen. Es gab lange Zeit keinen Grund, diesen Kurs zu verändern.

UNTERSTÜTZUNG RECHTER KRÄFTE IN EUROPA

Zu einer Kurskorrektur kam es dennoch und zwar früher als erwartet. Sie ging nicht von den bürgerlichen Parteien Europas aus, da diese noch viele Jahre, letztlich bis zur groß angelegten Ukraine-Invasion 2022, an ihrer stabilitätsorientierten Politik gegenüber Moskau festhielten. Es war vielmehr Wladimir Putin, der vor mehr als einem Jahrzehnt beschloss, stärker auf die politischen Ränder in Europa zu setzen. Die Verhärtung seiner Politik brachte es mit sich, dass er von nun an die Schwächung des Westens als Voraussetzung für den Wiederaufstieg Russlands zur Großmacht ansah. Es lag auf der Hand, dass durch eine Stärkung extremistischer Kräfte die bürgerlichen Parteien und die Demokratie in Europa ebenso geschwächt werden konnten wie der Zusammenhalt in EU und NATO. Ansatzpunkte bildeten Themen, die Linke wie Rechte einen: die Sehnsucht nach Frieden, ein ausgeprägter Antiamerikanismus und der Wunsch nach guten Beziehungen zu Russland. Bei den Rechten konnte sich Russland noch zusätzlich als Gralshüter traditioneller Werte wie Familie, Vaterland und Kirche darstellen, als konservativ-bewahrender Gegenpol zum hyperliberalen westlichen »Gayropa«. Russland als Wertebastion gegenüber einem dekadenten Europa – diesen Topos gab es schon im späten Mittelalter, als Moskau sich als »drittes Rom« in Szene setzte. Diese angebliche geistige und wertebasierte Überlegenheit wurde von Putin clever und erfolgreich in neuem Gewand wieder aufgegriffen.[109]

Das Ergebnis ist bekannt. Seit mehr als einem Jahrzehnt fördert Russland systematisch den rechten Rand in allen Teilen

Europas. In einem Strategiepapier der kremlnahen Denkfabrik »Zentrum für politische Konjunktur« aus dem Jahr 2013 wurde als Ziel genannt, Putin als »Anführer eines neuen, globalen Konservatismus zu etablieren«[110], also einer neuen rechten Internationale, ähnlich der einstmaligen Kommunistischen Internationale. Genau darum ging es von nun an.

Früh witterte Moskau die Chance für einen Machtwechsel in Frankreich und ließ keine Gelegenheit aus, um diesen Prozess zu befördern. Der rechtsnationale Front National, inzwischen umbenannt in Rassemblement National, erhielt aus Russland einen Kredit in Höhe von mehreren Millionen Euro. Die Präsidentschaftskandidatin Marine Le Pen wurde 2017, kurz vor dem zweiten Wahlgang, von Wladimir Putin im Kreml empfangen. Gleichzeitig lancierte Russland eine Hack-and-Leak-Kampagne gegen Emmanuel Macron, um diesen zu beschädigen und Le Pen zum Sieg zu verhelfen. Matteo Salvini, Chef der italienischen Lega Nord, reiste häufig zu Gesprächen nach Moskau. Andere rechtsnationale Kräfte wie die niederländische PVV von Geert Wilders, die ungarischen Parteien Fidesz und Jobbik und die griechische Partei der Morgenröte bauten ebenfalls gute Kontakte zum Kreml auf.

Besonders eng war das Verhältnis zur österreichischen FPÖ, die sogar ein förmliches Kooperationsabkommen mit der Kreml-Partei Einiges Russland unterzeichnete. Dieses kündigte unter anderem eine Zusammenarbeit bei »Jugend-, Frauen-, Bildungs-, Hilfs- und anderen gesellschaftlichen Organisationen« an – mit dem Zweck der »Erziehung der jungen Generation im Geiste von Patriotismus und Arbeitsfreude«.

Die europäischen Rechtspopulisten hatten ihrerseits gute Gründe, die Nähe zu Russland zu suchen. Sie alle waren in ihren Heimatländern zu Anfang Außenseiter. Die bürgerlichen Parteien schlossen eine Kooperation mit ihnen aus, und auch an Spender und Unterstützer war schwer zu gelangen, da diese um ihren Ruf besorgt waren. Für die neue Rechte boten öffentlichkeitswirksame Treffen mit russischen Spitzenpolitikern eine Chance, sich als weltläufig und staatsmännisch zu inszenieren. Hinzukam die starke mediale Aufmerksamkeit, die ihnen von russischen Medien wie RT und Sputnik zuteilwurde. Von diesem doppelten Upgrade haben gerade die deutschen Rechten in hohem Maße profitiert.

In Deutschland zeigen fast alle rechte Kräfte – AfD, Pegida, Identitäre, Reichsbürger, Querdenker, Neonazis – Sympathien für Putins Russland. Diese Sympathie hat tiefe historische Wurzeln. Russland war immer schon ein Sehnsuchtsort der deutschen Rechten. In der Weimarer Republik sahen Ultrakonservative im untergegangenen zaristischen Russland einen Gegenentwurf zur angloamerikanischen Liberalisierung. Die konservative Reichswehr ging damals eine geheime militärische Zusammenarbeit mit der Sowjetunion ein. Und hatte nicht schon Bismarck mit seiner Rückversicherungspolitik auf Russland als Partner gesetzt? Hieran knüpfte der AfD-Abgeordnete Alexander Gauland an, als er 2014 forderte, »trotz einer veränderten Weltlage und des geringeren Gewichts aller europäischen Staaten Elemente der Bismarckschen Rückversicherungspolitik gegenüber Russland zu pflegen«.

RUSSLAND UND DIE AFD

Besonders eng entwickelte sich das Verhältnis Moskaus zur AfD. Alexander Gauland war einer der ersten, der kremlnahe Narrative in Deutschland propagierte, etwa als er die ukrainische Hauptstadt Kyjiw die »Keimzelle des russischen Reiches«[111] nannte und Verständnis für die Annexion der Krim äußerte: Auch wenn diese völkerrechtswidrig gewesen sei, so könne doch die »Legitimität eines Handelns anders beurteilt werden als seine Legalität«[112].

Umgekehrt zeigte auch Putin seine Nähe zur AfD öffentlich. Bei der Waldai-Konferenz, einem alljährlichen Treffen Putins mit handverlesenen internationalen Gästen, wurde der Präsident im vergangenen Jahr von einem deutschen Journalisten gefragt, weshalb der Kreml hochrangige Kontakte mit der AfD unterhalte, wenn Russland doch gleichzeitig die Ukraine »von Nazis befreien« wolle. Putins Antwort war bezeichnend. Er bestritt, dass die AfD rechtsextrem sei und verteidigte die Kontakte zu ihr. Die AfD habe nichts mit Nazimethoden zu tun, sondern sei im Gegenteil »das Opfer von Nazimethoden«[113]. Zum Beweis führte er Gerüchte über den angeblichen Versuch an, einen der Anführer der AfD während einer Wahlkampfveranstaltung zu ermorden. Ein solcher Mordversuch wurde von deutschen Behörden nicht bestätigt, wohl aber von der AfD als Gerücht in Umlauf gebracht. Bemerkenswert ist, dass Putin über eine solche weitgehend unbekannte Verschwörungskampagne bestens im Bilde war – ein klares Indiz dafür, wie wichtig ihm die Unterstützung der AfD offenbar ist.

MEHR ALS HUNDERT REISEN NACH RUSSLAND

War die frühe AfD noch unentschieden zwischen Ost und West, so verlagerten sich ihre Sympathien bald eindeutig in Richtung Russland. Es war wiederum Alexander Gauland, der zu Anfang den Türöffner spielte. Auf Einladung des kremlnahen Oligarchen Konstantin Malofejew, der uns bereits als einer der Strippenzieher im »Ökosystem« der russischen Einflusspolitik begegnet ist (vgl. Schaubild im Bucheinband), fanden 2014 erste Begegnungen in Moskau mit Vertretern der Kreml-Partei Einiges Russland und dem nationalistischen Ideologen Alexander Dugin statt. Weitere Reisen folgten. So reiste Marcus Pretzell 2016 als AfD-Landesvorsitzender von Nordrhein-Westfalen zum »Yalta International Forum« auf die annektierte Krim. Begleitet wurde er vom Vorsitzenden der Jungen Alternative Markus Frohnmaier.[114]

Moskau hofierte die deutschen Besucher fast wie Staatsgäste. Als die damalige AfD-Co-Vorsitzende Frauke Petry 2017 nach Moskau reiste, traf sie dort den Vorsitzenden der Duma Wjatscheslaw Wolodin sowie den inzwischen verstorbenen russischen Faschisten Wladimir Schirinowski. Der AfD-Bundessprecher Tino Chrupalla wurde 2020 von Außenminister Sergej Lawrow empfangen. Bei einem weiteren Besuch nahm er an einer Konferenz des russischen Verteidigungsministeriums teil – just als Russland seine Truppen an der ukrainischen Grenze zusammenzog. Mit Jörg Meuthen und Alice Weidel reisten weitere AfD-Spitzen nach Russland.

Journalisten haben ausgerechnet, dass nach 2014 mehr als hundert Reisen von AfD-Politikern nach Russland stattfanden.[115]

Einige von ihnen hatten auch keine Scheu, die annektierte Krim oder die besetzten Gebiete in Luhansk und Donezk zu besuchen. Eine besondere Rolle spielten bei diesen Reisen sogenannte »Wahlbeobachtungen«. Eigentlich ist die Beobachtung von Wahlen in Europa Organisationen wie der OSZE und dem Europarat vorbehalten. Diese sind speziell dafür mandatiert und führen Wahlbeobachtungen nach genau vorgeschriebenen, transparenten Kriterien durch. In Russland wurde dieses etablierte Verfahren durch Scheinbeobachtungen ersetzt, die zumeist von Vertretern rechter Parteien aus Europa durchgeführt wurden. Im Unterschied zur OSZE und dem Europarat gibt es für solche »Wahlbeobachtungen« keinerlei Regeln oder Kriterien, die allgemein anerkannt wären. AfD-Abgeordnete verzichteten dabei oft auf konsequente Kritik an der Unterdrückung der Opposition und den Einschränkungen der Pressefreiheit. Vielmehr ließen sie sich von Russland für seine Zwecke einspannen. Beispielsweise reiste 2018 der Berliner Abgeordnete Gunnar Lindemann in den von Russland besetzten Donbass und attestierte: Die Wahl sei »vernünftig und ordnungsgemäß abgelaufen«. Zur Präsidentschaftswahl 2024 reisten Andreas Jurca, AfD-Landtagsabgeordneter in Bayern, und seine Parteifreundin Elena Roon an und versicherten: Gerade was Transparenz betrifft, gebe es bei der russischen Wahl eher zu viel, das wäre in Deutschland unüblich.[116]

Einer der AfD-Politiker, die frühzeitig Kontakte zu Russland aufnahmen, war Markus Frohnmaier. Als »Wahlbeobachter« reiste er 2018 zu Putins Wiederwahl und erklärte: »Ich bin der Meinung, dass ein multiethnisches, multireligiöses Land wie Russland, das in den 90er-Jahren große Veränderungen erlebt hat, Stabilität braucht, und die kann dieser Präsident geben.« Und er befand anerkennend: »In Osteuropa sind noch christliche Werte auffindbar […], die Familie und die Nation haben dort einen anderen Stellenwert.«[117]

Bei Frohnmaier müssen wir noch einen Moment verweilen. Er knüpfte frühzeitig Kontakt zu dem deutschen Rechtsextremen Manuel Ochsenreiter und machte ihn nach dem Einzug in den Bundestag zu seinem Mitarbeiter. Ochsenreiter war unter den ganz wenigen Deutschen, die dem illegitimen »Referendum« auf der Krim beiwohnten, dem dann die Annexion folgte. Auch war er ein glühender Verehrer des nationalistischen Philosophen und Putin-Spindoktors Alexander Dugin. Ochsenreiter bezeichnete Dugin als »langjährigen väterlichen Freund«, während umgekehrt Dugin Ochsenreiter in seinem Nachruf seinen »geistigen Sohn« nannte. Zu Ochsenreiters Tod im August 2021 schrieb er auf Facebook[118]: »Er war ein überzeugter deutscher Patriot. Tapfer und mutig. Er hat sein Leben für die multipolare Welt geopfert. Er war ein Gegner der offenen Gesellschaft und der Atlantiker. Er hat das größte Europa gewählt. Das Eurasien, das Pluriversum.«

Investigative Journalisten haben 2023 eine weitere enge Verbindung nach Moskau aufgedeckt. Wladimir Sergijenko, Mitarbeiter des nordrhein-westfälischen AfD-Bundestagsabgeordneten Eugen Schmidt, unterhielt offenbar enge Kontakte zum russischen Inlandsgeheimdienst FSB. Der *Spiegel* und *The Insider* berichteten[119], dass sich Sergijenko in Moskau mit einer Kontaktperson (»Alexej«) über einen möglichen Stopp deutscher Waffenlieferungen in die Ukraine austauschte. In enger Abstimmung mit Moskau bereitete Sergijenko eine Organklage beim Bundesverfassungsgericht gegen die deutschen Waffenlieferungen vor. Sergijenko verfasste ferner einen Brief des AfD-Politikers Ulrich Oehme an Papst Franziskus zur »Verfolgung von Christen in der Ukraine« sowie eine Rede des AfD-Abgeordneten Harald Weyel in der Parlamentarischen Versammlung des Europarats zum selben Thema, so der *Spiegel*. Die russische Kontaktperson Sergijenkos entlarvten der *Spiegel* und *The Insider* später als Oberst Ilja Wetschomow, einen Mitarbeiter des »Fünften Dienstes« des Geheimdienstes FSB. Dieser fünfte Dienst war darauf spezialisiert, Netzwerke aufzubauen, um die Unterstützung der Ukraine zu unterminieren.

»Schätzungsweise 25.000 Euro für 2–3 Monate zur Begleichung von Anwaltskosten und weitere Ausgaben für die Verfassungsklage«, schlug Sergijenko seiner Kontaktperson Alexej vor. »Soll das Geld auf ein nichtkommerzielles Konto überwiesen werden?«, fragte Alexej. Sergijenko antwortete: »Ja«. Am 12. April 2023 schickt er den Entwurf der Rede Oehmes in Straßburg zur Abstimmung an »Alexej«, zwei Tage später wird der Text veröffentlicht[120]. Diese Angaben stammen aus einem E-Mail-Austausch zwischen Sergijenko und seiner FSB-Kontaktperson. Sie zeigen, dass die Zusammenarbeit zwischen beiden weit über eine bloße Koordinierung hinausging. Der AfD-Mitarbeiter erhielt für seine Aufträge direkte Anweisungen, Themenlisten und finanzielle Unterstützung aus Russland; Textentwürfe für deutsche Abgeordnete stimmte er im Wortlaut mit seiner Kontaktperson im FSB ab. Wenn diese Recherchen des Investigativmagazins The Insider zutreffen, führte der FSB über Sergijenko Einflussoperationen direkt in den Deutschen Bundestag hinein. Eine flagrante Einmischung in die inneren Angelegenheiten unseres Landes.

MOSKAUS LANGER ARM: EIN MANIFEST FÜR DIE AFD

Kurz nach der Invasion in die Ukraine, am 13. Juli 2022, versammelte Putins Chefpropagandist Sergej Kirijenko eine Gruppe von Politikstrategen und wies diese an, Deutschland zum »Fokus« der Bemühungen zu machen, um die Unterstützung der Ukraine in Europa zu unterminieren. Kirijenko gab dazu das Ziel aus, dass der Anteil der Deutschen, die sich eine Verbesserung der Beziehungen zu Russland wünschten, binnen dreier Monate um zehn Prozent wachsen sollte. Dies geht aus Recherchen der britischen Journalistin Catherine Belton hervor.[121]

Im September darauf erhielt Kirijenkos Abteilungsleiterin Tatjana Matwejewa von ihrem Chef den Auftrag, »ein neues Konzept für die AfD zu entwickeln, um ihre Umfragewerte zu steigern und bei Wahlen auf allen Ebenen eine Mehrheit zu erreichen«. Bei einer Besprechung im Kreml diskutierten die Anwesenden unter anderem über eine mögliche Umbenennung der AfD in »Vereinigtes Deutschland« oder »Deutsche Einheit«, um ein gespaltenes Deutschland zu einen. Das Ergebnis war ein wenige Wochen später Kirijenko präsentiertes »Manifest der Partei der Deutschen Einheit«. Das Dreiseiten-Papier[122], das uns vorliegt, malt den Zustand Deutschlands in dunklen Farben. Es spricht von einer Deindustrialisierung und der Abwanderung großer Unternehmen aus Deutschland. Die deutsche Bevölkerung liege im Sterben. Mehr als 30 Prozent der Menschen lebten unterhalb der Armutsgrenze. Die innere Spaltung des Landes nehme zu. Äußerst negativ äußert sich das Papier über die deutsche Regierung: »Ungebildete Politiker, die nicht in der Lage sind, die Folgen ihrer Entscheidungen zu ermessen, haben Deutschland in einen Konflikt mit Russland hineingezogen, einen natürlichen Verbündeten unseres Landes und unseres Volkes.«

Das Papier strotzt vor antiamerikanischen Verschwörungstheorien. Zur Entwicklung nach 1945 wird behauptet: »Nur die entschiedene Position Russlands bzw. der damaligen Sowjetunion hat verhindert, dass die Angelsachsen eine vollständige Deindustrialisierung und Zerstückelung Deutschlands in viele Einzelstaaten durchführen konnten.« Bedeutende deutsche Politiker wie Brandt, Schmidt und Kohl hätten erreicht, dass Deutschland eine unabhängige Politik betrieb. Aufgrund der Fehler der heutigen Führung Deutschlands müsse das deutsche Volk heute, wie Sisyphos, den Stein erneut von ganz unten auf den Berg hieven.

»Deutschland war das zweite, wenn nicht das erste Ziel der Sanktionen (Anm: gegen Russland). Die USA zerstören bewusst und zielgerichtet einen Konkurrenten in Gestalt der deutschen Volkswirtschaft.« »Die USA legen es darauf an, dass der Großteil der Produktionsfähigkeit in Mitteleuropa zerstört wird, um später diese Absatzmärkte zu übernehmen.« »Die Abhängigkeit Deutschlands von den USA ist zurück auf den Stand von 1945 gefallen.«

»Unser Land – über alles. Deutschland muss groß und frei sein«, so das Manifest. Deutschlands Interessen erforderten die Aufhebung der Sanktionen, die Wiederaufnahme der Gasimporte aus Russland und die Einstellung der Waffenlieferungen an Kyjiw. »Deutschland muss vollständig souverän werden.« Dazu gehöre »der Abzug aller Militärbasen anderer Staaten von deutschem Territorium«, die »vollständige Beendigung der Okkupation unseres Landes«.

Das Manifest schließt mit einem Aufruf zur Einheit. Es gebe heute in Deutschland nur zwei Parteien, die »Partei der Feinde Deutschlands und die Partei der Freunde«. Nur der Schulterschluss aller patriotischen Kräfte könne Deutschland vor einem Zusammenbruch bewahren.

Das dreiseitige im Auftrag des Kremls verfasste »Manifest« entwirft eine detaillierte Propagandastrategie für eine Machtübernahme durch die AfD – ein einzigartiges Dokument der Steuerung durch eine fremde Macht. Die Autoren setzen auf Antiamerikanismus, Freundschaft mit Russland und extremen Nationalismus, um die AfD zu stärken.

Belton hebt hervor, dass ein Kernpunkt der russischen Strategie das Ziel sei, zwei deutsche Fraktionen mit prorussischen Positionen zusammenführen – die AfD und die Gruppe um Sahra Wagenknecht, deren Popularität 2022, als das Kreml-Manifest verfasst wurde, stetig wuchs und die sich von der Linken abzugrenzen begann.

Durch die Pandemie hatte sich in Deutschland ein Widerstandsmilieu gebildet, in dem die ehemals scharfen Trennlinien zwischen der extremen Linken und Rechten zu verschwimmen begannen. Eine Mischung aus libertärer Impfskepsis, Antiamerikanismus und verschiedenartigen Verschwörungstheorien hatte zu einer Annäherung zwischen den politischen Rändern geführt. Nach der russischen Invasion der Ukraine trat als zusätzliche Verbindung das Thema Frieden hinzu. Der Kreml hatte die lagerübergreifende, auch als »Hufeisen« bekannte Konstellation frühzeitig für sich als Chance erkannt und deshalb im Sommer 2022 die Schaffung einer neuen deutschen Friedensbewegung, getragen von einem Bündnis aus linken und rechten Kräften, als Ziel ausgemacht. Hier wiederholt sich die Geschichte: Schon die Sowjetunion hatte die deutsche Friedensbewegung im Kalten Krieg stark unterstützt (vgl. Kapitel 2), um Deutschland zu schwächen. Das Gleiche versucht Moskau heute wieder.

Aus den von den Journalisten verwendeten Quellen geht nicht im Einzelnen hervor, wie die Kremlstrategen mit der AfD oder potenziellen anderen deutschen Partnern kommunizierten, um ihre Pläne umzusetzen. Bisher ist nicht einmal bekannt, ob die AfD überhaupt von dem Papier Kenntnis hatte. Das Gleiche gilt für Wagenknechts Fraktion. Berichtet wurde, dass Wagenknechts Ex-Mann Ralph Niemeyer in enger Verbindung zu hochrangigen Kremlmitarbeitern stand.[123] Gegenüber der *Washington Post* bestätigte er, dass »einige Leute in Russland ein Interesse an einer Union zwischen Wagenknecht und der extremen Rechten haben«. Insbesondere versicherte er, dass Kremlsprecher Dmitri Peskow an einer Union zwischen Wagenknecht und der AfD interessiert sei.

Sahra Wagenknecht war seit Langem durch prorussische Stellungnahmen aufgefallen. 2014 äußerte sie: Der Einmarsch auf der Krim sei zwar ein Bruch des Völkerrechts, jedoch auch eine »Reaktion auf eine Fehlentwicklung«, nämlich der Einsetzung der Übergangsregierung in Kyjiw. Sanktionen gegen Russland nannte sie »lächerlich«, die Russen würden davon nur »sehr begrenzt« beeindruckt sein. Das illegale Referendum auf der Krim? Müsse man akzeptieren. Heute setzt sie sich für Friedensverhandlungen mit Russland ein,[124] sie macht die NATO für den Krieg verantwortlich und strebt die Beendigung der Sanktionen an. Zwischen sie und die AfD passt in der Russlandpolitik kein Blatt Papier, die Positionen sind nahezu deckungsgleich. Allerdings haben sich, soweit bekannt, Sahra Wagenknecht und ihre Umgebung in puncto Kontaktpflege mit Russland deutlich mehr zurückgehalten als die AfD.

Auffällig war das Verhalten der AfD nach Erstellung des Moskauer Manifests: Kaum war es in der Welt, begannen AfD-Abgeordnete, Sahra Wagenknecht im Bundestag und auf ihren Versammlungen zu loben. Björn Höcke, Vorsitzender der AfD in Thüringen, lud sie öffentlich ein, der AfD beizutreten. In einer Rede zum Tag der Deutschen Einheit in Gera beschreibt Höcke die Zukunft der deutschen Industrie und des Sozialstaats in düsteren Worten. Er spricht von der »lächerlichen Schwäche« Deutschlands und beschwört die Einheit, die man sich nicht von »Spaltkeilen« beeinflussen lassen dürfe. Was zum Zeitpunkt der Rede nicht bekannt war, aber der *Spiegel* herausfand: Die Themen und Thesen Höckes finden sich fast wortgleich im Moskauer Manifest![125]

Auch Petr Bystron, außenpolitischer Sprecher der AfD, unterstrich, dass eine Allianz mit Sahra Wagenknecht für die AfD attraktiv sei. Nach seiner Ansicht existiere eine solche Koalition bereits. Im Verlauf der Pandemie hätten sich die Menschen in Protesten gegen die Regierungspolitik zusammengeschlossen. Sie stünden »Seite an Seite«. Wagenknecht selbst hat bisher stets erklärt, dass sie nicht mit der AfD kooperieren will.

DIE AFD UND DER UKRAINE-KRIEG

Die Mehrheit der AfD verurteilte zwar verbal den Überfall Russlands, blieb aber in den Konsequenzen sehr zurückhaltend. Wie Sahra Wagenknecht sprach sie sich gegen Wirtschaftssanktionen aus und befürwortete lediglich Sanktionen gegen Verantwortliche und Unterstützer des Angriffskrieges. An Nord Stream 2 will sie festhalten, da die Gasleitung – so ein Positionspapier der AfD-Bundestagsfraktion – »ein wesentlicher Beitrag zu einer verlässlichen, sicheren und günstigen Energieversorgung Deutschlands ist«. Waffenlieferungen lehnt die Partei grundsätzlich ab, da diese zu einer Eskalation beitragen würden.

Der AfD-Vorsitzende Tino Chrupalla erklärte 2022: »Schuldzuweisungen und Schuldzuschreibungen erzeugen keine Lösung, sondern heizen den Konflikt immer weiter an.« Petr Bystron ergänzte: »Russland ist der Aggressor, aber Deutschland hat eine Mitverantwortung an der Eskalation.« Andere AfD-Politiker gingen noch weiter. Nationalsozialisten und Faschisten hätten in der Ukraine das »Regime« übernommen, so der Thüringer Landtagsabgeordnete Thomas Rudy. Und sein sächsischer Parteikollege Jörg Dornau freute sich: »Die Ukraine wird entnazifiziert.«

Mit Bystron führt eine weitere direkte Spur nach Moskau. Der tschechische Ministerpräsident Petr Fiala beschuldigte Russland im März, über die Plattform *Voice of Europe* ein von Russland finanziertes Einflussnetzwerk in Tschechien und über einem Dutzend anderen europäischen Ländern zu führen. Über *Voice of Europe* soll nach Angaben tschechischer Medien die verdeckte Finanzierung von Moskau genehmen Kandidaten für die Europawahl gelaufen sein. Der Vorsitzende des parlamentarischen Sicherheitsausschuss in Prag, Pavel Záček, geht davon aus, dass Russland »auf jeden Fall viele Hunderttausend Euro, bis hin zu einer Million«[126] an rechtsnationale Politiker in Europa gezahlt hat.

In Deutschland sorgte besonders der Hinweis auf Petr Bystron für Schlagzeilen. Der AfD-Bundestagsabgeordnete und zweite Mann auf der Parteiliste für die Wahl zum Europäischen Parlament steht im Verdacht, Zehntausende Euro von Russland empfangen zu haben. Journalisten zufolge existieren Ton- und Videoaufnahmen von Übergaben, in denen sich Bystron darüber beschwert haben soll, dass die Summen in 200-Euro-Scheinen gezahlt wurden, mit denen man »weder in einer Tankstelle noch in Geschäften bezahlen könne«[127].

DIGITALE PARTNERSCHAFT: AFD, BSW UND DER KREML

Von Russland finanzierte Propaganda und Desinformation im digitalen Raum reflektiert die engen Verbindungen zwischen Kreml und AfD in der analogen Welt. Auch die Narrative, die das BSW verbreitet, werden durch russische Kampagnen verstärkt. Diese »digitale Partnerschaft« darf man sich nicht als Zusammenarbeit im eigentlichen Sinne vorstellen, sondern mehr als Übereinkommen, dass unterschiedliche Absichten

Synergien bilden, von denen beide Seiten profitieren. Die folgenden Beispiele aus Instagram, Telegram und TikTok veranschaulichen das Vorgehen des Kremls, doch sie sind nur die Spitze des Eisbergs in einem viel größeren Propagandanetzwerk.

Ein beliebtes Propaganda-Narrativ Russlands ist die Darstellung aller demokratischen Parteien in Deutschland als inkompetent und schwachsinnig. Dieses Narrativ wird oft verbunden mit der Behauptung, dass die Bundesregierung absichtlich gegen das Allgemeinwohl arbeite (hier sind wir dann wieder in der Nähe diverser Verschwörungserzählungen). Der Instagram-Account »Bloß mit Biss« ist bewiesenermaßen Teil der russischen Propagandamaschine und hat 70.000 Follower.[128] Hauptziel ist es, die Grünen, SPD, CDU/CSU und FDP zu diffamieren. Kurze Ausschnitte – oft KI-generiert – von Reden und Interviews der prominentesten Gesichter der Parteien werden de-kontextualisiert und so mit Aussagen von AfD-Politiker:innen zusammengeschnitten, dass die vermeintliche Inkompetenz der etablierten Parteien unübersehbar wird. Die Lieblingsopfer dieses Instagram-Accounts sind Robert Habeck, Annalena Baerbock, Ricarda Lang, Olaf Scholz, Christian Lindner, Nancy Faeser, Kevin Kühnert, Marie-Agnes Strack-Zimmermann und Altkanzlerin Merkel. Die Helden des Accounts sind der rechtsextreme Björn Höcke, Alice Weidel, Beatrix von Storch, Tino Chrupalla und manchmal auch Markus Söder. Dass der Account auch den Nationalsozialismus verharmlost, rundet das Bild ab.

In einigen Videos wird sich einfach nur über den Sprachduktus von Politikern lustig gemacht, in anderen werden politische

Strohmann-Positionen aufgebaut, die die kluge AfD erkenne und enttarne. Ein Beispiel vom 5. April 2024. Dort ist Habeck zu sehen, als er sagt, dass er sich Sorgen um die vielen jungen Menschen in Deutschland ohne berufsqualifizierenden Abschluss mache. Daraufhin sieht man Alice Weidel, die Baerbock und Habeck für den »Bildungsabfluss« verantwortlich und sich in diesem Kontext über Leute in der Politik lustig macht, die selbst keinen berufsqualifizierenden Abschluss haben. Hierzu werden Fotos von Ricarda Lang und Kevin Kühnert eingeblendet. Ganz plötzlich geht es nicht mehr um das politische Problem – die vielen Menschen ohne Arbeit und ohne ausreichende Bildung –, sondern darum, Hass und Verachtung gegenüber Politikern zu schüren. Es braucht keine falschen Fakten für hinterhältige Propaganda – das wird hier deutlich.

»Bloß mit Biss« steht mit anderen Accounts in Verbindung, die kongruente Narrative verbreiten. Er folgt beispielsweise dem Account »ampel_abschalten«, der mehr als 80.000 Follower hat und in dieselbe ideologische Kerbe schlägt. Und »Bloß mit Biss« postet Inhalte zusammen mit Deniz Karabag, der ein deutscher Influencer mit 123.000 Followern auf Instagram ist. Karabag, der sich laut seiner Instagram-Biografie mit »Politik, Mindset und Fokus« – was immer das sein mag – beschäftigt, hat selbst einen Migrationshintergrund. Wieso er zusammen mit identifizierten russischen Propaganda-Kanälen arbeitet, wissen wir nicht. »ampel_abschalten« und Karabags Account zeigen, wie russische Akteure Netzwerke aufbauen, bei denen die Grenze zwischen Staatspropaganda und selbst motiviertem Extremismus verschwimmt.

Auf TikTok finden sich viele Accounts, die im selben Stil von »Bloß mit Biss« prorussische Propaganda verbreiten. Beispiele für diese Accounts sind @breakingnews913, @avenger.to, @weltmenscho, @russische_welt_tv, @erkan5858585858 und @blackmyx/. Auch Karabag betreibt auf TikTok einen Account.

@breakingnews913

Im Februar 2024 wird der öffentliche Aufschrei über die Dominanz der AfD auf Tiktok – ausgelöst durch Jan Böhmermanns *ZDF Magazin Royale* – laut. Die AfD erreichte zu diesem Zeitpunkt auf TikTok mehr als dreimal so viele User wie alle anderen Parteien zusammen. Daraufhin schränkte TikTok die Reichweite des AfD-Spitzenkandidaten für die Europawahl, Maximilian Krah, ein – das ändert natürlich nichts an den zugrunde liegenden algorithmischen Gegebenheiten. Es ist zudem bemerkenswert, dass die Reaktion der anderen Parteien war, selbst aktiver auf TikTok zu werden. Es ist sofort nachvollziehbar, dass man das Spielfeld nicht den Rechtsextremen überlassen möchte, doch unterwirft man sich mit jeder Präsenz auf TikTok immer deren algorithmischen Spielregeln. Die Benachteiligung von wahren und nicht extremen Inhalten kann nur ausgehebelt werden, indem TikTok in Deutschland stärker reguliert wird.

Im April 2024 wird öffentlich, dass ein Mitarbeiter von Krah womöglich ein Spion des chinesischen Geheimdiensts ist. Bereits im Dezember 2023 stand dieser Verdacht im Raum. Krah wiegelte ab: »Ich habe keine Anhaltspunkte, die mich an der Loyalität und Zuverlässigkeit meines Mitarbeiters zweifeln lassen.« Die angebliche Unwissenheit Krahs ist indes nach Auffassung des Spiegel, der den Sachverhalt detailliert recherchiert hat, schwer nachvollziehbar.[129] Krah, der auch mal Dinge sagt wie »Alle Feministinnen sind hässlich«[130] oder sogar meint, die Mitglieder der SS seien nicht automatisch Verbrecher gewesen, wurde 2023 in New York vom FBI befragt, weil er verdächtigt wurde, Zahlungen von prorussischen Aktivisten entgegengenommen zu haben.[131] Krah selbst bestritt dies. Er habe von dem Aktivisten nie Geld bekommen, »keine Zahlungen, geldwerten Leistungen oder sonstige Kompensationen«.

Auf Telegram wird wie bei TikTok deutlich, dass die verschiedenen Akteure in den Netzwerken russischer Propagandakanäle selten eindeutig als bezahlte Propaganda zu identifizieren sind. Während unserer Recherchephase fiel uns immer wieder auf, dass auf russischen Propagandakanälen neu gegründete Telegram-Kanäle beworben werden, die inhaltlich dem Kanal ähneln, in dem sie gepostet werden, aber in ihrem Aussehen und Sprachstil deutlich professioneller wirken. Diese neueren Kanäle setzen nicht mehr auf fingierte Mitteilungen, sie picken sich Artikel aus europäischen Medien heraus, die den Verfall der deutschen und europäischen Gesellschaft belegen sollen. Sie wählen die Artikel aus, die Misserfolge der Ampel-Regierung oder Fehler der CDU thematisieren. Der Blick auf die Welt mit den Scheuklappen dieser Kanäle lässt dann nur einen Schluss zu: Die Regierung muss weg – und AfD oder BSW muss übernehmen.

Gibt man bei Telegram in die Suchleiste »Frieden« ein, sind die ersten beiden Treffer die verschwörungsideologischen Gruppen »Fakten Frieden Freiheit« und »Frieden rockt offiziell«. Erstgenannte erlangte schon während der Covid-Pandemie Prominenz und bespielt unter demselben Namen auch Instagram und TikTok. Die Inhalte der Kanäle sind fast deckungsgleich. Die Pharmaindustrie vergifte uns, die Luft sei toxisch, wir würden alle permanent manipuliert, für uns »Schlafschafe« sei es Zeit, aufzuwachen. Esoterik mischt sich hier mit Falschinformationen über Impfungen und mit einem russlandapologetischen Friedenswunsch, der die Politik von BSW indirekt und direkt als einzig richtige Herangehensweise an den Krieg in der Ukraine erscheinen lässt. Es ist genau diese Friedensbewegung, die vom Kreml heute wie schon damals im Kalten Krieg verstärkt und instrumentalisiert wird. Dass man bei Telegram allein durch den Suchbegriff »Frieden« auf verschwörungsideologische, prorussische Narrative stößt, die das BSW oder andere populistische Narrative stützen, sagt eigentlich schon genug über die Beschaffenheit des Mediums an sich aus.

Das Wort »Frieden« ist nicht nur im digitalen Raum von Propagandisten gekapert worden. Während auf den Wahlplakaten der SPD für die Europawahl »Frieden sichern – SPD wählen« und auf den Wahlplakaten der Grünen »Werte verteidigen, Frieden schützen« steht, liest man auf den Wahlplakaten der AfD für die Europawahl 2024 »Wir wollen Frieden« oder einfach nur ein Wort in Großbuchstaben auf blauem Grund »FRIEDEN«. Würde man ohne jedes Wissen über die deutsche Politiklandschaft diese Wahlplakate sehen, man würde wohl denken: »Da sind sich die Parteien ja einig.« Mit unserem Wissen sehen wir in den Wahlplakaten auch den (Mit-)Erfolg russischer Informationsmanipulation; das Wort ist neu codiert und die dahinterstehenden Glaubenssätze so gefestigt, dass es nur noch dieses eine Wort braucht, um Wähler erfolgreich anzusprechen.

BRUCH MIT DER WESTBINDUNG

Die AfD ist heute eine stark antiwestlich ausgerichtete Partei. In ihrem Wahlprogramm betrachtet sie die Europäische Union als gescheitert: »Wir halten die EU für nicht reformierbar und sehen sie als gescheitertes Projekt«. Die AfD strebt daher einen »Bund europäischer Nationen« an, eine neu zu gründende europäische Wirtschafts- und Interessengemeinschaft, in der die Souveränität der Mitgliedstaaten gewahrt ist. Ferner fordert die AfD eine Wiederannäherung an Russland und die Beendigung der Wirtschaftssanktionen, die im Zuge des Angriffskriegs Russlands auf die Ukraine von der EU und vielen Staaten verhängt wurden. Zu den USA geht die Partei auf Distanz. Deutschland und Europa dürften sich nicht zu »Gefolgsleuten einer Großmacht« reduzieren lassen.

Sie spricht sich für eine »multipolare Weltordnung« aus; ein Begriff, der auf den ersten Blick harmlos-beschreibend klingt, hinter dem sich aber in Wahrheit der neoimperiale Anspruch Russlands auf eine von ihm beherrschte regionale Einflusszone verbirgt. Dazu der AfD-Landtagsabgeordnete Hans-Thomas Tillschneider in einem Video 2023: »Wir wollen die multipolare Weltordnung. Und in diesem Sinn ist die multipolare Weltordnung der Gegenbegriff zur unipolaren Weltordnung, zur Weltherrschaft der USA.« Der Spitzenkandidat der AfD für die Europawahl, Maximilian Krah, geht in seinem Buch *Politik von rechts. Ein Manifest* von 2023 noch einen Schritt weiter: »Deshalb ist es richtig, wenn die konkrete Ausformung der Menschenrechte nicht global einheitlich, sondern je nach Kulturkreis verschieden erfolgt.« Die universelle Bedeutung der Menschenrechte, eine epochale Errungenschaft westlicher Zivilisation, wird damit infrage gestellt.

Der Bruch der AfD mit der Westbindung, seit Konrad Adenauer unangefochtene Grundlage der deutschen Außenpolitik, und ihre Hinwendung nach Russland ist in der deutschen Parteiengeschichte einmalig. Symptomatisch hierfür sind folgende Zitate aus der bereits erwähnten Rede Björn Höckes zum Tag der Deutschen Einheit 2022 in Gera: »Die US-amerikanische Regierung hat der Bundesregierung den wirtschaftlichen Selbstmord befohlen und Scholz und Co. führen diesen Befehl aus. […] Es ist US-amerikanische Strategie, als raumfremde Macht auf unserem Kontinent Keile zu treiben zwischen Völker und Nationen. […] Der natürliche Partner für uns als Nation der Tüftler und Denker, der natürliche Partner unserer Arbeits- und Lebensweise wäre Russland; ein Land mit schier unerschöpflichen Ressourcen. […]. Aber wenn ich mich jetzt für das deutsche Volk entscheiden müsste zwischen dem Regenbogenimperium, zwischen dem neuen Westen, zwischen dem globalistischen Westen und dem traditionellen Osten, ich wählte in dieser Lage den Osten.« Diese Rede hielt Höcke neun Monate nachdem Russland einen brutalen Angriffskrieg in unserer unmittelbaren Nachbarschaft in Europa entfesselt hatte.

KAPITEL 11: »TESTLABOR« UKRAINE

Seit dem 24. Februar 2022 ist das Leben von Millionen von Ukrainern ein täglicher Albtraum. Raketen, Drohnen und Granaten haben Städte und Dörfer in Trümmerfelder verwandelt, wie man sie seit dem Zweiten Weltkrieg in Europa nicht mehr gesehen hat. Zehntausende Soldaten sind auf beiden Seiten gefallen. Ukrainische Zivilisten wurden festgenommen, gefoltert und brutal ermordet; Tausende von ukrainischen Kindern wurden nach Russland deportiert und sollen dort zu russischen »Patrioten« umerzogen werden; Millionen Menschen sind ins Ausland geflüchtet.

Vom ersten Kriegstag an waren die Menschen in der Ukraine nicht nur täglich den militärischen Angriffen ausgesetzt, sondern auch einem Trommelfeuer aus Desinformation und Propaganda, mit dem Russland seinen völkerrechtswidrigen Angriffskrieg begleitet. Nirgendwo zeigt sich deutlicher als in der Ukraine: Für Moskau gehören alle Aspekte der hybriden Kriegsführung – militärische Operationen, Cyber, Medien – zusammen. Sie ergänzen sich und sind Bestandteile ein und derselben übergeordneten Strategie, die darauf abzielt, die Ukraine als Staat zu vernichten und das Territorium wieder in die Russische Föderation einzugliedern.

Der hybride Krieg begann schon 2014. Wir erinnern uns an die viel zitierten »grünen Männer«, die als verdeckte Einheiten – ohne russische Uniformen – im Auftrag Moskaus auf der

Krim auftauchten, Verwaltungsgebäude und Kasernen besetzten und das Referendum über die Annexion absicherten. Jahre später räumte Putin beiläufig ein, dass die grünen Männer »selbstverständlich« russische Soldaten gewesen seien. Seither wurde die Ukraine wie kein anderes Land der Welt in einem noch nie da gewesenen Ausmaß von Desinformation, Propaganda und Cyberangriffen überzogen. Die Ukraine wurde zum »Testlabor« des hybriden Krieges.

Ab 2014 wurden ukrainische Medien mit Fake News überschwemmt, prorussische Blogger und Influencer verbreiteten in den sozialen Medien Hass und Lügen. Dazu kamen Cyberangriffe: 2015 infiltrierten russische Hacker Kraftwerke in der Westukraine und fuhren diese für mehrere Stunden herunter. Das Energienetz der Hauptstadt Kyjiw wurde ein Jahr später angegriffen. 2017 kamen Banken, Energieunternehmen und Regierungsrechner an die Reihe, mit dem Ziel, Daten auszukundschaften, zu löschen und Netzwerke zu sabotieren. Nach offiziellen Schätzungen wurden damals die Daten von zehn Prozent aller Computer in der Ukraine eliminiert.

Die vom russischen Auslandsgeheimdienst SWR entwickelte Schadsoftware »NotPetya« verursachte 2017 weltweit Schäden in Milliardenhöhe. Die Operation, die ursprünglich gegen die ukrainische Steuerverwaltung gerichtet war, gilt als einer der zerstörerischsten und kostspieligsten Cyberangriffe der Geschichte. Wie immer stritt Moskau auch diesmal jede Verantwortung für die Operation ab.

DIE »SURKOW-LEAKS«

In den Jahren 2016/2017 gelang es der »Ukrainian Cyber Alliance«, einem Bündnis mehrerer Gruppen von ukrainischen Cyberaktivisten, den E-Mail-Account der früheren grauen Eminenz im Kreml, Wladislaw Surkow, zu hacken.[132] Dutzende interne russische Dokumente aus den Jahren ab 2014 gelangten so an die Öffentlichkeit. Surkow war einer der engsten Vertrauten Putins in dessen Anfangszeit und berüchtigter Architekt der »gelenkten Demokratie«. Nach 2014 hatte er in der Ukraine ein neues Betätigungsfeld gefunden. Die von den ukrainischen Hackern erbeuteten sogenannten »Surkow-Leaks« ermöglichen einen einzigartigen Einblick in die Ziele und Taktiken Moskaus in der Anfangsphase des Angriffs auf die Ukraine.

Die E-Mails beweisen, dass Surkow mit einer klaren Mission in die Ukraine kam: der knallharten Durchsetzung russischer Interessen in den beiden besetzten Marionettenrepubliken Donezk und Luhansk. Das Londoner RUSI-Institut hat die Surkow-Leaks ausführlich analysiert.[133] Die Autoren zeigen, dass Russland 2014 sofort die politische Kontrolle über die abtrünnigen Republiken des Donbass übernahm und unter dem Deckmantel eines internen »Separatismus« den Krieg im Donbass steuerte und finanzierte. Sie beweisen, dass russische Agenten wie auch die lokalen Kriegsherren mit ihren Söldnerheeren Surkow regelmäßig über ihre Sabotagearbeit Bericht erstatteten. Sie machen deutlich, dass es dem Kreml nie um einen dauerhaften Waffenstillstand in den umstrittenen Regionen ging, sondern immer um die langfristige Kontrolle über die strategische Ausrichtung der Ukraine und die Festschreibung ihrer Neutralität. Die Papiere zeigen auch, dass Moskau, als das ursprüngliche Kreml-Projekt »Noworossija«, die Abspaltung der Donbass-Republiken Donezk und Luhansk, scheiterte, einen Plan B aus der Tasche zog: Die Föderalisierung der Ukraine wurde das nächste Ziel, um den eigenen Einfluss in den besetzten Gebieten zu sichern.

Aus den Dokumenten geht hervor, wie präzise der Kreml die psychologischen Trennungslinien innerhalb der ukrainischen Gesellschaft analysierte, um sie für sich auszunutzen. Um Desinformation und kremlnahe Narrative zu verbreiten, wurden ukrainische Medien infiltriert und neue Medienplattformen sowie ein Netzwerk von Influencern und politischen Analysten installiert. Russlands Vorgehen knüpfte an die ursprünglich für militärische Zwecke entwickelte Strategie der »reflexiven Kontrolle« an, die ein tiefes Verständnis für die Zielpersonen und ihre Vulnerabilitäten entwickeln sollte. Mithilfe dieses Wissens konnte dann eine umfassende Manipulation der Meinungsbildung in der Gesellschaft gestartet werden.

ANWEISUNGEN AUS DEM KREML

Im Januar 2023 versammelte Sergej Kirijenko, stellvertretender Chef der Präsidialadministration und Hauptverantwortlicher für alle Einflussoperationen im Ausland, ein Team von Mitarbeitern im Kreml. Bei dem Treffen erteilte er präzise Anweisungen, wie Moskau von nun an den Informationskrieg in der Ukraine führen wollte. Die britische Journalistin Catherine Belton schilderte in der *Washington Post*, welche Anweisungen Kirijenko im Einzelnen erteilte, wie und von wem diese umgesetzt wurden und welche Narrative der Kreml priorisierte.[134] Belton stützt sich dabei auf Dokumente, die ihr ein (ungenannter) europäischer Geheimdienst zugespielt hatte. Das Ergebnis ermöglicht einen tiefen Einblick in den Maschinenraum der hybriden Kriegsführung. Er zeigt, wie manipulativ, umfassend und zynisch, aber auch wie professionell der Kreml seine Einflusspolitik hinter den Kulissen betreibt.

Kirijenko nannte vier konkrete Ziele für die Arbeit in der Ukraine: erstens die Diskreditierung der militärischen und politischen Anführer in Kyjiw, zweitens die Spaltung der ukrainischen Elite, drittens die Demoralisierung der ukrainischen Streitkräfte und viertens die Verunsicherung der ukrainischen Bevölkerung. Der Kreml gab auch präzise Indikatoren vor, an denen der Erfolg der Kampagne zu messen sei: den Rückgang der Beliebtheit von Präsident Selenskyj und seiner engsten Vertrauten und die wachsende Überzeugung in der Bevölkerung, dass die ukrainischen Eliten allein für sich selbst und nicht für das Wohl des Landes arbeiteten. Auch eine Zunahme von Entlassungen von Politikern, Beamten und Militärs wurde als Erfolgsindikator definiert. Die »Fortschritte« der verordneten Einflusskampagnen wurden fortan in wöchentlichen Sitzungen in Moskau anhand eines detaillierten Monitorings der am häufigsten geteilten Posts in sozialen Medien überprüft.

Binnen zweier Monate verbreiteten Dutzende angeheuerte Trolle wöchentlich rund 1300 Texte und 37.000 Dokumente in ukrainischen sozialen Netzwerken, vor allem auf dem Messengerdienst Telegram. Eine breite Palette von staatlichen Akteuren, Marketingfirmen und Troll-Farmen, darunter die uns schon bekannte »Internet Research Agency« und die »Cyber

Front Z«, trugen zur Verbreitung der Inhalte bei.[135] Wie wir an anderer Stelle beschrieben haben, ging es auch hier mehr um »Masse« als um »Klasse«, also um ein möglichst weitreichendes Teilen von gleichen Inhalten anstatt der Schaffung vieler aufwendiger Fakes und Lügengeschichten. So titelten kremlnahe Akteure zum Beispiel »Selenskyj hält am Thron fest, in der Ukraine wird die Demokratie demontiert« oder »Saluschnyj (der Generalstabschef) verschwand, weil er den Platz Selenskyjs hätte einnehmen können und sollen«. Einige Monate nach Beginn der Kampagne begannen die Zustimmungswerte Selenskyjs tatsächlich (leicht) zu sinken, wobei wie immer schwer eindeutig festzustellen ist, ob und in welchem Maße die russischen Aktionen tatsächlich hierzu beigetragen haben.

Charakteristisch für den Informationskrieg ist, dass er nicht pauschal geführt wird, sondern Inhalte und Mechanismen auf die jeweilige Zielgruppe oder das Zielland genau abgestimmt werden. Moskau adressiert mit seinen Einflussmaßnahmen verschiedene Länder und Personengruppen: die eigene russische Gesellschaft, die Ukraine, die Länder des Westens und des Globalen Südens. In jedem Fall wird ein spezifischer Mix der Narrative entwickelt und speziell auf den jeweiligen Empfänger zugeschnitten.

ANTI-UKRAINISCHE LÜGEN

Im Fall der Ukraine waren es im Wesentlichen vier konkrete Lügenthesen, die von Kirijenko vorgegeben wurden und mit denen Russland seinen Überfall auf die Ukraine begründete und begleitete. Auch wenn diese Erzählungen seither kontinuierlich angepasst und fortentwickelt wurden, bleiben die Kernpunkte bis heute bestehen.

- Lügenthese 1: *Der Westen, nicht Russland ist der Aggressor.* Die Behauptung, dass die NATO mit ihrer Erweiterung den eigentlichen Grund für den Krieg geschaffen hat, ist eines der erfolgreichsten Narrative des Kremls und hat sich weit über Europa hinaus weltweit verbreitet. Dabei war die Verantwortlichkeit selten so eindeutig wie bei diesem Krieg. Von Tag eins war klar, wer hier wen bedroht, umzingelt und angegriffen hat. Frei nach dem Motto »Niemand hat die Absicht, die Ukraine zu überfallen« hatte Russland bis zuletzt abgestritten, dass die rund 190.000 Soldaten, die an der ukrainischen Grenze zusammengezogen waren, genau diesem Zweck dienen sollten. Im Rückblick ist es kaum zu fassen, wie erfolgreich das russische Verwirrspiel im Vorfeld des Krieges gewesen ist. Außer den US-amerikanischen und britischen Geheimdiensten wollte kaum jemand die reale Kriegsgefahr sehen. Der Elefant stand mitten im Raum – und niemand wollte ihm ins Auge blicken. Es sei allein westliche Hysterie, tönte die russische Propaganda damals, die die Ukraine in einen Krieg ziehe. Tatsächlich war es der blanke Imperialismus, der Moskau zum Angriff bewog.

- Lügenthese 2: *Die Ukraine hat einen »Genozid« im Donbass durchgeführt.* Die Hälfte ihrer Streitkräfte, behaupteten russische Quellen, habe die Ukraine im Januar 2022 in den Donbass entsandt. Massenweise würden dort Zivilisten umgebracht – ein Vorwurf, für den Experten der OSZE, des Europarats und der UNO, die die Lage ständig beobachteten, niemals Beweise gefunden haben, ebenso wenig wie Journalisten vor Ort, etwa die BBC. Russische Desinformanten behaupteten sogar, Kyjiw habe chemische Waffen gegen Russen einsetzen und das Atomkraftwerk Saporischschja sprengen wollen. Nichts davon ist wahr. Der immer wieder geäußerte Vorwurf, die Ukraine plane militärische Aktionen gegen ethnische Russen im Donbass, ist durch keinerlei Fakten gedeckt.

Die USA vereitelten Anfang Februar 2022 durch die rechtzeitige Veröffentlichung von Geheimdiensterkenntnissen eine offenbar geplante russische Militäraktion »unter falscher Flagge« im Donbass, die als Vorwand für eine Invasion dienen sollte. Viel spricht dafür, dass dieses Szenario nur deshalb nicht umgesetzt wurde, weil die US-Amerikaner das Drehbuch vorab bekannt machten. Als Deutscher kann man nicht umhin, hier an den 1939 von der SS inszenierten »Überfall« auf den Sender Gleiwitz zu denken, der der polnischen Armee in die Schuhe geschoben wurde und als Vorwand für den Angriff auf Polen diente. Das Beispiel zeigt, wie wichtig es ist, Muster der Desinformation zu erkennen und frühzeitig und proaktiv zu handeln.

– Lügenthese 3: *Nazis haben die Macht in der Ukraine übernommen.* Die »Denazifizierung« und »Demilitarisierung« der Ukraine gehören bis heute zu den meistgenannten Motiven für Moskaus »Spezialoperation«. Die demokratisch gewählte Regierung der Ukraine unter ihrem jüdischen Präsidenten Selenskyj denunzierte Putin als eine

»Bande von Drogensüchtigen und Neonazis, die das ukrainische Volk zur Geisel genommen« hätte. Der russische Kampf sei »heilig« und »patriotisch«, vergleichbar mit dem Verteidigungskampf der Sowjetunion gegen Nazideutschland. Kriegsverbrechen wie das von russischen Truppen verübte Massaker von Butscha schob Putin eiskalt den Ukrainern selbst in die Schuhe. Putin scheute nicht davor zurück, in einer Botschaft zum Holocaust-Gedenktag am 27. Januar 2023 eine Parallele zwischen dem Holocaust und dem angeblichen Genozid an Russen in der Ukraine zu ziehen. Er »warnte« davor, die Lektionen der Geschichte zu vergessen. Vergessen führe zur Wiederholung der furchtbaren Tragödien. Dies zeige sich an den Verbrechen gegen Zivilisten, ethnischen Säuberungen und Strafaktionen, die von »Neonazis« in der Ukraine verübt würden. Diese absurden und perversen Lügen sollten vor allem die Motivation an der Heimatfront hochhalten. Aber auch sie fanden auch ihren Weg in den Informationsraum westlicher Länder.

– Lügenthese 4: *»De-Satanisierung« als Steigerung von »De-Nazifizierung«*. Was für unsere Ohren grotesk überzogen klingt, ist offizielle russische Staatsrhetorik. In einer Rede im September 2022 stilisierte Putin Russland zum Hüter traditioneller Werte, die vor dem westlichen »Satanismus« beschützt werden müssten. Der Präsident attackierte den Westen und seine »Diktatur westlicher Eliten«, die Religion und Familie zerstörten. Die Äußerungen Putins stehen im Zusammenhang mit einer Ausweitung des Feindbilds von der Ukraine auf den Westen insgesamt.

Der russische Außenminister Sergej Lawrow sagte in einer Rede im Januar 2023: Wie Napoleon, der fast ganz Europa gegen das russische Reich mobilisiert, und Hitler, der die meisten Länder Europas besetzt und gegen die Sowjetunion in Stellung gebracht habe, habe die USA eine Koalition der europäischen NATO-Mitglieder geschaffen, die die Ukraine benutze, um einen Stellvertreterkrieg gegen Russland zu führen. Ihr Ziel sei, endlich die »russische Frage« zu lösen, wie Hitler, der die »Endlösung der Judenfrage« anstrebte. Allein schon die bloße Existenz Russlands stelle ein Problem für Russlands Widersacher dar. Das russische Verteidigungsministerium trieb dies auf die Spitze, als es im März 2022 behauptete, die USA entwickelten »ethnische Biowaffen«, um selektiv Russen und andere ethnische Slawen zu töten. Man kann an diesen Formulierungen sehen, dass für Moskau keine Verschwörungstheorie zu abstrus ist. Vor dem Hintergrund solcher Hirngespinste wirkt der Krieg gegen die Ukraine wie ein Teilaspekt des existenziellen Kampfes um Russlands Souveränität. Dies der russischen Gesellschaft glaubhaft zu machen und sie auf einen langwierigen Krieg einzuschwören, dürfte der tiefere Sinn dieser verbalen Eskalation sein.

NEUE TAKTIKEN

Der Kreml experimentiert ständig mit neuen Methoden, um eine möglichst große Breitenwirkung seiner Narrative zu erreichen. Experten des Atlantic Council und der BBC[136] deckten Anfang des Jahres ein russisches Netzwerk auf *TikTok* auf, das dem früheren ukrainischen Verteidigungsminister Olexij Resnikow sowie einigen Bürgermeistern und hohen Beamten

Korruption vorwarf. Inhaltlich war dies nichts Neues, eindrucksvoll war jedoch die komplexe Orchestrierung der Kampagne per massenweiser Verbreitung von rund 13.000 User-Accounts, eigens produzierten Videos und einer KI-gestützten Narration mit Bildern von Luxusvillen und Luxusautos. Die Kampagne wurde Hunderte (!) Millionen Mal auf TikTok und weiteren Plattformen angesehen.

Ein anderer Aspekt stand im Vordergrund einer russischen Kampagne, die in Ägypten ihren Anfang nahm und in mehreren Folgen um einen Hauptdarsteller herum erzählt wurde – ein ungewöhnliches Vorgehen, das fast wie von Netflix abgeschaut wirkt. Den Auftakt machte ein YouTube-Video, in dem behauptet wurde, die Schwiegermutter von Präsident Selenskyj habe am Roten Meer eine Nobelvilla direkt neben Angelina Jolie erworben. Die Story erwies sich jedoch als frei erfunden und kollabierte kurz darauf im Netz. Vier Monate später tauchten jedoch neue Videos auf, in denen der Vorwurf erhoben wurde, der Autor des ersten Videos sei in der Nähe des Badeorts zu Tode geprügelt worden. Als Mörder wurden Agenten des ukrainischen Geheimdienstes »identifiziert«. Auch diese Räuberpistole war von vorn bis hinten erfunden. Dennoch erreichte sie Millionen von Internetusern weltweit und wurde sogar im US-amerikanischen Kongress im Zusammenhang mit der Fortführung der ukrainischen Militärhilfe diskutiert.

Ein wachsender Trend ist auch die Globalisierung der Narrative. Es geht dabei vor allem darum, die internationale Militärhilfe für die Ukraine zu unterminieren. RT und Sputnik sind nur in Europa und Nordamerika sanktioniert, sie können deshalb in den Ländern des Globalen Südens weitersenden. Das zum US-amerikanischen Außenministerium gehörende »Global Engagement Center« hat, wie bereits erwähnt, detailliert nachgewiesen[137], dass Russland in Lateinamerika bemüht ist, antiamerikanische Stimmungen anzuheizen und die USA als neokolonial zu verunglimpfen. Über lokale Medien und Influencer werden kremlnahe Narrative verbreitet und deren wahrer Ursprung (nämlich in Russland) verschleiert. Es zeigt sich, dass auch in Afrika und dem Mittleren Osten die russischen Einflussoperationen einem vergleichbaren Muster folgen: stets wird der Westen für seinen Kolonialismus angeprangert – während Russland selbst einen brutalen neo-imperialen Krieg gegen seinen ukrainischen Nachbarn führt.

KAPITEL 12: DEUTSCHLAND UND DIE UKRAINE

Putins rechte Hand im Kreml, Sergej Kirijenko, gab nach Beginn der Invasion 2022, wie in Kapitel 11 geschildert, nicht nur Anweisungen zur Arbeit in der Ukraine. Er ordnete auch an, Deutschland zum »Fokus« der Bemühungen zu machen, die Unterstützung der Ukraine in Europa zu schwächen.[138] Die Gründe dafür liegen auf der Hand: Deutschland ist ein Schlüsselland der EU und der NATO. Wie Deutschland sich positioniert, beeinflusst maßgeblich alle Entscheidungen zu Waffenlieferungen und Sanktionen, ja die gesamte europäische Politik gegenüber der Ukraine und Russland. Zu Kirijenkos Strategie gehörte deshalb von Anfang an auch ein Paket von Narrativen, das speziell auf den deutschen Empfängerhorizont zugeschnitten ist.

FRIEDEN, FLÜCHTLINGE, WIRTSCHAFT

Die auf uns zugeschnittenen Botschaften überlappen sich teilweise mit denjenigen für die Ukraine, sind jedoch nicht deckungsgleich. Auch an deutsche Zielgruppen richten sich Botschaften wie »Die NATO ist an allem schuld« oder »Die Ukrainer sind korrupte Nazis«. Zugleich adressiert Moskau aber unterschwellig spezifisch deutsche Befindlichkeiten und historische Traumata, Ängste vor einem Krieg gegen Russland wie im Zweiten Weltkrieg 1941–1945 und Sorgen vor dem wirtschaftlichen Niedergang. Es sind vor allem solche tief sitzenden Ängste in unserer Gesellschaft, auf die es Moskau abgesehen hat.

Aktuell ist das strategische Bestreben Russlands die Entsolidarisierung Deutschlands mit der Ukraine und die Verhinderung oder zumindest Verminderung deutscher Waffenlieferungen. Für dieses übergeordnete Ziel werden verschiedene Erzählstränge eingesetzt. Zu diesen gehört der Versuch, die russische Verantwortung an diesem Krieg zu relativieren (durch Täter-Opfer-Umkehr und das Abstreiten russischer Kriegsverbrechen), das Schüren von Ängsten vor Eskalation und Atomkrieg sowie frei erfundene Behauptungen, an die Ukraine gelieferte Waffen seien veruntreut worden.

Seit Kriegsbeginn bemüht sich Russlands Propaganda darum, das wahre Geschehen zu verschleiern. Wiederholt wurde verbreitet, Kriegsverbrechen an Ukrainern seien nicht von Russen verübt, sondern vielmehr von ukrainischen Schauspielern inszeniert worden. Nach dem Massaker in Butscha wurde in Umlauf gebracht, die auf den Straßen liegenden Leichen seien von Ukrainern dort platziert wurden, um das Massaker der zurückgedrängten russischen Armee anzuhängen. Tatsächlich befanden sich die Toten aber, wie digital verbreitete Fotos rasch bewiesen, schon vor dem Einrücken der Ukrainer auf den Straßen, nämlich genau in der kurzen Phase der russischen Besatzung.

Russland hat genau verstanden, dass die Bundesregierung den Krieg nicht eskalieren will und deshalb den Einsatz deutscher Truppen und bestimmter schwerer Waffen ausschließt. Die Angst vor Eskalation und Krieg reicht tief in Deutschland.

Dies zeigte sich deutlich bei der von Verteidigungsminister Pistorius aufgestellten Forderung, die Bundeswehr müsse »kriegsbereit« werden. Allein diese Vokabel rief scharfe Reaktionen hervor, obwohl Pistorius letztlich eine Selbstverständlichkeit ausgesprochen hatte – natürlich muss eine Armee kriegsbereit sein, das ist schließlich ihr Auftrag. Nichts ist dabei so wirkungsvoll wie die Drohung mit dem Einsatz von Massenvernichtungswaffen. Putin und seine Propagandisten werden deshalb nicht müde, genau diese Ängste bei uns zu schüren. Immer wieder werden im russischen Fernsehen und in den sozialen Medien Szenarien beschrieben, die konkret mit dem Einsatz taktischer Atomwaffen in Europa drohen. Mit Schaum vor dem Mund wettern Politiker, allen voran der einstige Hoffnungsträger des Westens, Ex-Präsident Medwedew, sowie die Hofschranzen der staatlichen Medien und Propagandisten kremlnaher Denkfabriken über den »aggressiven« Westen, der Russland in die Enge getrieben hat und angeblich zerstückeln will, und malen als Antwort taktische Atomschläge auf die Ukraine, Polen oder sogar Deutschland an die Wand.

Und immer wieder versucht Russland auch, in Deutschland Ängste vor einer Energiekrise zu schüren und für seine politischen Ziele zu nutzen. Im Jahr 2022 häuften sich unzutreffende und tendenziöse Darstellungen in den sozialen Medien, nach denen sich die Energiepreise massiv erhöhten und Standortschließungen viele Firmen unmittelbar bevorstünden. Deutschland, wurde suggeriert, müsse sich entscheiden zwischen der Unterstützung der Ukraine und seinen eigenen sozialen Grundbedürfnissen[139] – ein typisches falsches Dilemma, wie es in Kapitel 5 beschrieben ist, mit dem die Unterstützung Kyjiws geschwächt werden sollte. Die Kampagne gipfelte im

Szenario eines angeblichen »Wutwinters«, ausgelöst von Massenprotesten der deutschen Bevölkerung gegen die Energiekrise. Trotz stark steigender Energiepreise und negativer Auswirkungen auf private Haushalte und Unternehmen kam es jedoch weder zu einem »Wutwinter« noch zu einer Entsolidarisierung mit der Ukraine. Hartnäckig hält sich jedoch in prorussischen Gruppierungen, vor allem im Osten Deutschlands, die Forderung nach einer Wiederinbetriebnahme der Nord-Stream-Pipeline, um wieder billiges Gas nach Deutschland zu importieren.

DER WEITERVERKAUF AN DIE HAMAS UND GEHEIME BIOWAFFEN

Eine der häufig wiederholten Verschwörungstheorien betrifft die angebliche geheime Herstellung von Biowaffen in der Ukraine durch die USA. Wie oft werden auch hier Fakten und Lügen vermischt. Tatsächlich gibt es in der Ukraine biologische Forschungslabors, die aus US-amerikanischen und deutschen Regierungsmitteln unterstützt werden. Dort wird jedoch zu gefährlichen Krankheitserregern geforscht, ein wichtiger Beitrag für den öffentlichen Gesundheitsschutz. Forschung an Biowaffen findet in den Labors nachweislich nicht statt.[140] Dennoch wurden die Telegram-Posts über angebliche Biowaffen in der Ukraine hunderttausendfach aufgerufen.

Im Fokus der russischen Propaganda befinden sich besonders die deutschen Waffenlieferungen an die Ukraine. Zahlreiche konstruierte Geschichten zu diesem Thema konnten identifiziert werden. Eine davon ist die Behauptung, an die Ukraine gelieferte schwere Waffen landeten auf dem weltweiten Schwarzmarkt. In einem Telegram-Beitrag vom September 2022 hieß es, auf einem Schiff im »Bremer Hafen« seien zwei Stinger-Raketen gefunden worden, die eigentlich für die Ukraine bestimmt waren. Das Video wurde durch zahlreiche Accounts auf Telegram und X weiterverbreitet. Die Berliner Medienplattform *Correctiv* konnte in einem Faktencheck zeigen[141], dass das Video eine falsche Tonspur hatte und die angeblichen Festnahmen der ukrainischen Schmuggler in Bremen nie stattfanden. Auch einen angeblichen Begleitbrief des damaligen ukrainischen Verteidigungsministers Olexij Resnikow hatte es nie gegeben.

Ein weiteres von prorussischen Kanälen verbreitetes Video zeigte einen angeblichen BBC-Bericht. Demnach habe das renommierte britische Recherchenetzwerk *Bellingcat* herausgefunden, dass die Ukraine vom Westen erhaltene Waffen an die Hamas weitergeliefert habe. Eine besonders perfide Behauptung, denn in ihr steckt der Vorwurf, die Ukraine sei so korrupt, dass sie selbst die für ihre eigene Verteidigung gelieferten Waffen für einen materiellen Vorteil verhökere – und dies auch noch an die Hamas, die gerade Hunderte unschuldige Israelis bestialisch ermordet hatte. Auch diese Geschichte erwies sich als frei erfunden. Es gab weder den angeblichen Bericht der BBC noch den von *Bellingcat*. Beide Organisationen wiesen die Anschuldigungen prompt als unfundiert zurück. In Deutschland hinderte dies die Influencerin Alina Lipp nicht daran, einen Beitrag zu verbreiten, in dem sich ein angebliches Hamas-Mitglied für die Waffen aus der Ukraine bedankte.

WUT GEGEN DIE FLÜCHTLINGE

Neben dem großen Friedensthema ist ein weiteres häufiges Motiv prorussischer Propaganda, Stimmung gegen ukrainische Flüchtlinge zu machen. Gerade in Deutschland wird auf diese Weise versucht, die seit 2015 stetig gewachsene Kritik an der liberalen Migrationspolitik zu instrumentalisieren und Unmut, Wut und sozialen Neid gegen die mehr als 1,2 Millionen in Deutschland aufgenommenen ukrainischen Geflüchteten zu schüren. So wird behauptet, die Flüchtlinge verhielten sich aggressiv gegen die einheimische Bevölkerung und veruntreuten deutsche Gelder und Hilfsgüter. Generell sei die Unterstützung für die Ukraine und besonders die Hilfe für die Flüchtlinge viel zu großzügig und gehe auf Kosten der sozialen Bedürfnisse der deutschen Wirtschaft und Gesellschaft.

Hierzu einige Beispiele: Wie der Konzern Meta enthüllte, wurde schon bald nach der Invasion der Ukraine auf der Website *change.org* eine deutschsprachige Petition gestartet, die forderte, die »inakzeptable Großzügigkeit« gegenüber ukrainischen Geflüchteten zu beenden.[142] Diese Petition wurde anschließend von denselben Facebook-Accounts verbreitet, die später Artikel der gefälschten Nachrichtenseiten des *Spiegel* und anderer Medien im Netz streuten. Ein deutliches Indiz für eine Steuerung durch prorussische Akteure.

Im Netz und in sozialen Medien kursierten auch Behauptungen[143], ukrainische Flüchtlinge würden die ihnen zur Verfügung gestellten Unterkünfte anzünden oder verwüsten, bekämen 500 Euro Begrüßungsgeld, dürften früher in Rente gehen als Deutsche oder würden bei der Kfz-Versicherung bevorzugt. In Nordrhein-Westfalen wurde kolportiert, ukrainische Flüchtlinge hätten einen russischsprachigen Jugendlichen zu Tode geprügelt – eine reine Erfindung. Auf TikTok hieß es sogar, auf Mallorca würden ganze Hotels mit deutschem Steuergeld für ukrainische Flüchtlinge umgebaut oder dass die Bundesregierung einen extra Solidaritätszuschlag für die Ukraine eingeführt habe. Nichts von alledem ist wahr.

EIN DANKBARES THEMA: KORRUPTION IN DER UKRAINE

Ein Motiv, das alle propagandistisch angetriebenen Erzählungen durchzieht, ist die Diskreditierung der Ukraine und ihrer Führungselite. Diese seien nicht nur Nazis, sondern auch zutiefst korrupt und nur am eigenen Vorteil interessiert. Der Vorwurf der Korruption ist allerdings nicht aus der Luft gegriffen. Seit vielen Jahren ist die Bekämpfung der Korruption eine Kernforderung internationaler Kreditgeber an die Ukraine. Wenn es aber um Wolodymyr Selenskyj und seine Familie geht, entbehren solche Behauptungen jeder Grundlage. Die Kampagne bedient tief sitzende Vorurteile über die Ukraine im Westen und soll unsere Hilfe infrage stellen. Immer wieder wird vom Kauf von Luxusvillen oder Traumjachten berichtet, mit denen angeblich westliche Hilfsgelder veruntreut wurden. Die britische Wochenzeitung *The Economist* brachte im Mai 2024 eine ausführliche Dekonstruktion[144] einer Lügenkampagne, der zufolge die Ehefrau des ukrainischen Präsidenten, Olena Selenska, bei einem Besuch in New York eine Cartier-Uhr im Wert von 1,1 Millionen Dollar gekauft habe. Auch dies – frei erfunden. Selenska war nachweislich an dem fraglichen Tag gar nicht in New York, sondern in Kanada.

Eine besondere Sumpfblüte trieben prorussische Propagandisten mit der Nachricht, Selenskyj habe im Jahr 2023 für acht Millionen Euro das »Haus am Bogensee« bei Berlin gekauft, eine Villa, die sich während des Dritten Reichs im Besitz von Propagandaminister Joseph Goebbels befand und als »Goebbels' Liebesnest« in die Medien einging. Auch das frei erfunden – das Land Berlin ist nach wie vor (unfreiwilliger) Eigentümer des Anwesens. Mit dieser Story sollte Selenskyjs angebliche Nazinähe unterlegt und zugleich die üblichen Korruptionsvorwürfe bedient werden. Auch diese Kampagne diente letztlich dazu, Hilfen für die Ukraine infrage zu stellen, weil der Präsident angeblich superreich sei und dieser Reichtum durch internationale Gelder möglich wurde.

Der US-amerikanische Historiker Timothy Snyder, einer der weltweit besten Kenner der Ukraine und ihrer Geschichte, schätzt, dass maximal drei Prozent der Ukrainer heute extrem rechte Positionen vertreten, ganz im Gegensatz zu Russland, wo der Ultranationalismus heute vorherrschender Mainstream ist und Kleptokratie und Korruption in weit höherem Maße als in der Ukraine systemimmanent sind.

PRORUSSISCHE EINSTELLUNGEN IN DEUTSCHLAND AUF DEM VORMARSCH

Das Berliner Center für Monitoring, Analyse und Strategie (CeMAS) hat untersucht[145], wie sich die Einstellung der

Deutschen zur Ukraine seit 2022 gewandelt hat. Das Ergebnis ist frappierend: Prorussische Einstellungen sind seither im Schnitt um zehn Prozent gewachsen. Ist dies das Ergebnis russischer Einflussnahme? Hier müssen wir vorsichtig sein, weil ein direkter Einfluss naturgemäß kaum zu messen und die Entwicklung des öffentlichen Meinungsbildes wahrscheinlich auf verschiedene Faktoren zurückzuführen ist. Dennoch ist die Parallelität zwischen dem dramatischen Anstieg von Propaganda und der Zunahme prorussischer Einstellungen zumindest auffallend und legt die Vermutung nahe, dass beides miteinander zusammenhängen könnte.

Die vom CeMAS gestellten Fragen bezogen sich überwiegend auf die Gründe für den Ausbruch des Krieges. 29 Prozent der Deutschen (12 Prozent »ja«, 17 Prozent »teils, teils«) bejahten im April 2022 die Aussage »Die NATO hat Russland so lange provoziert, dass Russland in den Krieg ziehen musste«. Im Dezember 2023 waren es 10 Prozent mehr (20 Prozent »ja«, 19 Prozent »teils, teils«). Nach dieser Interpretation ist die NATO der Aggressor und Russland der Verteidiger. Es handelt sich hier um ein Manöver, das wir schon mehrfach gesehen haben, um eine typische Täter-Opfer-Umkehr, eines der häufigsten Motive russischer Desinformation.

In eine ähnliche Richtung weist auch die Entwicklung der öffentlichen Meinung bei der Behauptung »Putin geht gegen eine globale Elite vor, die im Hintergrund die Fäden zieht«. Kurz nach der Invasion, im April 2022, bejahten 32 Prozent der Befragten ganz oder teilweise (12 Prozent »ja«, 20 Prozent »teils, teils«) die These. Im Dezember 2023 waren es 10 Prozent mehr, nämlich 42 Prozent (18 Prozent »ja«, 24 Prozent »teils,

teils«). Hier geht es um eine verschwörungsideologische Interpretation der Motive Putins.

Von erheblicher Bedeutung sind in diesen Umfragen die »Teils-teils«-Antworten. Sie können zwar nicht als direkte Folge von Desinformation und Propaganda gewertet werden. Aber wie schon gesagt, zielt Desinformation häufig *nicht* darauf ab, von etwas zu überzeugen, sondern in erster Linie darauf, Unsicherheit hervorzurufen. Und wer nicht sicher in Bezug auf die Verantwortung am Krieg ist – das zeigen diese Umfrageergebnisse –, wird im Zweifelsfall weniger klar Waffenlieferungen und Sanktionen unterstützen.

Auf besonders fruchtbaren Boden fällt in Deutschland die geschichtsklitternde Behauptung, die Ukraine habe »historisch keinen eigenen Gebietsanspruch« und sei »eigentlich Teil Russlands«. Auch bei dieser Aussage ist seit Kriegsbeginn ein zehnprozentiger Anstieg zu verzeichnen. Ende 2023 stimmten nicht weniger als 36 Prozent der Deutschen (15 Prozent »ja«, 21 Prozent »teils, teils«) dieser Aussage zu. Die Behauptung ist jedoch historisch eindeutig falsch. Die Gebiete der heutigen Ukraine standen viele Jahrhunderte im Spannungsfeld expandierender Mächte wie dem Königreich Polen, dem Großfürstentum Litauen im Westen und dem Moskauer Staat im Osten. Erst in der zweiten Hälfte des 17. Jahrhunderts kam die Ukraine teilweise unter Moskauer Vorherrschaft; im frühen 20. Jahrhundert wurde sie Bestandteil der Sowjetunion.

Sogar der Aussage, dass »der Krieg notwendig war, um in der Ukraine eine faschistische Regierung zu vertreiben«, stimmten Ende 2023 immerhin 22 Prozent der Deutschen zu (8 Prozent

»ja«, 14 Prozent »teils, teils«). Die konsequent verbreitete Propaganda Moskaus, dass die Ukraine angeblich faschistisch sei und entnazifiziert werden müsse, wird zwar nur von einem kleinen Teil der Befragten direkt übernommen, doch sie wird von beinahe einem Viertel der Deutschen zumindest nicht negiert.

FAZIT

Seit dem Beginn des Ukraine-Kriegs und besonders seit dem vollständigen Überfall 2022 ist Deutschland in besonderem Maße massiven Manipulationen im Informationsraum ausgesetzt. Moskau bedient umfassend und professionell Themen wie Krieg und Frieden, Flüchtlinge und Wirtschaftskrise, bei denen die deutsche Gesellschaft leicht zu verunsichern beziehungsweise gespalten ist. Russland setzt auf ein langes Spiel und zielt darauf, dass das uns eingeflößte Gift auf die Dauer eine zersetzende Wirkung entfaltet. Die zitierten Umfrageergebnisse lassen befürchten, dass diese Annahme nicht völlig aus der Luft gegriffen ist.

Die dargestellte Entwicklung bietet Anlass zu erheblicher Sorge: Die westliche Unterstützung für die Allianz könnte bröckeln, nicht zuletzt auch wegen Ablenkungseffekten durch den Gazakrieg und andere Konflikte. Russlands Militärkampagne macht allmählich Fortschritte, die Ukraine hat mit erheblichen Nachschubproblemen zu kämpfen. Niemand weiß, wie sich der deutliche Rechtsruck in mehreren EU-Ländern in den Europawahlen und eine mögliche Wiederkehr Donald Trumps ins Weiße Haus auf die Unterstützung der Ukraine auswirken könnte.

Die Bundesregierung steht deshalb vor einer schwierigen Aufgabe. Die Fortsetzung der Unterstützung für die Ukraine politisch zu sichern, wird nicht einfacher werden. Die Regierung muss deshalb gerade im Informationskrieg aktiver gegensteuern und für ihre Positionen klarer und überzeugender werben, auch wenn diese nicht immer in der Breite der Bevölkerung populär sind. Dies muss damit beginnen, die russischen Narrative systematisch zu entlarven, richtigzustellen, Zusammenhänge zu erklären und den Mut zu haben, Russland als Urheber klar zu benennen.

KAPITEL 13: DER KRIEG IN GAZA UND DIE LINKE PROPAGANDA DES KREML

Die Komplexität des israelisch-palästinensischen Konflikts macht ihn zu einem besonders geeigneten Einfallstor für Vereinfachungen, Halbwahrheiten und Lügen. Auf dem Rücken der Menschen, die direkt unter dem Krieg leiden, ist ein Meinungskampf im Gange, der gerade auch in Deutschland besonders heftig ist. Der Kreml mischt hier ordentlich mit und greift auch auf antisemitische Verschwörungserzählungen zurück, die schon zu Beginn des 20. Jahrhunderts in der Sowjetunion in Umlauf gebracht wurden (siehe Kapitel 2).

Im November 2023 fanden sich auf vielen Gebäuden in Paris blaue Davidsterne, die in denunziatorischer Absicht anzeigen sollen, dass dort Juden leben. Der öffentliche Aufschrei war groß; die jüdische Community in Frankreich fühlte sich bedroht. Kurze Zeit später kam heraus, dass die mehreren hundert Graffiti wahrscheinlich die Auftragsarbeit eines prorussischen moldawischen Geschäftsmanns waren. Der französische Sicherheitsdienst DGSI war allerdings davon überzeugt, dass die Graffiti als Teil einer Operation des FSB an die Häuserwände gesprüht wurden.[146] Viginum, die französische Staatsagentur zur Bekämpfung von Desinformation, konnte belegen, dass Fotos dieser Davidsterne in sozialen Netzwerken von Accounts verbreitet wurden, die durch die Operation »Doppelgänger« zu den russischen Firmen Struktura und Social Design Agency zurückverfolgt werden konnten.[147] Der Kreml nutzte also offenbar die Konflikte zwischen jüdischer und muslimischer Bevölkerung in Frankreich gekonnt durch die Aktion mit den Davidsternen aus. In Deutschland können wir ein ähnliches Vorgehen beobachten.

Direkt nach dem 7. Oktober begann die russische Propaganda, den Krieg in Gaza zu instrumentalisieren. Bereits am nächsten Tag hieß es, dass US-amerikanische Waffenlieferungen an die Ukraine nun von der Hamas eingesetzt würden.[148] Diese Falschinformation sollte die verurteilende Haltung gegenüber der Hamas ausnutzen, um so die Unterstützung für die Ukraine zu delegitimieren. Einen Tag später ließ der Kreml über die international sendende Nachrichtenagentur TASS die Falschmeldung verbreiten, dass die von der NATO gelieferten Waffen von der Ukraine gar gezielt an die Hamas verkauft würden.[149] In den nächsten Wochen wurde das Narrativ vom Westen als unfreiwilliger Unterstützer der Hamas immer weiter ausgebaut. Zur selben Zeit begann die russische Propaganda-Israel vorzuwerfen, zivile Ziele anzugreifen, während Russland in der Ukraine ausschließlich militärische Ziele ins Visier nehmen würde. Die Welt würde die Humanität Russlands schlicht ignorieren![150] Denkt man beispielsweise an die Massaker in Butscha zurück, bei denen mehr als 400 Zivilisten ermordet wurden, wird die Perversität dieser Falschinformation klar. Der Krieg in Gaza fungiert für Russland als Ablenkung von militärischen Misserfolgen in der Ukraine und als Strohmann-Argument zur Untergrabung der deutschen Unterstützung für die Ukraine.

Ein Narrativ, das von Moskau aus mit besonderer Intensität verbreitet wird, ist die Darstellung der Hamas als heroische

Widerstandsbewegung. Auch hier zeigt sich wieder der Opportunismus russischer Informationsmanipulation in Deutschland: Es geht natürlich nicht um die Sache selbst, den Nahostkonflikt. Der Kreml versucht vielmehr, Hamas-Gegner und Hamas-Sympathisanten gleichermaßen zu instrumentalisieren. Via Facebook, Twitter und verschiedene Podcasts wird verbreitet, dass westliche Medien die Hamas genauso falsch darstellten, wie sie das auch mit Russland täten. Die »faschistisch-koloniale« Besetzungsmacht habe der Hamas praktisch keine Wahl gelassen, als sich gegen die Unterdrückung zu wehren.[151] Zu Beginn des Krieges stellte die russische Propaganda die Hamas noch als niederträchtige Terrororganisation dar, die von der Ukraine mit Waffen aus dem Westen versorgt werde. Kurze Zeit später war die Hamas in der russischen Propaganda eine Organisation von Helden und Widerstandskämpfern.

Die Gruppen, die Deutschlands Haltung zum Israel-Palästina-Konflikt kritisieren, spielen für den Kreml eine wichtige Rolle, um den Unmut über die Politik der Bundesregierung anzuheizen. Der Kreml sieht in den verschiedenen gesellschaftlichen Dispositionen einen Nährboden, um erneut die gesellschaftlichen Fronten in Deutschland zu verhärten und zu extremisieren.

Insbesondere die linke sogenannte »antiimperialistische Szene«, die Israel seit den 1960ern als Besatzungsmacht betrachtet, erkennt der Kreml als leichte Beute. Auf pro-palästinensischen Demos – die sich angeblich für eine Befriedung des Krieges einsetzen, um so die Zivilbevölkerung in Palästina zu schützen – hört man immer wieder Sprechchöre wie »From the river to the sea, Palestine will be free«. Die friedlichen propalästinensischen Protestierenden laufen zusammen mit Antisemiten, die dem israelischen Staat sein Existenzrecht absprechen.

Eine beliebte Quelle junger Menschen in Deutschland für vermeintlich objektive pro-palästinensische Berichterstattung war der mittlerweile gesperrte Instagram-Account »redstreamnet«. Der Account zählte im Juni 2024 knapp 220.000 Follower und postete jeden Tag Nachrichten in Bezug zum Krieg in Gaza. Obwohl der Account auf Englisch publizierte, fokussierte sich der Großteil der Posts auf die deutsche Perspektive auf den Krieg. »Redstreamnet« wurde von der Firma Red betrieben. Diese Firma ist weiterhin aktiv und das Nachfolgeprojekt von Redfish Media, die eine Tochterfirma von Ruptly war. Ruptly gehört wiederum zu TV Novosti, das zu Russia Today gehört. Redfish Media hatte bis zur Einstellung seiner Aktivitäten übrigens ein Büro am U-Bahnhof Weinmeisterstraße im Herzen von Berlin. Red ist als Firma in der Türkei registriert, obwohl in Berlin Personen für diese Firma arbeiten. Red bestreitet, vom Kreml finanziert zu werden, und legt zur selben Zeit nicht offen, wie man die eigenen Aktivitäten finanziert. Politisch und ideologisch sind Redfish Media und Red kongruent. Zudem wurde der Telegram-Kanal von Redfish Media einfach in »Red« umbenannt.

»Redstreamnet« postete zu Lenins Geburtstag »Herzliche Glückwünsche,« berichtete wohlwollend über die Angriffe von mutmaßlich linksextremistischen Aktivisten auf die Tesla-Fabrik in Brandenburg und warb mit Stellenangeboten, um »redstreamnet« personell zu unterstützen. Zwei Narrative, die sich in frühen Posts des Accounts schnell herauskristallisierten, sind die Verurteilung der USA und die antisemitische Berichterstattung zum Konflikt (und später Krieg) in Gaza. Der Instagram-Account »redstreamnet« traf einen Nerv: Im Juni 2023 hatte der Account gerade mal 15.000 Follower, nicht mal ein Jahr später waren es mehr als 200.000 – Grund dafür war der ausgebrochene Krieg in Gaza.

Als im April 2024 ein palästinensischer Gefangener in israelischer Haft stirbt, liest man bei »redstreamnet« die bewegende Geschichte, dass der gefangene Schriftsteller eine Tochter zurücklässt, die ihren Vater nie kennenlernen durfte. Die Info, dass der verurteilte Straftäter 1984 einen israelischen Soldaten entführt und getötet hat, findet man in einem kurzen Satz, den man auch nur lesen kann, wenn man den Gesamttext des Posts ausklappt.

Als der Iran am 13. April den Raketen- und Drohnenangriff auf Israel startet, finden sich bei »redstreamnet« zwei Posts, die verkünden, dass dieser Angriff stattfindet, und verlautbaren, dass der Iran diese militärische Operation »True Promise« nenne. Was außer dem Fehlen jeglicher Kritik noch auffällt, sind die Fotos, die gewählt wurden, um diese Nachricht »neutral« zu verpacken. Wir sehen Raketen und Drohnen im Sonnenuntergang; die Ästhetik erinnert ironischerweise an *Top Gun*.

Neben der Berichterstattung über Ereignisse in Gaza legte »redstreamnet« einen auffällig starken Fokus auf die antiisraelische Protestbewegung in Deutschland. Dabei wurden Bilder veröffentlicht, die rechtlich nicht als volksverhetzend gelten, aber klar in dieser Gesinnung stehen. Als Beispiel lässt sich das Foto eines Protestierenden heranziehen, der eine Israelflagge hochhält, bei der der Davidstern durch einen Scheißhaufen ersetzt wurde.

Die Israelgegner in Deutschland stellen »redstreamnet« als Altruisten dar, die sich gegen den unterdrückenden Polizeistaat Deutschland wehrten. Als Ende Mai pro-palästinensische Protestcamps an der Humboldt-Universität zu Berlin errichtet werden, sind die Angestellten von Red als Erste vor Ort und berichten über den Protest. Julius Geiler und Claudia von Salzen schreiben dazu im *Tagesspiegel*: »Kein anderes Medium ist zu diesem Zeitpunkt im Inneren des HU-Gebäudes. Wie auch? Um so nah dran zu sein, muss man als Journalist vorher informiert worden sein.«

Auf TikTok gibt es viele aktive prorussische Accounts, die in ihrer Haltung zum Krieg in Gaza offener antisemitischer sind, als das bei »redstreamnet« der Fall war. Der Account @blackymx beispielsweise postet am Tag des iranischen Angriffs auf Israel ein Reel mit dem Bild eines Löwen, der eingehüllt in die iranische Flagge die israelische Flagge zerreißt. Dazu ertönt Sirenenalarm. Diese Form von Posts – deren rohe Menschenverachtung – spricht auch für die schlechten Monitoring-Prinzipien TikToks.

Wie auch in anderen Kontexten hält sich der russische Propagandaapparat zwar nicht an eine kohärente Erzählung, doch identifiziert genauestens die gesellschaftlichen Bewegungen, die das Potenzial haben, harte, einseitige Weltbilder anzunehmen. Die identifizierten Personengruppen werden an ihren identitätsstiftenden Charakteristika abgeholt und in ihren selbst gewählten Wissensblasen gefangen gehalten. Im Ergebnis haben die Rechtsextremisten, Esoteriker, antisemitischen Linken oder Totaloppositionellen politisch nichts bis auf ihren strategischen Nutzen für Russland.

KAPITEL 14: KÜNSTLICHE INTELLIGENZ UND DIE PROPAGANDA DER ZUKUNFT

The sad thing about artificial intelligence is that it lacks artifice and therefore intelligence.

Jean Baudrillard

Im Film *2001: A Space Odyssey* zeigt Regisseur Stanley Kubrick die berühmte Szene »The Dawn of Man« (Der Beginn der Menschheit), in der wir als Zuschauer mit unseren Vorfahren konfrontiert werden. Wir sehen einen Affen, der sich einem Skelett auf dem Boden widmet; er starrt das Skelett an, und zur selben Zeit ertönt die epische Fanfare. Er nimmt einen großen Knochen in die Hand und zerschlägt das restliche Skelett mit dem Knochen – er versteht, dass er den länglichen Gegenstand als Werkzeug einsetzen kann. Anschließend kehrt der Affe zu seinen Artgenossen zurück und demonstriert seine Überlegenheit, indem er ein feindliches Rudelmitglied mit dem Knochen erschlägt. Kubrick zeigt uns den Beginn der Menschheit als Entdeckung des Werkzeugs als Kriegsmittel.

Derjenige, der das beste Werkzeug am besten einzusetzen weiß – und am besten versteht –, gewinnt. Nicht mehr die rein physische Kraft bestimmt das Ergebnis, sondern die Nutzung von Technik. Die Technik, die die mediale Welt und alle anderen Aspekte des Lebens in den nächsten Jahren fundamental verändern wird, ist die künstliche Intelligenz, die KI. Dieses Kapitel möchte einen Ausblick auf die kurz- und mittelfristige Zukunft des Zusammenspiels von KI und Propaganda, Desinformation und der Manipulation von Informationsräumen geben. Dabei berücksichtigen wir insbesondere die Art und Weise, wie der Kreml KI schon heute einsetzt, wie sich diese Nutzung verändern wird und welchen Einfluss künstliche Intelligenzen auf unsere demokratischen Wahlen haben werden.

Eine Studie aus dem Jahr 2023, die die Sicht der Bürgerinnen und Bürger von 31 Staaten auf künstliche Intelligenz abfragte, zeigte, dass 61 Prozent der Deutschen der Aussage »Ich habe ein gutes Verständnis davon, was KI ist« zustimmen.[152] Damit liegt Deutschland auf dem achtletzten Platz – weit hinter Ländern wie Polen, Mexiko, Peru, Rumänien, Thailand, den Niederlanden und Südafrika. Statt der einfachen Frage, ob jemand KI versteht, wurden alle Befragten gebeten, zu der Aussage »Ich weiß, welche Produkte und Anwendungen auf KI basieren« Stellung zu beziehen. Dieser Aussage stimmten dann nur noch 39 Prozent der Deutschen zu. In den Top 5 sind Indonesien, Thailand, Türkei, Malaysia und Südkorea gelandet. Das Verständnis hinkt in Deutschland weit hinter der Relevanz von KI hinterher, denn das Thema betrifft jeden einzelnen Menschen. Dass KI das Alltagsleben der nächsten fünf Jahre erheblich verändern wird, denken nur 56 Prozent der Deutschen, das ist der sechstletzte Platz in der Umfrage.[153] Die gesamtgesellschaftliche Unkenntnis macht uns dem Kreml gegenüber besonders vulnerabel. Wir wollen hier nicht weiter der Frage nachgehen, weshalb die Deutschen den Einfluss der

KI auf ihr eigenes Leben unterschätzen. Unser Thema ist, wie KI in Zukunft von Russland und anderen propagandistischen Akteuren genutzt werden kann.

DER RASANTE AUFSTIEG DER KI

Eine goldene Regel in der gegenwärtigen Forschung zur Technikgeschichte besagt, dass der Fortschritt der Technik maßgeblich durch Krieg und Sex motiviert ist. Hört sich erst mal seltsam an, doch Breitbandinternet, Onlineshopping oder DVDs hätten sich ohne die Pornoindustrie viel langsamer entwickelt.[154] Virtuelle Realitäten, die Weiterentwicklung von Video-Deepfakes – beides durch die Pornoindustrie beschleunigt. Der erste bedeutende Anwendungsfall von künstlicher Intelligenz war durch den Zweiten Weltkrieg motiviert; die Entschlüsselung der Enigma, einer Chiffriermaschine der Wehrmacht im Zweiten Weltkrieg mithilfe der »Turing-Bombe«. Der Film *The Imitation Game* von Morten Tyldum erzählt die Geschichte der Entwicklung einer raumhohen elektromechanischen Maschine, die von Alan Turing und seinem Team realisiert wurde. Turing baute die Maschine auf der Basis von mathematischen Algorithmen, die die Maschine automatisiert ausführte. Algorithmen sind Handlungsanweisungen zur Lösung eines Problems. Die Maschine beschleunigte – vereinfacht gesagt – die Ausführung ebenjener Handlungsanweisungen. Man kann sich den Prozess bildlich wie ein Labyrinth vorstellen; vorn Wand, links Wand, rechts frei; ich geh rechts lang. Den Code der Enigma hätte man theoretisch auch händisch entschlüsseln können, doch bei den Millionen zu überprüfenden Möglichkeiten hätte die Berechnung jedes vernünftige Maß überschritten und wäre in jedem Fall zu spät gekommen, um militärisch genutzt werden zu können.

Seit dem Zweiten Weltkrieg entwickelt sich die Leistungsfähigkeit von KI jedes Jahr mit unfassbarer Geschwindigkeit weiter. Die Grenzen der KI sind immer an die verfügbare Rechenleistung gekoppelt, die wiederum von der Anzahl der Transistoren in Computerchips abhängt. Alle 24 Monate verdoppelt sich die Anzahl verbauter Transistoren in Computerchips bei gleichbleibendem Preis[155] – und dabei sind Quantencomputer nicht eingeschlossen. Effektiv halbiert sich also alle 24 Monate der Preis bei gleichbleibender Rechenleistung.

Dieser technische Fortschritt lässt die Dystopien der Super-KI – auch technologische Singularität genannt – aus Science-Fiction-Filmen wie *Metropolis*, *2001: A Space Odyssey*, *Westworld*, *Terminator*, *Matrix* und vielen anderen nicht mehr weit entfernt scheinen. Aber diese Dystopien lenken ab von den Verschränkungen der KI mit Teilbereichen des menschlichen Lebens, die schon heute negative Auswirkungen haben. Die gegenwärtigen und kurzfristigen Gefahren der KI sind in ihrem Erscheinungsbild oft das Gegenteil des Terminators; sie sind ganz und gar unscheinbar – versteckt in Algorithmen, die nicht unmittelbar erfahrbar sind.

FORMEN VON KÜNSTLICHER INTELLIGENZ

Künstliche Intelligenz ist für russische Propaganda und Desinformation in mehreren Teilbereichen relevant. Sie kommt zum Einsatz bei der Analyse von Personengruppen, der Verbreitung von propagandistischen Mitteilungen und der Erstellung von gefälschten Fotos, Videos, Tonspuren inklusive Stimmen und Texten. Für diese Bereiche sind vor allem zwei Formen von KI relevant: künstliche neuronale Netzwerke (KNNs) und generative KI.

Künstliche neuronale Netzwerke sind hoch entwickelte Algorithmusmodelle. KNNs sind methodisch von menschlichen Gehirnen inspiriert; ein Dateninput durchläuft verschiedene algorithmische Filterschichten, die den Output bestimmen. Ein Mensch muss nicht darüber nachdenken, wie er ein Pferd erkennt, wenn er eins sieht, weil er gelernt hat, welche optischen Eigenschaften ein Pferd hat. KNNs haben für jede dieser Eigenschaften (Fell, Anzahl der Beine, Art der Muskulatur, Größe usw.) eine eigene Filterschicht, um zu bestimmen, ob es sich um ein Pferd oder doch um einen Esel handelt. Daraus folgt: Je komplexer das KNN, desto besser der Output. Künstliche neuronale Netzwerke entwickelten sich entlang der zur Verfügung stehenden Rechenpower und methodischer Weiterentwicklung mit unglaublichem Tempo.

Von generativer KI spricht man, wenn die KI Bild-, Audio- oder Textinhalte generiert, also erzeugt. Bei der Generierung von Texten spricht man von »Large Language Models« (LLMs). Diese großen Sprachmodelle sind statistische Modelle, die Text auf der Basis von sogenannten Prompts generieren können. Prompts können Fragen oder Anweisungen sein wie zum Beispiel: Schreibe einen Zeitungsartikel, der erklärt, wieso Putin so gern oberkörperfrei auf Pferden sitzt. Von allen LLMs ist ChatGPT zurzeit das prominenteste Beispiel.

Auch die Algorithmen der sozialen Netzwerke, die bestimmen, welche Inhalte uns angezeigt werden, sind künstliche neuronale Netzwerke. Bei KNNs ist für den Endnutzer meistens nur der Output sichtbar, die algorithmischen Filterschichten, die den Output bedingen, bleiben verborgen und bieten dadurch für Programmierer die Möglichkeit, den Output nach ihren Wünschen zu manipulieren. KNNs werden in verschiedenen Konfigurationen in sozialen Netzwerken, beim autonomen Fahren, der Wettervorhersage oder medizinischen Analysen verwendet.

Die neueste und leistungsfähigste Form von KNNs nennt man »Transformer-Modelle«. Diese Form von KNN versteht Kontext, sie kann also beispielsweise erkennen, wie sich Wörter innerhalb eines Satzes zueinander verhalten. Für die menschliche Intelligenz hört es sich banal an, Kontext zu verstehen, doch für die künstliche Intelligenz ist das revolutionär. Das menschliche Gehirn kann ganz einfach den Bedeutungsinhalt von »Er wartete vor der Bank« und »Er wartete auf der Bank« unterscheiden, die KI muss das alles mühsam lernen.

KI-GENERIERTE FOTOS, VIDEOS, MENSCHLICHE STIMMEN UND TEXTE

Die Qualität von KI-generierten Bildern und Audios ist in den vergangenen Jahren so weit gestiegen, dass vielerorts über Deepfakes gesprochen wird. Wir befinden uns geschichtlich am Kipppunkt eines Paradigmenwechsels, der grundlegend verändern wird, was wir als real und authentisch betrachten und mit welchen Werkzeugen und Prinzipien wir Realität messen.

Gegenwärtig sind die schlechteren KI-generierten Fälschungen aus Russland auch für Laien zu erkennen, die guten Fälschungen nur noch für geübte Augen und Experten. Bald werden die Fälschungen nur mehr mit digitalen Analysetools erkannt werden können, und auch die digitale Analyse wird sich in einem ständigen Wettrüsten mit der Qualität der Tools zum Erstellen der Fälschungen befinden. Zurzeit gibt es beispielsweise digitalforensische Tools, die Augenlider genau untersuchen. Datenbanken, aus denen Gesichter generiert werden, verfügen nämlich über sehr wenige Fotos von Gesichtern mit geschlossenen Augen. Das macht Augenlider zu einer Schwachstelle von Deepfakes, doch diese temporäre Schwäche wird sich durch bessere Datenbanken beheben lassen.

Bekannte Anwendungen zur Erstellung von KI-generierten Bilddateien sind beispielsweise Midjourney, Craiyon und DeepAI. Es ist möglich, Bilder per Text-Prompt komplett von der KI generieren zu lassen. Der Prompt könnte beispielsweise sein: »Wahlplakat der CDU wird in Berlin von wütenden Bürgern beschmutzt.« Es ist auch möglich, die Gesichter von realen Personen zu manipulieren oder mit dem Gesicht einer realen Person eines authentischen Videos auszutauschen. Wir haben in diesem Buch bereits mehrere prorussische Deepfakes besprochen. Eines der eindrücklichsten Beispiele ist wohl das gefälschte Video Selenskyjs aus dem März 2022, in dem der KI-Klon des ukrainischen Präsidenten die Kapitulation der Ukraine verkündet. Ähnliche Fälschungen wird es immer häufiger geben. In naher Zukunft können beliebige Szenarien fotorealistisch generiert werden, die genaustens an das politische Tagesgeschehen und an die Identität der Adressaten angepasst sind.

Im Bereich der generierten Audios – meistens die Stimmen von Medienvertretern oder Politikern – spielen die Transformer-Modelle bei der rasanten Verbesserung der Fälschungen eine entscheidende Rolle, indem die KI Textanalyse und akustische Modulation simultan durchführt. So kann die Semantik des gewählten Textes besser an den Sprachduktus und die Stimmfarbe der zu imitierenden Person angeglichen werden. Im Januar 2024 erhielten US-Bürger aus dem Bundesstaat New Hampshire scheinbar Anrufe von Präsident Joe Biden persönlich. Er teilte mit, dass man sich nicht an den Vorwahlen beteiligen solle, weil die Wahl ohnehin schon für ihn entschieden sei – natürlich ein Fake. Diese Robocalls sind ein Vorgeschmack auf das Ausmaß von gefälschten Stimmen als undemokratisches Mittel zur Wahlmanipulation.

Vielleicht sind es zukünftig auch nicht politische Führungskräfte, die angeblich persönlich zu Hause anrufen, sondern besorgte Mitbürger – denn dass Biden nicht persönlich seine Wähler abtelefoniert, sollte eigentlich jeder Person klar sein. Dass aber die besorgte Suzanne aus dem Nachbardorf von ihrer Nichte eine Geschichte über Bidens Frau gehört hat, die so schockierend ist, dass sie die Mitbürger ihrer Gemeinde warnen will, bloß nicht für ihn zu stimmen, wäre schon glaubwürdiger. Diese hyperpersonalisierten Robocalls, die auf komplexe Datensets von Individuen zurückgreifen können, sind eine gefährliche Zukunft von KI-generierten Stimmen. Anwendungen, die menschliche Stimmen per KI nachahmen, sind beispielsweise Resemble AI, ElevenLabs und Descript. Alle Anwendungen – und generell alle gefälschten menschlichen Stimmen – sind auch für Deepfake-Videos, in denen Politiker sprechen, relevant.

Wenn über KI im Kontext von Wahlen und politischer Meinungsbildung gesprochen wird, denken viele nicht an KI-generierte Texte. Der Sensationswert von verblüffend gut gefälschten Fotos und Videos ist einfach höher. Doch auch bei der alltäglichen Nutzung von KI-Chatbots stößt man als privater Nutzer auf russische Desinformation. Ein Drittel der zehn führenden KI-Chatbots verbreitet russische Narrative, zitiert gefälschte Zeitungsartikel und bewertet russische Propaganda auf YouTube als vertrauensvolle Quelle.[156] Man stelle sich vor, man bittet den Chatbot, zusammenzufassen, wie es zum Krieg in der Ukraine kam, und der fabrizierte Text basiert auf russischen Lügen und Halbwahrheiten. In dieser Sekundärnutzung von gefälschten Nachrichtenartikeln kann auch die Doppelgänger-Operation eine neue destruktive Wirkung entfalten. Eine direkte Sichtung der zum Teil schlecht gefälschten Seiten mag Individuen nicht manipulieren können – die vermeintliche Objektivität der KI-Chatbots schon eher. Mutmaßlich war die Reproduktion der Falschinformationen durch Chatbots die eigentliche Absicht der Doppelgänger-Operation.

Auch die Möglichkeit, über LLMs innerhalb von zehn Sekunden einen Zeitungsartikel schreiben zu lassen, der nach kurzer Nachbearbeitung praktisch nicht mehr von einem von Menschen geschriebenen Artikel zu unterscheiden ist, sollte mehr Aufmerksamkeit erhalten. Nur wenige der LLM-Anwendungen (darunter Falcon LLM und ChatGPT) haben Sicherheitsfilter eingebaut, die verhindern sollen, dass Falschinformationen und Desinformation repliziert oder sogar mit neuen Argumenten verstärkt werden. Inzwischen konnten Forscher allerdings zeigen, dass man diese Filter durch kreatives Prompten umgehen kann, sodass ChatGPT Desinformationsnarrative in Form von Nachrichtenartikeln generiert, die menschliche Leser nicht von authentischen Artikeln unterscheiden können.[157] Die generierten Artikel können in Telegram-Gruppen als vermeintliche Originalartikel verbreitet werden oder dabei helfen, Kampagnen wie die Doppelgänger-Operation[158], bei welcher der gesamte Webauftritt von großen Nachrichtenseiten gefälscht wurde, in Zukunft qualitativ zu verbessern.

Auf Instagram kombiniert der russische Propagandaapparat bereits alle eben genannten Formen von KI-generierten Inhalten. Das aktuelle politische Tagesgeschehen wird per KI direkt kommentiert. Als beispielsweise das Selbstbestimmungsgesetz im April 2024 verabschiedet wurde, das es Menschen ermöglicht, ihren Geschlechtseintrag im Personalausweis zu ändern, veröffentlichte »Bloß mit Biss« sofort ein KI-generiertes Video, das insinuiert, dass jetzt Menschenmassen ihr Geschlecht operativ ändern würden. »Bloß mit Biss« operiert aktuell nicht mit KI-Avataren; die KI-generierten Bilder zeigen lediglich comichafte Darstellungen deutscher Politiker. Es ist denkbar, dass bald auch täuschend echte KI-Avatare die Propaganda vortragen. Immerhin ist der Account durch Instagram als »Russia state-controlled media« geflaggt; sobald man sich den Account ansieht, wird dieser Hinweis angezeigt. Für die einen mag das eine Warnung, für die anderen ein Qualitätsmerkmal sein, doch es wirft vor allem die Frage auf, weshalb der Account nicht gesperrt ist. Es gibt sogar einen Podcast mit demselben Namen, der bei Apple Podcasts in der Rubrik »Nachrichten«(!) zu finden ist. Auch dieser operiert mit KI-generierter Stimme. Sobald der AI-Act, das europäische Gesetz zur Anwendungsreglung von KI, in Kraft tritt, müssen alle KI-generierten

Inhalte als solche gekennzeichnet werden – also auch der genannte Podcast. Ob diese Verpflichtung auch durchzusetzen sein wird, ist fraglich. In der Kommentarspalte des Podcasts kann man Kommentare lesen wie »Es gefällt mir sehr, wie ihr in alle Richtungen ballert und eurer Wut gegen die Politik freien Lauf lasst. Danke!« »Bloß mit Biss« verbreitet keine Falschinformationen, doch ist das nicht der entscheidende Punkt. Die Hetze gegen Politiker und die Unterminierung des gesellschaftlichen Vertrauens in Medien und Politik bewerkstelligt der Kreml auch ohne offensichtliche Lügen.

»Bloß mit Biss«

Die demokratischen Grundwerte verbieten Zensur – und das ist auch in diesem Fall gut so. Es mag schwer zu ertragen sein, jede Person hat das Recht, alle nicht illegalen Inhalte zu konsumieren. Den Hebel, den wir aber ansetzen können, ist die mögliche Amplifizierung der Inhalte durch Instagrams Algorithmen zu unterbinden. Mehr dazu in unseren Empfehlungen in Kapitel 17.

HYPERREALITÄT

Bei KI-generierten Inhalten, die für politische Propaganda genutzt werden, können wir fast täglich den Fortschritt der technischen Möglichkeiten beobachten. In naher Zukunft ist jedes Foto, jedes Video, jede Sprachaufnahme und jeder Text potenziell KI-generiert. Dies macht es nicht nur schwieriger, authentische Inhalte zu identifizieren, sondern umgekehrt es auch leichter, authentische Inhalte als Fake abzutun. Für politische Propagandisten, die Faktizität ohnehin dem Opportunismus unterordnen, bietet die potenzielle Ununterscheidbarkeit den perfekten Nutzungsrahmen. Die Beweislast wird bei denjenigen liegen, die versuchen, das Wahre zu verbreiten.

Der französische Philosoph Jean Baudrillard beschrieb schon in den 1960er-Jahren einen Zustand, in dem die Welt jeglichen Bezug zur eigentlichen Realität verloren hat, und nannte dieses Szenario »Hyperrealität«. Baudrillard inspirierte mit seinen Überlegungen viele Zukunftsforscher und auch einen der erfolgreichsten Filme aller Zeiten, *Matrix*. Die Hyperrealität ist eine Zukunft, in der das sogenannte Simulacrum (ein Abbild oder Spiegelbild) denselben wahrgenommenen Stellenwert hat wie die Realität an sich. Im Begriff Simulacrum ist eine Dualität angelegt; eine betrügerische Lüge einerseits und eine bereichernde Fantasie andererseits. Dieselbe Dualität trägt die potenzielle Fortentwicklung von künstlichen Intelligenzen in sich.

Baudrillards Überlegungen stoßen uns auf die Frage, wie wir in mittelfristiger Zukunft den Bezug zur Realität beibehalten können. Wie können wir zukünftig authentisches Material von unauthentischem unterscheiden? Wie können wir die dystopische Prophezeiung der KI abwenden? Immerhin sollen schon 2026 90 Prozent aller Inhalte online synthetisch, also KI-generiert, sein.[159]

AUTHENTISCHE INHALTE VERIFIZIEREN

Für den Journalismus und die politische Sphäre wird sich wahrscheinlich ein umgekehrtes Prinzip im Vergleich zur Gegenwart einstellen. Also statt Fälschungen als solche zu labeln, werden die authentischen Bilder, Videos und Audioaufnahmen als verifiziert gekennzeichnet. Über optische und codierte Wasserzeichen oder direkt nachvollziehbare Quellenverweise in den Dateien kann eine Unterscheidung von Wahrheit und Lüge weiterhin ermöglicht werden.

In der Praxis wird diese Unterscheidung allerdings sehr komplex. Inhalte, die KI-manipuliert sind, können auch einfach durch eine KI übersetzt oder korrigiert worden sein. KI-manipuliert heißt also streng genommen nicht, dass Inhalte falsch oder unwahr sind.

KI-generierte Personen werden jetzt schon von staatlicher Seite zur Effizienzsteigerung genutzt. Die ukrainische Regierung stellte Anfang Mai 2024 ihre neue KI-generierte Sprecherin des Außenministeriums vor: »Victoria Shi«. Um Zeit und Ressourcen zu sparen, erklärte von diesem Zeitpunkt Frau Shi das politische Tagesgeschehen der Welt aus ukrainischer Sicht. Auf Instagram stellt sie sich selbst als digitale Person vor,[160] die autorisierte Statements der Regierung wiedergibt. Als Sicherheitsmerkmal findet sich in jedem Video von ihr ein QR-Code, der auf die offizielle ukrainische Website führt. Dort ist das Statement im Wortlaut nachzulesen.

Trotz verschiedener Gegenmaßnahmen wird die Annäherung von Fiktion und Realität das Vertrauen der Zivilgesellschaft in Politik und Medien weiter strapazieren. Gerade deswegen sind ein transparenter Umgang mit möglichen Gefahren und eine gute Planung für die sicher kommende Zukunft essenziell, um den gesellschaftlichen Zusammenhalt in Deutschland zu schützen. Das, was uns jetzt wie ein fiktives Szenario vorkommt, ist bald der neues Status quo.

DIE VERBREITUNG VON PROPAGANDA DURCH BOT-NETZWERKE

Der öffentliche Diskurs in Deutschland kann nicht durch die Verbreitung von *einzelnen* propagandistischen oder desinformativen Mitteilungen manipuliert werden – gefährlich wird es, wenn diese Mitteilungen tausendfach pro Tag verbreitet werden. Bei der vom Auswärtigen Amt aufgedeckten Kampagne[161] waren es 50.000 KI-gesteuerte Bots, die täglich hunderttausendfach Propagandamitteilungen verbreiteten. In einem persönlichen Gespräch mit leitenden Angestellten von Viginum, Frankreichs Staatagentur zum Schutz vor ausländischer Desinformation im digitalen Raum, erfuhren wir, dass Viginum immer mehr Schwierigkeiten bei der Identifikation von Bots hat. Die Bots würden immer komplexer programmiert werden, sodass ihr Verhalten in sozialen Netzwerken dem von echten Personen immer ähnlicher wird. Hierin liegt eine Gefahr in naher und mittelfristiger Zukunft für die freie Meinungsbildung und damit für wirklich freie demokratische Wahlen. Je besser die Bots mittels KI menschliches Verhalten imitieren, desto schwieriger ist es, sie zu entdecken und zu stoppen. Diese Form von Bots nennt man auch GenAI-Bots.

Aber natürlich ist auch die Erkennung von Bots KI-gesteuert. Es ist ein Wettrüsten im digitalen Raum entstanden, das entscheidet, ob KI als Mittel demokratieschwächende oder -stärkende Effekte hat.

Zukünftige Bot-Netzwerke werden nicht nur schwerer zu identifizieren sein, sie werden automatisierter arbeiten. Die Inhalte, die Bots verbreiten, sind gegenwärtig in den meisten Fällen von Menschen geschrieben und immer von Menschen autorisiert. Fortgeschrittene Bot-Netzwerke könnten völlig autark Propaganda erstellen, passende Zielgruppen identifizieren und die Inhalte verbreiten.

KI UND PERSONALISIERTE PROPAGANDA

Mit der neuen fragmentierten Öffentlichkeit, den sozialen Netzwerken und mannigfaltigen Informationsangeboten im digitalen Raum können Propaganda und Desinformation immer besser auf identitätsspezifische Charakteristika eingehen. Wie in Kapitel 5 beschrieben, sortierte Cambridge Analytica mittels KI Facebook-Profile so, dass Wähler und Wählerinnen identifiziert wurden, die unsicher waren, wen sie wählen sollten. Auch andere Firmen analysieren Wählergruppen, um die Positionen von Politikern entlang der Analyseergebnisse auszurichten. Russische Propaganda und Desinformation braucht – wie wir gesehen haben – als Basis ein detailliertes Verständnis deutscher Interessengruppen, deshalb ist die Analyse von Individuen per KI ein wichtiges Propaganda-Tool.

Je besser künstliche neuronale Netzwerke Individuen anhand digitaler Datenpunkte einschätzen können, desto passgenauer wird Propaganda und Desinformation an die Adressaten geschickt werden können. Im Detail werden gute Analyse-KIs beispielsweise vor Wahlen demografische Daten mit psychometrischen Daten kombinieren. Klassische demografische Indikatoren wie Alter, Geschlecht, Bildung, Beruf und Wohnort, die schon lange für Einschätzungen von Wählerprofilen herangezogen werden, sind generalisierend und nicht für eine individuelle Beurteilung von Wahlverhalten nutzbar. Kombiniert man sie mit psychometrischen Profilen, also einer per KI durchgeführten Einschätzung von psychologisch motivierten Verhaltensmustern, kann das Verhalten von Individuen relativ genau prognostiziert werden. Diese Verfahrensweise erlangte durch Cambridge Analytica im Kontext der US-Wahlen 2016 Bekanntheit, obwohl zu diesem Zeitpunkt das tatsächliche Potenzial von psychometrischen Profilen zur Meinungsänderung von Adressaten wissenschaftlich umstritten war. Mit der Weiterentwicklung und Präzisierung KI-generierter Individualprofile wächst das Potenzial für digitale Repräsentationen von Menschen, die sich in Wechselwirkung immer weiter annähern. Anders ausgedrückt: Nicht nur die reale Person wird durch den digitalen Klon nachgeahmt, sondern die reale Person wird auch umgekehrt durch den digitalen Klon geformt. Informations- und Kaufangebote, die der realen Person aufgrund der gesammelten Daten angezeigt werden, beeinflussen die Persönlichkeit von Menschen.

Katja Muñoz, Wissenschaftlerin bei der Deutschen Gesellschaft für Auswärtige Politik (DGAP), erzählte uns in einem persönlichen Gespräch von der Möglichkeit eines »persönlichen Propaganda-Chatbots«. In ihrer Forschung beschäftigt sich Muñoz mit gegenwärtigen KI-Trends und deren Folgen für die Zukunft der Demokratie. Der fiktive Propaganda-Chatbot könnte LLMs und Transformer-Modelle nutzen, um vorher skizzierte Weltbilder, Falschinformationen und Propaganda auf einzelne Individuen zuzuschneiden.

Der Film *Her* von Spike Jonze aus dem Jahr 2013 erzählt die Geschichte eines einsamen Mannes, der sich in sein KI-gesteuertes Assistenzprogramm verliebt. Wie bei Alexa findet die Kommunikation in *Her* über Sprache statt. Dem Hauptcharakter Theodore steht seine Scheidung unmittelbar bevor und er möchte sich mit dem neuen KI-System ablenken. Er wählt eine weibliche Stimme aus und gewährt »Samantha« Zugang zu all seinen persönlichen Daten. Samantha beginnt mit Theodore verständnisvoll über die Trennung und sein Leben zu sprechen; die beiden bauen ein Vertrauensverhältnis auf.

Assistenzsysteme, mit denen wir routiniert interagieren, sind schon in der Gegenwart angekommen. Die meisten Assistenzsysteme – darunter auch ChatGPT – machen Witze und reagieren mit Zurückweisung auf Beleidigungen; die emotionale Reaktionsfähigkeit wird von Betreibern immer weiter ausgebaut. In der Vergangenheit produzierten Propagandisten eine große Erzählung und verbreiteten diese gleichlautend und unterschiedslos an die gesamte Bevölkerung eines Staates. In Zukunft wird Propaganda immer weiter individualisiert werden – vielleicht bis hin zu einer Propaganda-KI, die für jede einzelne Person passgenaue Propaganda designt. Sie könnte die persönlichen emotionalen Schwachstellen nutzen, um Weltbilder und politische Meinungen nach und nach zu manipulieren. Die Mechanismen dafür hat die Propaganda- und Werbeindustrie schon entwickelt und erfolgreich angewendet. Die Datensets, die alle notwendigen Informationen über uns enthalten, gibt es ebenfalls.

Für zukünftige Wahlen bedeuten personalisierte Propaganda-Bots ganz offensichtlich einen drastischen Einschnitt in die freie Meinungsbildung – vielleicht das Ende von demokratischen Wahlen, wie wir sie bis jetzt kennen. Wie realistisch ist dieses Szenario? Wir denken, dass die letztliche Existenz der eben beschriebenen Propaganda-KIs gar kein so großer Schritt mehr ist.

POLITISCHER EXTREMISMUS UND ALGORITHMEN

Die Werbung, die wir im digitalen Raum angezeigt bekommen, ist bedingt durch plattformenspezifische Algorithmen und Datensätzen, die zu uns gesammelt wurden. Auch die politischen Inhalte, Nachrichten, Vorschläge für neue Videos und X-Accounts – alles entschieden von künstlichen Intelligenzen. Die in Kapitel 3 beschriebenen Verbreitungsmöglichkeiten von Propaganda in sozialen Netzwerken sind in der breiten Bevölkerung unbekannt. Die Diskussion über eine Ethik der Algorithmen kommt langsam im populären Diskurs an, zumal die Bertelsmann Stiftung ein Projekt mit ebenjenem Namen durchgeführt hat, in dessen Rahmen mehr als 160.000 Personen über das Thema informiert wurden.[162]

Wie beschrieben, operieren die Algorithmen der sozialen Netzwerke bei Inhaltsempfehlungen mit einem Ähnlichkeitsprinzip; dadurch entstehen so etwas wie informative Blasen. YouTube reagierte auf die anhaltende Kritik nach den Präsidentschaftswahlen 2016 in den USA mit einer Neukonzeption der Empfehlungsalgorithmen. Um der politischen Extremisierung von Usern entgegenzuwirken, begann YouTube, Usern nicht nur noch ähnliche Inhalte, sondern bewusst unterschiedliche anzuzeigen. Dieses Vorgehen ist ein ethischer Umgang mit der Zugkraft von Algorithmen, der leider eher ungewöhnlich ist. Aus wirtschaftlicher Sicht ist derjenige Algorithmus am besten, der für das höchste User-Engagement sorgt. Die meisten Klicks generiert man mit Inhalten, die gefallen (was man mit dem Ähnlichkeitsalgorithmus steuern kann), oder mit denen, die neuartig oder extrem sind. Die Faktoren, die wirtschaftlichen Erfolg maximieren, fördern politischen Extremismus, indem individuelle informative »Silos« gebaut werden. Weltbilder werden verengt und eine noch bestehende Kompromissbereitschaft aufgelöst.

Es sei an dieser Stelle erneut darauf hingewiesen, dass all unsere Anfragen an die Betreiber der erwähnten sozialen Netzwerke unbeantwortet blieben. Keiner wollte mit uns über die aktive russische Propaganda und Desinformation auf deren Plattformen sprechen. TikToks Algorithmen sind bekanntermaßen besonders diskriminierend gegenüber Inhalten, die die chinesische Regierung nicht gern verbreitet sieht. Videos, die auf die Situation der Uiguren in Xinjiang aufmerksam machen, werden vom Algorithmus meistens ganz gesperrt. Für Rechtsextremisten, Islamisten und Propagandisten des Kremls dagegen ist TikTok das soziale Netzwerk der Wahl, wenn es um die Indoktrination von jungen Menschen geht.[163]

TikTok ist besonders gut darin, nach außen den Anschein zu erwecken, als ob man das Problem verstanden habe und nun bekämpfen wolle. Im Kampf gegen Desinformation verweist TikTok auf eine eigene Kampagne, die die Medienkompetenz von TikTok-Usern stärken soll. Ein Tipp, der den Usern von TikTok gegeben wird, lautet: »Überlege immer, ob die Inhalte, die du konsumierst, korrekt sind, bevor du ihnen vertraust.«[164] Bei einer Plattform, die so designt ist, dass der Konsum zum absoluten Automatismus wird, ist diese Aussage bemerkenswert.

Schon heute findet sich auf TikTok eine Vielzahl von Accounts, die russische und prorussische Propaganda und Desinformation verbreiten und mit KI-generierten Inhalten arbeiten. Beispiele dafür sind die Accounts *@breakingnews913, @avenger.to, @weltmenscho, @russische_welt_tv, @erkan58585858 und @blackmyx/.* Diese Accounts kommentieren das politische Tagesgeschehen und werden schon in naher Zukunft in ihrem Aussehen nicht mehr so leicht als qualitativ minderwertiger Journalismus zu erkennen sein. Und da sich die meisten Personen auch heute nicht fragen, »ob die Inhalte vertrauenswürdig sind«, während sie von einem Video zum nächsten scrollen, wird der politische Extremismus von TikTok sehenden Auges gefördert. Letztlich wird sich der Erfolg des Geschäftsmodells von TikTok in unseren Wahlergebnissen auf europäischer Ebene und Bundesebene niederschlagen.

Es muss uns klar werden, dass politischer Extremismus durch die algorithmisch bedingte Popularität von extremen rechten und linken Positionen verstärkt wird. Die Ergebnisse der Europawahl 2024 sind auch das Ergebnis der Algorithmen von

TikTok und der Operationalisierung dieser Algorithmen durch den Kreml. Wenn die liberal-demokratischen Parteien sich das digitale Spielfeld von TikTok mit Extremisten teilen, statt das Spielfeld umzubauen, wird die Demokratie verlieren, weil die Popularitätslogik der sozialen Netzwerke nicht extreme Inhalte benachteiligt. Praktische Vorschläge zur möglichen Regulierung von TikTok und zum Algortihmendesign haben wir in Kapitel 17 aufgelistet.

PERSUASION OHNE PERSUASION – DIE SUBTILITÄT ZUKÜNFTIGER BEEINFLUSSUNG

Die gegenwärtige Diskussion über den Zusammenhang von KI, Propaganda und Desinformation richtet sich sehr stark auf Deepfakes. Gut gefälschte Inhalte stellen eine Gefahr dar, die für alle einleuchtend ist. Medienhäuser und Nachrichtenseiten berichten immer wieder darüber, weil die gefälschten Fotos und Videos einen Sensationswert haben, der gut geklickt wird. In diesem Sinne sind auch klassische Medienhäuser abhängig von den Algorithmen der sozialen Netzwerke. Das dystopische Potenzial KI-bedingter Informationsgrundlagen ist nicht so einfach darzustellen, weil die Kontrollinstanzen sich durch das ausdrücken, was nicht sichtbar ist. Anders formuliert: Wir können nicht sehen, welche Informationen uns vorenthalten werden.

KI wird in Zukunft – auch in Deutschland – Einzug in alle institutionalisierten und persönlichen Entscheidungsprozesse finden. Diese Implementierung bringt eine enorme Effizienzsteigerung mit sich und könnte auch dazu führen, dass man nicht Monate warten muss, um einen Termin im Bürgeramt zu bekommen, weil diese Strukturen digitalisiert und Entscheidungen von KIs getroffen werden.

Gegenwärtige Konzeptionen von politischer Propaganda, Desinformation oder »Foreign Information Manipulation and Interference« begreifen Einflussnahmen als Manipulation von außen, die die demokratischen Prozesse im Inland schädigt. Was aber, wenn politische Entscheidungsträger mit bestem Wissen und Gewissen arbeiten und trotzdem russische oder chinesische Propaganda-Narrative stärken? KI-Tools, die für Bundestagsabgeordnete beispielsweise das Tagesgeschehen zusammenfassen, wird es sicherlich bald geben. Der dahinterstehende Algorithmus kann – wenn er ethisch programmiert wurde – die Arbeit der Abgeordneten erleichtern und einem informativen Bias entgegenwirken. Wenn es antidemokratischen Akteuren – so wie bei den öffentlich zugänglichen KI-Chatbots – gelingt, die Algorithmen der KI-Assistenzsysteme für politische Entscheidungsträger zu beeinflussen, dann würde das einen ungeheuer wirksamen, aber kaum fassbaren Einfluss auf alle Politiker und Politikerinnen bedeuten. Marshall McLuhan schrieb in den 1960ern: »Die Umwelt als Verarbeiter von Informationen ist Propaganda.« Heute würde er vielleicht schreiben: »Der Algorithmus als Verarbeiter von Informationen ist Propaganda.«

Die Manipulation von Algorithmen durch andere Staaten sollte bei einer guten Sicherheitsinfrastruktur selbstverständlich nicht möglich sein. Wenn entsprechende Vorkehrungen getroffen werden, wird eine sichere Verwendung für KI-Assistenzsysteme in verschiedenen Bereichen für politische Entscheidungsträger eine gefahrlose Hilfe sein. Problematisch bleibt aber die Unüberprüfbarkeit für Endnutzer. Als durchschnittlicher Bundestagsabgeordneter ist man nicht in der Lage, fundiert zu verstehen, wie die alltäglich verwendeten Algorithmen funktionieren – geschweigen denn zu bemerken, ob sie potenziell manipuliert wurden.

CYBERANGRIFFE UND DIE KI DER ZUKUNFT

Bei Cyberangriffen auf staatliche Institutionen, aber auch beim Datenklau von Privatpersonen, dem sogenannten »Phishing«, ändert KI zukünftig Möglichkeiten und Dimensionen. LLMs werden immer besser darin, Schreibstile zu imitieren und ermöglichen so Phishing-Mails, die nicht mehr so einfach als unauthentisch erkannt werden können. Die Zeiten, in denen man sich über den Prinzen aus Nigeria, der einem freundlicherweise ein Kilo Gold schenken möchte, lustig macht, neigen sich definitiv dem Ende zu. Ob eine Mail von einem Bekannten ist, von einem ehemaligen Kollegen oder doch KI-generiert, wird zukünftig auch für »Digital Natives« nicht mehr so einfach zu erkennen sein.

Weiterentwickelte Algorithmen können nicht nur Sprachstile zu Phishing-Zwecken imitieren, sondern auch Websites analysieren und auf dieser Basis täuschend echte Phishing-Seiten erstellen. Neuere LLMs sind neben der Texterstellung auch in der Lage, zu coden.[165] So kann KI mit minimalem menschlichen Input in kurzer Zeit vollständige Websites erstellen, mit denen Logindaten und Bankdetails von Privatpersonen besser abgegriffen werden können.

KI ZUR DESINFORMATIONSBEKÄMPFUNG – ANWENDUNGSBEISPIEL

Zum Schluss dieses Kapitels möchten wir auch die möglichen Vorteile beleuchten, die KI zur Bekämpfung von Propaganda und Desinformation mit sich bringt. Generell müssen wir begreifen, dass KI organisiert werden muss. Die aktive Gestaltung und Regulierung des technischen Fortschritts ist entscheidend. Vorausgesetzt, dass staatliche Akteure zusammen mit den Betreibern von sozialen Netzwerken Regulierungen und Implementierungen von KI-Systemen abstimmen, die Desinformation bekämpfen, gibt es Anwendungsbereiche, in denen zukünftig KI mehr Nutzen als Schaden bringt.

Factchecking wird gegenwärtig von verschiedenen zivilgesellschaftlichen Akteuren zur Bekämpfung von Desinformation eingesetzt. Teams suchen händisch nach desinformativem Content oder werden dabei durch – meist selbst programmierte – Datentools unterstützt. So oder so können auch große Teams aufgrund der schieren Masse an Desinformation nur einen Bruchteil der veröffentlichten Desinformation finden und richtigstellen. Selbst die aufgespürte Desinformation richtet Schaden an; in fast allen Fällen hatte die Falschinformation eine höhere Reichweite als die folgende Richtigstellung. Factchecking-Initiativen leisten wichtige Arbeit, doch hinken sie bei den gegenwärtigen technischen Möglichkeiten den manipulierenden Kräften immer zwei Schritte hinterher.

Die immer weiterwachsenden Datenmengen können in Zukunft per KI nicht nur besser durchsucht werden, sondern auch schon vor Veröffentlichung gecheckt werden. KI-Forscher schätzen, dass es in fünf bis zehn Jahren möglich sein wird, automatisiertes Factchecking in Echtzeit durchzuführen. Jeder Post würde vor Veröffentlichung entlang linguistischer Inputs überprüft werden. So könnte der schädliche Einfluss von Desinformation im Keim erstickt werden. Die Kontrollinstanz müsste die Algorithmen zur Erkennung von Desinformation so designen, dass die Meinungsfreiheit nicht beschnitten wird; das ist essenziell und muss im Einzelfall noch entwickelt werden. Auch in diesem Zukunftsszenario wird es notwendig sein, dem Menschen die Entscheidung bei Grenzfällen zu überlassen. Hoch automatisierte Entscheidungsalgorithmen tragen immer die Gefahr von systemischer Diskriminierung in sich. Darauf folgt auch, dass ebenjene Algorithmen regelmäßig überprüft und an aktuelle Kontexte und Gesetzeslagen angepasst werden müssen.

Auch bei Menschen, die bereits an russische Verschwörungserzählungen glauben, kann KI für gute Zwecke eingesetzt werden. Forscher am MIT veröffentlichten im April 2024 eine Studie, die generative KI einsetzt, um bei Individuen den Glauben an Verschwörungserzählungen zu senken. Dabei erstellt die KI hoch personalisierte Informationsangebote, die bestimmte Verschwörungserzählungen entkräften. Die passenden Texte dazu wurden von einer fortgeschrittenen ChatGPT-Version erstellt. Tatsächlich leistete die KI dabei eine so gute Arbeit, dass der Glaube an Verschwörungserzählungen bei Probanden um 20 Prozent gesenkt werden konnte und das anhaltend.[166]

FAZIT

Der Einfluss des Fortschritts künstlicher Intelligenzen auf Propaganda, Desinformation und Informationsmanipulation ist insgesamt mehr negativ als positiv zu bewerten. Der technologische Fortschritt wird auch mit einem wirtschaftlichen einhergehen, der die Kosten für die Kreation und Verbreitung von propagandistischen Texten, Fotos und Videos drastisch senken wird. Die Erstellung und Verbreitung von Deepfakes fast zum Nulltarif senken die Hürden für groß angelegte propagandistische Kampagnen – so erhöht sich die Zahl an potenziellen Absendern von Propaganda. Nicht nur Staaten mit einem hohen Kapitaleinsatz und den nötigen Infrastrukturen werden künftig große Kampagnen durchführen können, sondern auch kleine private Organisationen und Gruppen. Prorussische Personengruppen und Individuen können so die russische Propaganda eigenständig und effektiv amplifizieren.

Das mangelnde Verständnis in der Bevölkerung – und der Politik – scheint einerseits zu einer Passivität dem Thema gegenüber zu führen, andererseits führt das Unverständnis zu einer unverhältnismäßig großen Angst vor einer Super-KI, die die Menschheit unterjocht. Dem Thema eine gewisse Klarheit und Kühle gegenüber einzunehmen, ist deshalb wichtig, um die Gefahren weder zu dramatisieren noch zu bagatellisieren.

Nüchtern betrachtet bedeuten künstliche Intelligenzen ohne entsprechende gesetzliche und effektive Regulierungen Einschnitte in die freie Meinungsbildung und in freie demokratische Wahlen. Mit einer vernünftigen Regulierung von sozialen

Netzwerken und staatlichen Investments in bestimmte künstliche Intelligenzen können wir es schaffen, die antidemokratischen Effekte dieses technischen Fortschritts einzufangen. Mehr Details dazu in Kapitel 17.

TEIL 3
WAS TUN?

KAPITEL 15: EINE BILANZ

Anders als in den USA oder in Osteuropa wurden russische Einflussoperationen in Deutschland lange Zeit nur vereinzelt und von wenigen wahrgenommen. Im Jahr 2024 hat sich dies verändert. Berichte über russische Fake News, manipulierte Debatten und Cyberattacken sind häufiger geworden. Im Vorfeld der Wahlen und auch in den Debatten über künstliche Intelligenz wurde verstärkt über sie diskutiert. Allmählich setzt sich die Erkenntnis durch, dass Desinformation heute als eine große Bedrohung für die westlichen Demokratien gesehen werden muss.

Man kann unsere Wahrnehmung der russischen Bedrohung im Informationsraum mit einem großen Puzzle vergleichen. Wir sehen heute mehr einzelne Puzzlestücke als früher, manchmal finden wir auch einzelne zu Inseln zusammengefügt, aber das Gesamtbild erkennen wir noch lange nicht. Dieses ist hochkomplex, verändert sich fortwährend und besteht aus verschiedenartigen Komponenten, die man oft schwer als Bestandteile eines zusammenhängenden Ganzen wahrnehmen kann. Bevor wir unsere Empfehlungen formulieren, möchten wir kurz zusammenfassen, welches Fazit sich aus den dargestellten Entwicklungen ergibt.

1) Russland greift tief in Deutschlands innere Angelegenheiten ein.

Die russischen Manipulationen stehen den Bemühungen zur Beeinflussung der US-Präsidentschaftswahl 2016 weder im

Umfang noch im Grad der Einmischung nach. Russland fördert die AfD, manipuliert in großem Stil unsere gesellschaftlichen Debatten – von der Pandemie bis zum Ukraine-Krieg – und fördert systematisch das Misstrauen in Staat und Medien.

2) Deutschland ist in der EU zur Zielscheibe Nummer eins geworden.

Besonders seit 2022 ist ein zunehmend aggressives Vorgehen Russlands gegen Deutschland zu beobachten. In den sozialen Medien rollt ein digitaler Tsunami auf uns zu; Moskau brüstet sich offen damit, Topgeneräle zu belauschen und deutsche Staatsgeheimnisse öffentlich zu machen; russische Geheimdienste ermorden am helllichten Tag Menschen in Berlin und planen Angriffe gegen Militäreinrichtungen in der Provinz.

3) Moskau führt den hybriden Krieg umfassend und konstant.

»Information«, »Propaganda« und »Cyberattacken« sind nur einzelne Aspekte, Puzzlestücke in einem großen Ganzen. Russland und der Westen unterscheiden sich fundamental in ihrer Wahrnehmung – wir nehmen einzelne Teile wahr, Moskau sieht das Ganze.

4) Die gegen Deutschland angewandten Taktiken sind komplex und entwickeln sich fortlaufend weiter.

Der Einsatz von Bots und Algorithmen bis hin zu KI nimmt immer mehr zu, zugleich spielen analoge Elemente wie Reden und Videos weiter eine Rolle. Die Breite der Themen ist scheinbar endlos, alles wird als Waffe eingesetzt. Narrative dienen spezifischen Kreml-Anliegen wie der Entsolidarisierung mit Kyjiw und der Unterminierung westlicher Waffenlieferungen. Vor allem geht es darum, unsere Demokratie und den Zusammenhalt in der Gesellschaft zu zersetzen und zu schwächen.[167]

5) Der Informationskrieg ist wirkmächtig.
Mehr und mehr Menschen leben in Informationsblasen und haben verhärtete Überzeugungen. Es wird immer schwerer, an sie heranzukommen. Umfragen zeigen, dass in Deutschland prorussische Überzeugungen auf dem Vormarsch sind – trotz der eindeutigen Schuld Moskaus am Ukraine-Krieg. Schlimmer noch: Weltweit ist, wie die US-amerikanische Historikerin Anne Applebaum beschrieben hat, die Demokratie dabei, den Informationskrieg zu verlieren, vor allem weil autoritäre Staaten wie Russland und China, aber auch Iran, Venezuela und viele andere eng und erfolgreich zusammenwirken, um antiwestliche Narrative zu verbreiten.[168]

WELCHEN IMPACT HABEN RUSSISCHE PROPAGANDA UND INFORMATIONS-MANIPULATION WELTWEIT?

Bevor wir uns der Frage zuwenden, wie wir in Deutschland diesen Trend eindämmen und umkehren können, müssen wir analysieren, welchen genauen Einfluss, welchen »Impact« russische Propaganda und Desinformation eigentlich haben. Dazu muss zunächst festgelegt werden, wie wir »Einfluss« definieren. Ist ein politischer Sinneswandel gemeint, koppelt man den Einfluss an konkrete Wahlergebnisse oder sprechen wir von einer subtilen Veränderung der Gesamtwahrnehmung von Individuen bzw. der Gesellschaft?

Wir denken, dass es am sinnvollsten ist, die russische Informationsmanipulation *in ihrer Gesamtheit* zu verstehen. Moskau manipuliert nicht nur im Vorfeld von anstehenden Wahlen, sondern umfassend und konstant. Die Kampagnen sind langfristig angelegt und wirken nicht plötzlich und aktuell, sondern schleichend. Wegen dieser Vorgehensweise wäre es unzureichend, die Einflussnahme nur an Wahlergebnissen oder Umfragen zu konkreten politischen Gesinnungen abzulesen. Auch das Vertrauen der Deutschen in politische Institutionen, die Leitmedien und die Demokratie selbst muss im Kontext der russischen Manipulation untersucht werden.

Ein Beispiel, das mittlerweile umfassend wissenschaftlich bearbeitet wurde, ist der Einfluss Russlands auf die US-Wahlen 2016. Die anfängliche Vermutung, dass russische Propaganda und Desinformation für das Wahlergebnis zugunsten Trumps (mit-)verantwortlich waren, konnte wissenschaftlich nicht eindeutig bewiesen werden. Man könnte auf diese Studienlage entgegnen, dass die politische Auseinandersetzung mit russischer Informationsmanipulation nicht dringend ist; weil Russland offenbar Wahlergebnisse nicht maßgeblich beeinflussen könne. Tatsächlich wäre ebenjene Einschätzung fatal.

Erstens spielen bei individuellen Wahlentscheidungen so viele Faktoren eine Rolle, dass eine wissenschaftlich korrekte Bewertung zur gesamten russischen Einflussnahme im Kontext der US-Wahlen 2016 kaum durchführbar ist. Dazu kommt, dass nur wenige Tage vor den US-Wahlen 2016 circa ein Achtel der US-Bürger noch nicht wusste, wen es wählen wollte.[169] Den kurzfristigen Entscheidungsprozess von all diesen Menschen auszuwerten, ist nicht möglich. *Zweitens* geht es eben nicht nur um die konkreten Wahlergebnisse dieser einen Wahl, sondern auch um den langfristigen Einfluss auf die US-Bürger und deren Vertrauen in Politik und Medien. Es ist wissenschaftlicher Konsens, dass russische Informationsmanipulation einen destruktiven Einfluss hat – die Frage ist nur, wie man diesen beschreibt und misst.

Die russische Einflussnahme entfaltete in den USA und der ganzen Welt einen Sekundärschaden, der genauso gravierend ist wie die Manipulation demokratischer Wahlen durch die russischen Kampagnen. Mögliche Wahlmanipulationen – so gering oder intensiv ihr direkter Einfluss ist – haben einen immensen Einfluss auf die öffentliche Meinung und das allgemeine Vertrauen in etablierte Parteien und Medien.[170] Ein Vertrauensverlust in politische Institutionen und Leitmedien schädigt die Demokratie als solche, nicht nur ein einzelnes Wahlergebnis.

Eine psychologische Untersuchung von Identitätsmerkmalen, Vertrauen in Wissenschaft und Medien und deren Zusammenhang mit dem Wahlverhalten der US-Bürger konnte zeigen, dass Personen, die den klassischen Medien mehr vertrauten, geneigter waren, Hillary Clinton zu wählen, und Personen, die den Medien und der Wissenschaft misstrauten, Trump zuneigten.[171] Man kann also unterstellen, dass ein größeres Misstrauen den Medien und der Wissenschaft gegenüber – welches durch die russische Manipulation verschärft wurde – auch in Zukunft Trump stärkt. Es gibt keinen Grund, anzunehmen, dass wir es in Deutschland mit einer anderen Dynamik zu tun haben; die AfD und das BSW spielen beide mit dem Misstrauen gegenüber den Medien, der Wissenschaft und den etablierten Parteien.

Eine Studie aus dem Mai 2024 legt sogar nahe, dass die Nutzung von Facebook es wahrscheinlicher machte, für Trump zu stimmen. In der Studie hörten circa 20.000 US-Amerikaner sechs Wochen vor der US-Wahl 2020 auf, Facebook zu nutzen. Verglichen mit den Personen, die Facebook nutzten, stimmten 2,6 Prozent weniger der Probanden für Trump ab – also ein wahlentscheidender Anteil.[172] Die Studie bezieht russische Desinformation nicht explizit mit ein, ist aber ein wichtiges Indiz für den extremisierenden Einfluss von sozialen Medien, den Russland verlässlich ausnutzt.

Im September 2023 wurde in der Slowakei eine neue Regierung gewählt – auch hier mischte sich der Kreml ein und manipulierte den digitalen Informationsraum. Im Kontrast zur US-Wahl 2016 scheint der russische Einfluss hier tatsächlich das Ergebnis bestimmt zu haben. Eva Mihočková, Mitglied der in Bratislava ansässigen Denkfabrik Slovak Foreign Policy Association sagte: »Der Einfluss Russlands war immens und weitreichend.«[173] Um den nun amtierenden Premierminister Robert Fico ins Amt zu heben, finanzierten russische Geheimdienste prorussische Medien und Troll-Farmen in der Slowakei. Darüber hinaus seien auch ausgewählte Städte und Lokalpolitiker heimlich vom Kreml bezahlt worden, so der ehemalige slowakische Verteidigungsminister Jaroslav Nad.[174] Fico wiederholte Putins Propaganda getreulich. Er sprach beispielsweise der Ukraine die staatliche Souveränität ab und wiederholte die Lügen über das Naziregime, das in der Ukraine angeblich an der Macht sei.

Ein anderes Narrativ, das in sozialen Netzwerken vor den Wahlen in der Slowakei verbreitet wurde, griff der Chef des russischen Auslandsgeheimdienstes SWR, Sergej Naryschkin, zwei Tage vor den Wahlen medienwirksam auf. Er behauptete, dass eine US-amerikanische Verschwörung progressiven Kräften zum Wahlsieg verhelfen wolle. Für die Personen, die zuvor den Lügen im digitalen Raum verfallen waren, muss dieses Statement als endgültiger Beweis gegolten haben.

Der überparteiliche Thinktank Globsec konnte feststellen, dass Ende 2023 lediglich 40 Prozent der Slowaken glaubten, dass Russland für die Invasion der Ukraine verantwortlich war. Noch 12 Monate vorher waren es 11 Prozent mehr. Das Center for European Policy Analysis schätzt, dass das Wahlergebnis zugunsten Ficos als Ergebnis russischer aktiver Maßnahmen zu werten ist.[175]

WIE MISST RUSSLAND DEN EINFLUSS DER EIGENEN KAMPAGNEN?

Leider ist kaum abzuschätzen, wie viel Geld der Kreml in »aktive Maßnahmen« im Ausland investiert. Wenn im Kalten Krieg allein Milliarden dafür ausgegeben wurden, Sowjetbürger von westlichem Radioempfang abzuschirmen, kann man aber annehmen, dass wir auch jetzt wieder im Bereich der Milliarden liegen. Offensichtlich ist: Russland würde dies nicht tun, wenn es nicht selbst von der Wirksamkeit seiner Maßnahmen überzeugt wäre. Um diese Investitionen effizient zu gestalten, misst die russische Regierung selbst den Erfolg von aktiven Maßnahmen im Ausland. Anton Shekhovtsov, Direktor des Zentrums für Demokratische Integrität, konnte geheime Dokumente einsehen, die zeigen, dass der Kreml Einfluss durch Engagement-Metriken und Medienberichterstattung misst.[176]

»Engagement,« also die gesammelten Interaktionen von Usern mit russischer Desinformation, zeigt zunächst nur die Reichweite. Die Anzahl und Qualität sekundärer Berichterstattung deutscher Medien über russische Narrative wird vom Kreml als eigentlicher Marker für Erfolge und Misserfolge verwendet. Konkret gebe es drei Stufen des Erfolgs, die Russland anvisiert. Im Detail schreibt Schechowtsow:

(1) Die *Verbreitung* eines bösartigen Narrativs an das westliche Publikum ist ein Drittel des Erfolgs einer bestimmten Beeinflussungsoperation: Wenn Sie dieses Narrativ gehört oder gelesen haben, war die reine Verbreitung erfolgreich.
(2) Wenn dieses Narrativ nicht nur konsumiert wurde, sondern auch zu einem *legitimen Standpunkt* in westlichen Mainstream-Diskussionen geworden ist, spricht man von zwei Drittel des Erfolgs.
(3) Ein vollständiger Erfolg ist erreicht, wenn ein Standpunkt, der auf einem bösartigen Narrativ beruht, nicht nur als legitim angesehen, sondern auch als die *richtige Sichtweise* akzeptiert wird.

Denkt man an all die in diesem Buch bearbeiteten Themenkomplexe, muss man leider sagen, dass viele der russischen und prorussischen Narrative mindestens die zweite Stufe erreicht haben.

WELCHE EINFLÜSSE SIND IN DEUTSCHLAND MESSBAR?

Um die Einflüsse in Deutschland zu verstehen, müssen wir uns mehrere Umfragen ansehen und noch einmal auf medientheoretischer Ebene nachvollziehen, in welche Dynamik Russland eingreift.

Eine Studie der Bertelsmann Stiftung[177] vom Februar 2024 zeigt, dass es um das Vertrauen von Deutschen im Alter von 18 bis 30 Jahren in die Regierung, Regierungsinstitutionen und Medien schlecht bestellt ist. 45 Prozent misstrauen dem Parlament und 60 Prozent den Medien. Damit ist das Vertrauen in Medien weiter gesunken, wie eine Langzeitstudie des Instituts für Publizistik der Johannes Gutenberg-Universität Mainz zeigt.[178] Das bedeutet natürlich nicht, dass dies allein auf die russische Manipulation unseres Informationsraums zurückzuführen ist. Gesellschaftliche, ökonomische und ökologische Herausforderungen, denen auf politischer Ebene nach Ansicht vieler Bürger nicht hinreichend begegnet wird, sind auch für diese Zahlen verantwortlich. Klar ist aber auch, dass genau dieser Vertrauensverlust gegenüber unserer Regierung, den demokratischen Institutionen und Leitmedien erklärtes Ziel Russlands ist. Die Narrative, die vom Kreml in Deutschland verbreitet werden, schüren dieses Misstrauen.

Eine direkte Korrelation zwischen der Nutzung von sozialen Medien, dem Vertrauen gegenüber klassischen Medien und Ansichten zur Ukraine, Menschenrechten und der Demokratie in Deutschland konnte eine Studie des Institute for Strategic Dialogue (ISD) feststellen.[179] Im Detail sind Deutsche, die der traditionellen Medienberichterstattung skeptisch gegenüberstehen, nicht nur eher positiv gegenüber Russland und Putin eingestellt, sondern auch eher negativ gegenüber der Ukraine und Selenskyj. Dazu analog verhalten sich die Meinungen der Deutschen in Bezug auf eine Einflussnahme Russlands auf die deutschen Parteien. Während 40 Prozent derjenigen, die den traditionellen Medien am meisten vertrauen, angeben, dass sie über den Einfluss Russlands auf die deutschen politischen Parteien besorgt sind, sind nur 8 Prozent der Menschen, die den sozialen Medien mehr vertrauen als den traditionellen Medien, auch dieser Meinung.

Die von dem Berliner Center für Monitoring, Analyse und Strategie CeMAS erhobenen Umfragedaten zu prorussischen Verschwörungserzählungen (siehe Kapitel 12) zeigen eine starke Korrelation zwischen der Intensivierung von russischer Propaganda in Deutschland und Zustimmungswerten zu den Verschwörungserzählungen. Durchschnittlich erhöhte sich der Glaube an prorussische Erzählungen um circa 10 Prozent – man kann dies als Indiz dafür werten, dass die Propaganda wirkt.

Nimmt man all diese Ergebnisse zusammen, so ergibt sich ein düsteres Bild; die Beeinflussung aus Moskau scheint erfolgreich zu sein. Trotzdem ist der genaue Einfluss aus wissenschaftlicher Sicht bislang schwer präzise zu messen. Ein besseres Monitoring russischer Aktivitäten im digitalen Raum ist unerlässlich, um den Einfluss künftig noch präziser erheben zu können.

Auch ohne die aufgezählten Studien erscheint es naiv zu glauben, dass die millionenfache Manipulation der Informationsgrundlagen deutscher Bürger keinen Einfluss auf Meinungen, Weltbilder und letztlich auch Wahlergebnisse hat. Wie in Kapitel 2 und 3 beschrieben, greifen propagandistische Maßnahmen in unsere soziale Realität ein, indem identitätsstiftende Motive verstärkt werden. Persönlichkeitsmerkmale von Politikern werden instrumentalisiert. Soziale Netzwerke schaffen grundsätzlich eine fragmentierte Öffentlichkeit, in der Menschen sich mit Informationen umgeben, die ihre Weltsicht bestätigen, statt sie herauszufordern. In diese Dynamik schalten sich russische Propaganda, Desinformation und Cyberattacken ein.

Salopp gesagt: Menschen flüchten auch so in ihren Kaninchenbau und vergraben sich darin. Russische Manipulation macht den Eingang zum Kaninchenbau attraktiver und gräbt unterirdisch ein neues Tunnelsystem. Russische Propaganda nimmt vielen Deutschen die Möglichkeit, sich frei in der Welt Verschwörungsmythen, Falschinformationen und unterkomplexen Weltansichten zu bewegen, sondern steuert sie gezielt auf ebenjene, von denen Russland profitiert. Einzelne Falschinformationen und isolierte propagandistische Aktivitäten sind ein Normalmodus jeder demokratischen Gesellschaft. Der Einblick, den wir während unserer umfassenden Recherchen gewinnen konnten, führt uns zu dem Schluss, dass die Propaganda aus Moskau in Deutschland seit 2015 wie geschildert immer weiter zugenommen hat.

KAPITEL 16: WAS TUN WIR? WAS TUN ANDERE LÄNDER?

Auf der Website des BMI findet sich ein ermutigendes Zitat von Innenministerin Nancy Faeser: »Die russischen Lügen verfangen nicht. Wir werden nicht müde, mit Fakten gegenzuhalten.«[180] Auch wenn Frau Faesers gegenwärtiges Engagement im Kampf gegen Desinformation für eine differenzierte Sicht auf die russische Informationsmanipulation spricht, ist diese Aussage exemplarisch dafür, wie weit das politische Verständnis den realen Gegebenheiten hinterherhinkt. Die bereits zitierten Umfragen von CeMAS, dem Center für Monitoring, Analyse und Strategie, zeigen, dass prorussische Verschwörungserzählungen und Propaganda-Narrative leider sehr wohl verfangen. CeMAS befragt seit April 2022 regelmäßig einen repräsentativen Pool an Deutschen und konnte feststellen, dass

Repräsentative Umfrage CEMAS

bei allen abgefragten Verschwörungsnarrativen eine Zunahme der Zustimmungsraten feststellbar ist. Mittlerweile glauben circa 15 Prozent der Deutschen, dass die Ukraine keinen legitimen Anspruch auf die Befreiung ihres staatlichen Territoriums hat, siehe die Grafik auf S. 273.[181]

Auf der Website des BMI wird betont, man werde nicht müde, mit Fakten auf Desinformation zu reagieren. Tatsächlich entgegnet die Bundesregierung den meisten Falschaussagen, die vom Kreml in Deutschland verbreitet werden, öffentlich nicht. Das Entkräften von propagandistischer Falschinformation wird, wenn es überhaupt passiert, hauptsächlich von privaten Initiativen durchgeführt.

Obwohl teilweise sehr große russische Bot-Netzwerke identifiziert werden können, wissen wir nicht genau, wie umfassend und weitreichend die gesamten manipulativen Bemühungen Russlands sind. So gut wie sicher ist das, was bisher bekannt geworden ist, aber nur die Spitze des Eisbergs. Daneben gibt es auch andere Akteure, die mit Propaganda und Desinformation politischen Extremismus fördern und gesellschaftlichen Zusammenhalt gefährden. Allein über islamistische und chinesische Propaganda, die Deutschland ins Visier nimmt, müssten eigenständige Bücher geschrieben werden.

Maßnahmen und Infrastruktur, um der russischen Propaganda und Desinformation effektiv entgegenzuwirken, gibt es in Deutschland nur sehr rudimentär. Zivilgesellschaft, Wissenschaft und Medien warnen seit Jahren davor, dass wir uns der Gefahr sehenden Auges ausliefern. Die Manipulation unserer informativen Umwelt ist durch zahllose wissenschaftliche Studien belegt. Die Bundesregierung erklärt auf ihrer Website, was sie gegen Desinformation unternimmt und was wir als Einzelne tun können: Der Text (Stand Juni 2024) erklärt, dass Desinformation weltweit ein Problem sei, mit dem alle zu kämpfen hätten. Dass Deutschland das Hauptziel russischer Einflussnahmen in Europa ist, wird nicht erwähnt.[182]

Das Auswärtige Amt ist zuständig für die Bekämpfung von gezielter Desinformation anderer Staaten in Deutschland – also auch für die russische. Aktuell betreibt das Amt jedoch kaum ein eigenständiges Monitoring von sozialen Netzwerken. Die erfolgreiche Aufdeckung des Doppelgänger-Netzwerks im Januar 2024 darf nicht darüber hinwegtäuschen, dass bis heute nur sehr geringe Ressourcen für das Thema eingesetzt werden. Für zeitlich und thematisch begrenzte Analysen beauftragt das Auswärtige Amt privatwirtschaftliche Firmen. Das führt dazu, dass das Amt in vielen Fällen nicht schnell genug reagieren kann.

Das federführende Bundesministerium des Inneren und für Heimat (BMI) hat in Reaktion auf die zunehmende Desinformation seit dem russischen Angriff auf die Ukraine eine ressortübergreifende Taskforce zur Bekämpfung »hybrider Bedrohungen« eingerichtet. Uns wurde in persönlichen Gesprächen im BMI erklärt, dass die Gefahr digitaler Propaganda und Desinformation in großen Teilen der Bundesregierung lange nicht priorisiert wurde und erst der russische Angriffskrieg genügend Druck erzeugte, um die neue Taskforce ins Leben zu rufen. Die Neugründung bedeutet, dass Kompetenzen, Prozesse und rechtliche Probleme geklärt werden müssen, um effektive Gegenmaßnahmen in die Wege zu leiten. Ein juristisches Thema, das die Arbeit der Taskforce für die nächsten Monate und Jahren enorm einschränken könnte, hat mit den Persönlichkeitsrechten unserer demokratischen Verfassung zu tun. Die Daten, die Deutsche in sozialen Netzwerken preisgeben – auch die öffentlichen –, dürfen auf Basis der aktuellen Rechtslage nicht durch das BMI anonymisiert gesammelt und ausgewertet werden. Auf der einen Seite kann die Bundesregierung also nicht die Plattformen dazu bewegen, sich an deutsches Recht zu halten (Netzwerkdurchsetzungsgesetz, Drogenhandel auf Telegram); andererseits beschneidet die Rechtsgrundlage die Möglichkeiten der Bundesregierung, besser zu verstehen, wie Propaganda und Desinformation sich auf genau diesen Plattformen verbreiten. Eine gerichtsfeste Rechtsgrundlage für eine anonymisierte Auswertung zu schaffen, ist kein unlösbares Problem, dauert aber vermutlich mehrere Jahre.

»HEIL SELENSKYJ« – WARUM SIND WIR SO PASSIV?

Das Bewusstsein für die Gefahr und die Bereitschaft, sich zu wehren, sind in den ost- und nordeuropäischen Ländern, aber auch bei einigen westlichen Partnern wie in Frankreich wesentlich ausgeprägter als in Deutschland. Weshalb sind wir so passiv und zurückhaltend? Dafür gibt es zwei Hauptgründe.

Zum einen wird in Deutschland die russische Bedrohung noch immer unterschätzt. Leider hat sich dies durch den brutalen Überfall auf die Ukraine nicht grundlegend geändert. Zwar war die Invasion auch für viele Deutsche ein Schock und führte zu einer Aufkündigung der Partnerschaft und Kooperation mit Moskau. Doch ist die Wahrnehmung der Bedrohung inzwischen wieder rückläufig. Haben wir den Schuss noch immer nicht gehört?

Hatten die Deutschen Russland noch 2023 an die erste Stelle auf dem Bedrohungsindex[183] gesetzt, so fiel das Land 2024 wieder auf Platz sieben zurück. Große Teile unserer Gesellschaft, so scheint es, glauben offensichtlich nicht, dass der Krieg in der Ukraine auch Deutschland bedroht. Auch das Bewusstsein, Angegriffener in einem hybriden Krieg zu sein, ist bis heute auf Experten begrenzt. Die Unterschätzung des Informationskriegs ist Teil einer weit tiefer gehenden Unterschätzung von Moskaus Absichten und Zielen. Zu dieser Unterschätzung tragen positiv konnotierte Erfahrungen aus der deutsch-russischen Geschichte wie die Schulterschlüsse bis Rapallo, die deutsche Ost- und Friedenspolitik seit den 1970er-Jahren wie auch die gute Zusammenarbeit mit Michail Gorbatschow bei. Gänzlich anders ist die politische Wahrnehmung im Osten und Norden Europas. In den meisten Ländern dort hat man sich sehr viel weniger Illusionen über Moskaus Revisionismus gemacht. Folglich sind das Bewusstsein der Bedrohung und auch die gesellschaftliche Resilienz deutlich höher als bei uns.

Zum anderen reagieren Deutsche aufs Höchste sensibel, wenn es um eine mögliche Bedrohung der eigenen Meinungsfreiheit geht. Auch hier wirken historischen Erfahrungen nach, vor allem mit zwei Diktaturen, der nationalsozialistischen und der kommunistischen im 20. Jahrhundert. Diese Erfahrung ist wertvoll, denn sie kann helfen, uns vor den Verführungen eines modernen Autoritarismus zu bewahren. Sie führt aber auch dazu, dass – sobald der Staat oder die öffentlich-rechtlichen Medien Kritik an der Desinformation oder Propaganda anklingen lassen – rasch das Killerargument ertönt: Es darf keine Zensur und kein Wahrheitsministerium geben! Es ist ein beliebtes Argument der AfD, dass »man ja nichts mehr sagen« dürfe und die Regierung und die Medien keine abweichenden Meinungen duldeten. Um diesem Vorwurf zu entgehen, reagiert die Politik zögerlich (wenn überhaupt) auf Informationsmanipulationen und überlässt Gegenmaßnahmen lieber der Zivilgesellschaft, die sie dafür allerdings kaum aktiv fördert. Dabei gibt es Möglichkeiten, resilient und wehrhaft zu sein, ohne unsere Werte über Bord zu werfen. Dazu müssen wir raus aus der Passivität.

Diese Passivität hat sich, so scheint es, fest in die deutsche DNA eingegraben. Oft reicht schon der Reflex: Lasst uns die Sache nicht öffentlich machen, dadurch wird der Schaden nur größer und kann zu einer Eskalation führen. Dies mag im Einzelfall berechtigt sein, aber sicher nicht immer. 2023 ging ein Video viral, das zeigte, wie Bundeswehrsoldaten angeblich eine deutsche Familie ausrauben, um der Ukraine zu helfen. Das gesamte Hab und Gut der Familie ist angeblich »Hilfe für Herrn Selenskyj«. Die Anführerin der Gruppe hängt zum Schluss ein Bild des ukrainischen Präsidenten an die Wand und salutiert: »Heil Selenskyj«. Am Ende des Videos wird eingeblendet, dass seit Anfang 2022 mehr als 22 Milliarden Euro aus dem deutschen Haushalt in die Ukraine geflossen seien. Die Botschaft: Die Bundesregierung nimmt der eigenen Bevölkerung alles, was sie besitzt, nur um die Ukraine zu unterstützen.

Faktenchecker konnten mit Gesichtserkennungs- und anderen Tools zeigen, dass das Video mit russischen Schauspielern inszeniert und von Russia Today produziert wurde. Selbst in einem so drastischen Fall wie diesem konnte sich die Bundesregierung nicht zu einer öffentlichen Richtigstellung durchringen, aus Furcht, die Sache hochzuspielen. Das mag zwar ein Risiko sein, doch scheint es uns in einem Fall wie diesem wichtiger, öffentlich deutlich zu machen, wie dreist die russischen Drahtzieher vorgehen. Der frei erfundene Fake blieb wieder einmal offiziell unwidersprochen, wurde aber immerhin von unabhängigen Medien und Faktencheckern richtiggestellt.

Das unbefriedigende Fazit lautet: Deutschland tut viel zu wenig. Wir wehren uns nicht. Es fehlt die Einsicht und der politische Wille, das Problem der Propaganda und Desinformation endlich ernst zu nehmen und entschiedene Gegenmaßnahmen zu ergreifen. Informationsmanipulation muss endlich als eine vorrangige Frage nationaler Sicherheit behandelt werden.

WAS TUN ANDERE?

FRANKREICH

Innerhalb der Bundesregierung und der politischen Parteien gibt es viele Politiker, denen die Gefahr bewusst ist und die sich für koordinierte und entschlossene Gegenmaßnahmen einsetzen. Im europäischen Vergleich muss man dennoch sagen, dass wir unseren Nachbarn um Jahre hinterherhinken. In Frankreich spürt wie geschildert die Regierungsagentur

Viginum bereits seit 2021 Desinformationen auf und empfiehlt Gegenmaßnahmen. In Schweden wurde 2022 die »Agentur für psychologische Verteidigung« gegründet, die mit einem umfassenden Ansatz gegen die Manipulation der innerstaatlichen Informationsumwelt vorgeht. In Schweden hat man verstanden, dass Prävention mindestens ebenso wichtig ist wie die Eindämmung von sich ausbreitender Desinformation.

Wir haben uns einige Länderbeispiele genauer angesehen. In Paris und Stockholm haben wir mit den Leitern der genannten Organisationen gesprochen, um Anregungen zu erhalten, was Deutschland besser tun könnte.

Auf den ersten Blick mag es überraschen, dass Frankreich gegenüber russischer Desinformation deutlich besser aufgestellt ist als Deutschland. Wie uns der Direktor der Regierungsagentur Viginum, Marc-Antoine Brillant, erläuterte, war der entscheidende Auslöser die Hack-and-Leak-Kampagne gegen Emmanuel Macron im Vorfeld der Präsidentschaftswahl 2017. In Paris wurde daraufhin zunächst eine nationale Koordinierungsstruktur geschaffen, im Januar 2021 dann die Agentur Viginum.

Viginum verfügt über beachtliche eigene Ressourcen. Die immerhin 50 hoch qualifizierten Mitarbeiter kommen aus den Bereichen Geopolitik, Datenwissenschaft und »Open Source Intelligence«. Die Agentur kooperiert auch eng mit privaten Firmen, um beispielsweise Profile von Usern anzulegen und die gesellschaftliche Stimmung einzuschätzen.

Brillant sagte uns: »Viginum hat eine doppelte Mission: das Aufspüren manipulativer Aktivitäten fremder Staaten im französischen Informationsraum und die nähere Charakterisierung der Aktivitäten und Akteure.« Viginum ist kein Geheimdienst. Sein Mandat erlaubt nur die Beobachtung öffentlich zugänglicher Daten in sozialen Medien und im Internet. Hierzu gehören auch Telegram-Gruppen mit halböffentlichem Charakter. Private Unterhaltungen bei WhatsApp oder auf Signal sind dagegen geschützt. Ein eigenes Ethikkomitee überwacht die Aktivitäten von Viginum.

Viginum untersucht und bewertet grundsätzlich nicht die Inhalte selbst, sondern vielmehr das Verhalten und die Mechanismen der Akteure und die von ihnen verwendete Infrastruktur. Während das Mandat von Viginum auf die Aufklärung begrenzt ist, garantiert die Einbettung in eine breitere Koordinierungsstruktur, dass die Erkenntnisse von der Regierung umfassend genutzt werden können. Ein zeitnaher Informationsaustausch erfolgt innerhalb eines ebenfalls neu geschaffenen nationalen Koordinierungs-Komitees, in dem das Außen- und Innenministerium, die Streitkräfte, die Cyberkräfte und die Geheimdienste vertreten sind. Während Viginum selbst ein auf die Analyse beschränktes Mandat besitzt, können andere staatliche Stellen darüber hinausgehen und zum Beispiel Inhalte oder Akteure blockieren.

Bemerkenswert ist, in welchem Maße Frankreich die gewonnenen Erkenntnisse offensiv in die Öffentlichkeit trägt. Die Regierung hat die diplomatische Zurückhaltung abgelegt und beschuldigt Russland regemäßig auf hoher politischer Ebene, Kampagnen im Informationsraum zu organisieren und Themen vorsätzlich aufzubauschen und anzuheizen. Premierminister Attal fand am 5. Juni drastische Worte[184]: »Diese Einmischungen können unser neuer Weltkrieg sein. Das sind Manipulationen von außen, die versuchen, uns zu spalten. Diese Einmischungen sind Gift.«

Als Beispiele für russische Einflussnahme nannte Attal das Anbringen von Davidsternen an mehreren Gebäuden in Paris nach Beginn des Kriegs zwischen Israel und der Hamas sowie rote Hände, die auf die Holocaustgedenkstätte in Paris gesprüht worden waren, und das Auftauchen von Särgen unter dem Eiffelturm mit der französischen Fahne und der Aufschrift darauf »Französische Soldaten der Ukraine«.

Im Juni 2024 verabschiedete die französische Nationalversammlung ein Gesetz, mit dem die Mittel zum Vorgehen gegen ausländische Einmischung weiter verstärkt werden. Dazu wurden ein nationales Register und ein Verfahren für das Einfrieren von Finanzvermögen geschaffen. Zudem sollen gegen illegale Einflussnahme auch digitale Überwachungsverfahren eingesetzt werden können, die bislang nur im Kampf gegen Terrorismus verwendet werden.

SCHWEDEN

Ein noch umfassenderes Modell verfolgt die schwedische »Agentur für psychologische Verteidigung«. Der stellvertretende Direktor Mikael Tofvesson erläuterte uns in einem Gespräch: »Schweden hat aus der Verhärtung der russischen Außenpolitik die Konsequenz gezogen, den Schwerpunkt seiner Sicherheitspolitik vom Krisenmanagement zurück auf die umfassende Landesverteidigung zu verlegen.« Dazu zählt Schweden neben militärischen und Cyberbedrohungen auch den Informationskrieg. Dieser steht im Mittelpunkt der Tätigkeit der 2022 gegründeten Agentur.

Das Mandat der schwedischen Agentur umfasst wie bei Viginum die Identifizierung und Analyse aggressiver Akteure und der Mechanismen der Verbreitung von Desinformation. Hinzukommen in Schweden Maßnahmen zur Stärkung der Resilienz in der Gesellschaft durch breit angelegte Bildungsangebote sowie offensive Maßnahmen gegen den Angreifer selbst.

Wie in Frankreich werden auch in Schweden alle Informationen aus dem Internet und den sozialen Medien gewonnen. In konkreten Bedrohungsfällen werden Operationsteams gebildet, die Aktionspläne erstellen und die weitere Koordinierung innerhalb der Regierung organisieren.

Auch Schweden legt größten Wert auf die Einhaltung demokratischer Grundrechte. Besonders ernst werden die Vorbereitung und Begleitung von Wahlen genommen. Im Einzelfall wird abgewogen, welche Reaktion auf die vorsätzliche Desinformation einer fremden Macht geboten ist. Dafür gibt es keine einfache Regel, die jedes Mal gilt. Manchmal, so Direktor Tofvesson, sei es tatsächlich besser, gar nichts zu tun, um die Sache nicht wichtiger zu machen, als sie ist. Viele Narrative verfangen nicht und sterben einen raschen Tod. Wenn sie aber verfangen, ist es wichtig, rasch zutreffende Gegeninformationen bereitzustellen und die richtigen Zielgruppen anzusprechen. Die »Agentur für psychologische Verteidigung« tut dies oft nicht selbst, sondern kontaktiert fachlich zuständige Institutionen, wie beispielsweise in der Pandemie die Gesundheitsinstitute. Überhaupt hält sich die Regierung häufig selbst zurück und überlässt das Handeln eher der Zivilgesellschaft oder den freien Medien. Wichtig ist jedoch, im Bedarfsfall die Öffentlichkeit frühzeitig über anlaufende Einflusskampagnen zu informieren. Doch dabei allein muss es nicht bleiben. Zu den Handlungsoptionen, die es im Ernstfall abzuwägen gilt, gehört explizit auch die Möglichkeit offensiver Maßnahmen wie die Deaktivierung von Propagandakanälen. Von offensiven Maßnahmen wird in Kapitel 17 noch die Rede sein.

UKRAINISCHE LEKTIONEN

Von der Ukraine können wir sicher am meisten lernen. Kein anderes Land hat über einen so langen Zeitraum (seit mindestens 2014!) Erfahrungen mit dem russischen Informationskrieg gesammelt und Gegenstrategien entwickelt. Jakub Kalensky, stellvertretender Direktor des Europäischen Zentrums für die Bekämpfung hybrider Bedrohungen in Helsinki, hat in zahlreichen Interviews mit ukrainischen Akteuren die wichtigsten Schlussfolgerungen ermittelt, die die Ukraine aus den Angriffen gezogen hat:[185]

- Wichtig sind vor allem ein umfangreiches Monitoring des Informationsraums und eine rasche Richtigstellung von Fake News (sogenanntes »Debunking«). Dieses Vorgehen steht in starkem Gegensatz zu dem bisherigen Vorgehen der meisten europäischen Staaten. Mit wenigen Ausnahmen verfügen diese nicht nur über geringe Ressourcen für ein umfassendes Monitoring; sie gehen auch davon aus, dass ein »Debunking« nur selten funktioniert. Dagegen erfolgt das Monitoring in der Ukraine konstant und durch multiple Regierungsstellen und Nichtregierungsorganisationen. Eine Überlappung der Aktivitäten wird in Kyjiw nicht als Problem gesehen, sondern ist sogar gewollt, weil Analysen an Qualität gewinnen, wenn sie auf mehr als eine Quelle gestützt sind.

- Quantität zählt! Das gilt für das Monitoring ebenso wie für die Reaktionen. Je mehr Personen den Informationsraum unter die Lupe nehmen, desto geringer die Wahrscheinlichkeit, dass etwas Wesentliches unbemerkt bleibt.

- Schnelles Reagieren ist das Wichtigste. Den Luxus, in Ruhe die beste Reaktion abzuwägen, haben ukrainische Opfer von russischen Einflussoperationen nicht. Wenn jede banale Geschichte als Vorwand für weitere militärische Aktionen dienen kann, sind die Gefahren des Nichthandelns größer als das Risiko, eine Story aufzubauschen. Kyjiw reagiert deshalb – anders als Deutschland oder andere westliche Demokratien – auf fast alle russischen Narrative und macht damit insgesamt gute Erfahrungen.

- Eine aktive Zivilgesellschaft ist entscheidend. Der Beitrag der ukrainischen Zivilgesellschaft zur Verteidigungs- und Abwehrbereitschaft des Landes ist beeindruckend. Nach dem Abschuss der MH-17 über dem Donbass im Juli 2014 kamen wesentliche Hinweise auf die Täter aus der Mitte der Gesellschaft. Diese ist oft näher am Geschehen, flexibler und kreativer als die Regierung bei der Reaktion auf einen Angriff. Beide Seiten verfügen über komparative Vorteile – zusammen sind sie stärker.

– Aktive Gegenmaßnahmen sind entscheidend. 2014 blockierte die Ukraine die russischen Staatsmedien. 2017 sperrte sie den Zugang zu den russischen sozialen Netzwerken vKontakte und Odnoklassniki. 2021 verbot Präsident Selenskyj den Zugang zum gesamten russischen Informations-Ökosystem, einschließlich der sozialen Medien, die sich im Besitz russischer Oligarchen wie Viktor Medwedtschuk befinden. Wären die Einschränkungen der russischen Medien nicht frühzeitig und umfassend erfolgt, hätte es der ukrainische Widerstand zweifellos deutlich schwerer gehabt, wäre die ukrainische Bevölkerung nicht so einheitlich gegen die russische Invasion gewesen. Auch dies steht in starkem Gegensatz zu westlichen Reaktionen, die mit Ausnahme der EU-Sanktionen bis heute meistens äußerst vorsichtig und zurückhaltend ausfallen.

– Ein letzter Vorschlag kommt aus der Ukraine: Es braucht ein »Informations-Ramstein«. Ramstein ist ein US-amerikanischer Militärstützpunkt in Deutschland, an dem regelmäßige Treffen einer internationalen Koalition von Staaten zur militärischen Unterstützung der Ukraine stattfinden. Ein ähnliches Format, bestehend aus Regierungsvertretern, Journalisten, Zivilgesellschaft und dem Privatsektor williger Partnerländer, fordert die Ukraine auch für den Informationskrieg.

RELEVANZ FÜR DEUTSCHLAND

Die Erfahrungen anderer Länder sind nicht alle auf Deutschland übertragbar. Jedes Land hat seine spezifischen Traditionen. Der Umgang mit Meinungs- und Pressefreiheit ist stark von der Historie jedes Landes geprägt. Auch hängt die Wahrnehmung von Russland als direkte Gefahr von Geografie und Geschichte ab. Ein Land wie die Ukraine, das seit zehn Jahren von Russland militärisch angegriffen wird, musste weitgehendere und umfangreichere Mechanismen entwickeln als Deutschland, wo es nicht um Fragen von Leben und Tod geht. Trotz dieser unterschiedlichen Voraussetzungen sind viele Erfahrungen unserer Nachbarn von hoher Relevanz für Deutschland, das mit seiner Reaktion auf hybride Angriffe noch ganz am Anfang steht. Selbstverständlich bedeutet das nicht ein einfaches Übernehmen, sondern eine Prüfung der einzelnen Maßnahmen, inwieweit sie in Deutschland sinnvoll sein können.

Vergleicht man insbesondere die Modelle von Frankreich und Schweden, fallen neben organisatorischen Unterschieden doch wichtige Gemeinsamkeiten auf. Beide Länder setzen wesentlich umfangreichere Ressourcen ein als Deutschland. Beide legen Wert auf eigene, unabhängige Erhebungen und Analysen. Beide betonen die Bedeutung der Einhaltung demokratischer Grundwerte. Beide wägen ihre Reaktionen im Einzelfall ab, sind aber durchaus zu Gegenmaßnahmen bereit, die von der öffentlichen Zuschreibung der Verantwortung an Personen und Institutionen bis zur Deaktivierung von Informationskanälen reichen können. Neben der Ukraine sind vor allem diese beiden Länder uns deutlich voraus. Wir können viel von ihnen lernen.

KAPITEL 17: EMPFEHLUNGEN FÜR EINE WEHRHAFTE DEMOKRATIE

Falsehood flies, and truth comes limping after it.

Jonathan Swift

»Deutschland steht im Mittelpunkt russischer Einflussoperationen. Moskau versucht aktiv, auf verschiedenen Ebenen illegitim auf Politik, Wirtschaft und Gesellschaft einzuwirken. Der Instrumentenkasten Russlands reicht von massiver Spionage über Cyberangriffe und Desinformationskampagnen bis zur Beeinflussung von Wahlen. Deutschland muss sich deutlich robuster, resilienter und wehrhafter aufstellen. Es reicht nicht aus, die sogenannten hybriden Angriffe einzeln zu betrachten. Vielmehr muss die ganzheitliche Strategie dahinter erkannt werden. Die bisherigen Mittel der nachrichtendienstlichen Bearbeitung reichen nicht mehr aus.«[186]

Zu diesem drastischen Fazit gelangte das Parlamentarische Kontrollgremium des Deutschen Bundestags in einer seiner seltenen öffentlichen Stellungnahmen zu diesem Thema im März 2024. Die Autoren müssen es wissen – das Gremium kontrolliert alle deutschen Geheimdienste und hat folglich tiefe Einblicke in das Wirken fremder Mächte auf deutschem Boden. Der Schlussfolgerung des Gremiums schließen wir uns an. Allein, was wird getan, um sie in die Tat umzusetzen? Man muss leider sagen: viel zu wenig.

Um Putins kontinuierlichem und allumfassenden Angriff auf Deutschland zu begegnen, ist eine erhebliche Bandbreite von Maßnahmen nötig. Ein Allheilmittel gibt es nicht. Wie wir dargestellt haben, erfolgen die Attacken auf vielfältige Weise, sie sind menschen- oder maschinengemacht, teilweise wahr oder komplett falsch, kurz- oder langfristiger Natur. Ebenso vielfältig und divers müssen unsere Gegenmaßnahmen entwickelt werden. In jedem Einzelfall sollten wir abwägen, welches Mittel, welche Kombination von Antworten am erfolgversprechendsten ist, um einen bestimmten Angriff abzuwehren, ins Leere laufen zu lassen oder zu konterkarieren.

EMPFEHLUNGEN – MUT ZUR WEHRHAFTEN DEMOKRATIE

Wir sind überzeugt, dass unser Land zwei neue Ansätze braucht: einen breiten *Instrumentenkasten* defensiver und offensiver Maßnahmen, die die »Waffen« der Angreifer im Informationskrieg spiegeln. Und zweitens einen *Mechanismus*, der es uns ermöglicht, im Einzelfall die bestmöglichen Gegenmaßnahmen abzuwägen und zu ergreifen. Die wehrhafte Demokratie könnte dafür das Leitbild sein, das wir in neuem Kontext wiederbeleben sollten.

DIE BEDROHUNG BESSER VERSTEHEN

1) *Informationsmanipulation muss als eine vorrangige Frage nationaler Sicherheit behandelt werden.*

Russland greift den Kern unserer Demokratie an, umfassend und permanent. Es manipuliert unsere Meinungen, unsere

Debatten, unsere Wahlen. Wir dürfen diese massive Bedrohung nicht mehr wie einen Seitenaspekt behandeln, sondern müssen sie zu einer Priorität erklären.

2) Deutschland braucht einen holistischen, umfassenden Ansatz, der die hybride Kriegsführung Moskaus spiegelt.

Wir nehmen einzelne Elemente wahr – Lisas Lügengeschichte, Propaganda gegen ukrainische »Nazis«, das Hacken von Politiker-Accounts –, aber wir verstehen häufig nicht die Zusammenhänge, sehen nicht das ganze Bild. Wir müssen unser Kästchendenken überwinden und eine koordinierte Gesamtstrategie entwickeln.

3) Die Bundesregierung muss viel mehr Ressourcen für Aufklärung und Analyse einsetzen.

Die Regierung beschäftigt nur eine Handvoll Experten für dieses zentrale Thema, die außerdem auf verschiedene Ressorts aufgeteilt sind. Die Analysen des Auswärtigen Amts zum Doppelgänger-Netzwerk wurden von einem der ganz wenigen Regierungsexperten mit einschlägigem technischen Wissen entdeckt. Wie viel mehr wüssten wir, wenn die Regierung – wie andere Länder – 50 oder 100 solcher Fachleute beschäftigen würde? Weshalb haben wir Hunderttausende Soldaten, Zehntausende Cybersicherheitsexperten, aber nur eine Handvoll Fachleute für den Informationskrieg? Experten schätzen, dass der Kreml für den Informationskrieg ca. 4–6 Milliarden Dollar jährlich aufwendet[187] – was nicht einmal die Aufwendungen für RT und Sputnik, Troll-Fabriken und Geheimdienste berücksichtigt. Zum Vergleich: Die europäische StratCom hat ein jährliches Budget von zwölf Millionen Euro. Wir müssen unsere Ressourcen dringend aufstocken.

4) Die richtigen Formate müssen in den Mittelpunkt rücken.
Die meisten Faktenchecker untersuchen vor allem X. Der Grund dafür ist banal: weil diese mit Texten arbeiten, die relativ leicht massenweise untersucht werden können. Eine viel schwierigere technische Herausforderung ist die Analyse von Videos. Fake-Videos spielen jedoch heute eine zentrale Rolle, offenbar auch im Vorfeld der US-Wahlen 2024[188], vermutlich auch deshalb, weil sie schwerer zu verfolgen sind als Texte. TikTok wird aus diesem Grund vergleichsweise wenig untersucht, ist aber in Deutschland wie überall das präferierte Medium junger Menschen. Gerade für die Analyse von Videos braucht es daher genügend Experten.

Die Verbreitung von Desinformation und Propaganda erfolgt zudem immer häufiger in Gruppenchats auf Telegram. Generell tummeln sich auf Telegram alle möglichen Personengruppen, die sich gezielt einer staatlichen Kontrolle entziehen wollen. Für sie gilt: *Telegram is the place to be*. Hier braucht es ein hartes Vorgehen, um deutsches Recht durchzusetzen und die Plattform zu einer Instanz zu machen, die insgesamt weniger Schaden anrichtet.

5) Es fehlt an Spezialisten für künstliche Intelligenz.
Die Regierung muss möglichst rasch eine konsistente und professionelle Expertise für die Weiterentwicklung von KI aufbauen, gerade was Verständnis und Gegenmaßnahmen auf dem Gebiet von Propaganda und Desinformation angeht. Die Technologiefirmen müssen hier noch mehr in die Verantwortung genommen werden. Initiativen wie der »Munich AI Accord«, eine Vereinbarung von rund 20 großen Techfirmen am Rande der Münchner Sicherheitskonferenz 2024 zur

Bekämpfung von Misinformation in Wahlen, sind ein Start der freiwilligen Selbstverpflichtung. Hier braucht es weitere EU-Regelungen.

Die Erforschung und das Monitoring von Bots und der Amplifizierung von Posts durch Algorithmen sind nur möglich, wenn Wissenschaft und Politik auf die Daten der großen sozialen Netzwerke zugreifen können. Die mangelnde Kooperation der großen Firmen kann nicht länger hingenommen werden. Hier ist aber auch die Politik gefragt: Die bisher einzige wirklich tiefgreifende Untersuchung – der Mueller-Report nach den US-Wahlen 2016 – ist nur auf der Basis umfassender sozialer Mediendaten möglich gewesen, zu deren Bereitstellung die IT-Firmen in den USA durch politischen Druck gezwungen wurden. Regierungen müssen Firmen viel häufiger nötigen, Daten bereitzustellen.

BEWUSSTSEIN IN DER GESELLSCHAFT STÄRKEN

1) Regierung, Medien und Zivilgesellschaft müssen die Gesellschaft besser aufklären.

Länder wie die USA, Frankreich oder Schweden legen nicht weniger Wert auf Meinungsfreiheit und -vielfalt als wir, doch finden sie Wege, die Öffentlichkeit über die Informationsmanipulation durch fremde Mächte aufzuklären, ohne ihre eigenen demokratischen Werte zu verletzen. Auf ein fundiertes Verständnis der Zusammenhänge und Hintergründe kommt es entscheidend an, wenn es zum Beispiel um die Frage von Waffenlieferungen an die Ukraine oder generell die Haltung zu Krieg und Frieden geht. Eine bessere Aufklärung ist die Voraussetzung, um verloren gegangenes Vertrauen zurückzugewinnen.

2) *In der Schule, möglichst schon der Grundschule, sollte mit Medientraining begonnen werden, um ein wacheres Bewusstsein für sichere Quellen, den Umgang mit sozialen Netzwerken und kritisches Denken zu schaffen.*

Die Kampagnen aus Russland sind natürlich nicht das einzige Problem. Auch andere staatliche und nicht staatliche Akteure betreiben vorsätzlich Desinformation und Propaganda. Mit der zunehmenden Anwendung künstlicher Intelligenz wird es bald kaum noch möglich sein, synthetische und nicht manipulierte Inhalte ohne weitere Hilfsmittel voneinander zu unterscheiden. In anderen europäischen Ländern gibt es eindrucksvolle Praktiken für Medientraining in Schulen, von denen wir lernen können.

3) *Medienkompetenz muss auf allen gesellschaftlichen Ebenen und in allen Altersgruppen vermittelt werden.*

Neben dem Umgang mit sozialen Netzwerken und der Prüfung von Quellen gehört dazu auch ein zumindest rudimentäres Verständnis von den Anwendungsfeldern künstlicher Intelligenzen und deren Einfluss auf Individuen. Weitere wichtige Aspekte sind eine gezielte, spezielle Risikogruppen ansprechende Prävention und die Unterstützung und Ausbildung von Journalisten. Medienkompetenz ist ein Schlüsselthema für die politische Bildung. Die geplanten Budgetkürzungen in der politischen Bildung sind nicht nachvollziehbar, kommt es doch im Zeitalter der KI mehr denn je auf diesen Sektor an.

EINFALLSTORE SCHLIESSEN

1) Deutschland braucht eine bessere nationale Koordinierung. Gemeint ist eine Stelle, in der ein ständiger direkter Meinungsaustausch über Einflussoperationen fremder Mächte stattfindet und Gegenmaßnahmen abgestimmt werden. Nur auf diese Weise können wir es schaffen, eine Gesamtsicht zu entwickeln. Was uns schwach macht, ist bürokratisches Kästchendenken.

Das jüngste Vorhaben der Bundesregierung, eine Früherkennungseinheit unter der Leitung des Innenministeriums einzurichten, ist ein Schritt in die richtige Richtung, springt aber organisatorisch und im Personalansatz zu kurz. Wir sehen hier eine Analogie zum internationalen Terrorismus. Nach den Anschlägen von 9/11 gab es in Deutschland keine enge Zusammenarbeit zwischen Polizei und Geheimdiensten auf dem Gebiet der Terrorabwehr. Diese ist mit dem grundgesetzlichen Trennungsgebot stark eingeschränkt, unsere Verfassungsväter wollten nach den Erfahrungen der Nazidiktatur eine Rückkehr zu einer übergroßen Machtfülle der Sicherheitsorgane verhindern. Dieser Zustand war angesichts der tödlichen Bedrohung durch internationale Terroristen nicht mehr haltbar. Diese Einsicht führte zur Gründung des »Gemeinsamen Terrorabwehrzentrums« (GTAZ), in dem die zuständigen Bundes- und Landesbehörden seit nunmehr 20 Jahren eng zusammenarbeiten und manchen Terroranschlag vereitelt haben. Einen vergleichbaren organisatorischen Quantensprung brauchen wir heute im Informationsbereich.

2) Austausch und Koordinierung müssen Zivilgesellschaft, Medien und Unternehmen einbeziehen.

Die Stanford-Forscherin Renée DiResta hat ein Modell entwickelt[189], in dem zivilgesellschaftliche Gruppen, IT-Unternehmen, Regierung und Medien eng zusammenarbeiten. Wenn Experten eine Desinformation erkennen, können diese den Betreiber der digitalen Plattform oder die Regierung direkt informieren, die dann ihrerseits rasch eine Zurückweisung, ein Label oder eine Korrektur prüfen können. Punktuell gibt es bei uns solche Kontakte, aber sie müssten deutlich mehr systematisiert werden. Wichtig wäre auch eine Ansprache der Zivilgesellschaft, eine Anlaufstelle, an die Bürgerinnen und Bürger sich wenden können. Gerade die Erfahrungen in der Ukraine zeigen, welche unverzichtbare Rolle die Zivilgesellschaft spielen kann, indem sie konkrete Beobachtungen teilt und allgemein das Bewusstsein für den Informationskrieg schärft.

3) Die IT-Infrastruktur muss besser geschützt werden.

Die Cyberangriffe auf die SPD-Parteizentrale 2023, die inzwischen dem russischen Militärgeheimdienst GRU zugeschrieben werden, haben einmal mehr gezeigt, wie russische Hacker Sicherheitslücken ausnutzen. Ein Dachgesetz, das den Schutz kritischer Infrastrukturen einheitlich angeht, also IT-Sicherheit und physischen Schutz zusammendenkt und klare Verantwortlichkeiten schafft, wäre ein wichtiger Schritt zu mehr Sicherheit.[190] Politik und Öffentlichkeit müssen begreifen, dass ein Hackerangriff auf kritische IT-Infrastruktur genauso gefährlich sein kann wie ein physischer Angriff auf einen Bahnhof oder ein Kraftwerk.

4) Auch andere kritische Infrastruktur – Straßen, Schienen, Kraftwerke, Wasserversorgung – gilt es besser zu schützen.

Vor wenigen Monaten haben Experten festgestellt, dass der russische GRU Cyberangriffe gegen Wasserwerke in den USA, Frankreich und Polen durchgeführt hat.[191] Bereits zehn Jahre zuvor wurden in der Ukraine Cybermanipulationen gegen Atomkraftwerke registriert. Solche Angriffe können das Leben von Zehntausenden gefährden. Zu befürchten ist, dass uns erst ein massiver Anschlag aus dem Dornröschenschlaf reißen wird – ähnlich wie es beim internationalen Terrorismus war. Es ist unabdingbar, eine systematische Analyse unserer Vulnerabilitäten zu entwickeln, bestehende Lücken zu schließen und auch hierfür mehr Ressourcen bereitzustellen.

5) KI-getriebene Faktenchecker-Programme können der unkontrollierten Verbreitung von Falschinformationen entgegenwirken.

Falschinformationen können so vor einer Veröffentlichung gesperrt werden. Bis dahin müssen die Mechanismen, die Desinformation im digitalen Raum verstärken, beschränkt werden. Sinnvoll ist beispielsweise, die Funktion des Share-Buttons zu reglementieren. Bei propagandistischen Inhalten kann so die unkontrollierte Verbreitung durch Individuen begrenzt werden. Noch detailliertere Maßnahmen, um insbesondere demokratische Wahlen vor einer Manipulation mittels KI-generierter Falschinformationen zu schützen, finden sich im Essay »The AI Election Year« von Katja Muñoz.[192]

6) Notwendig sind verpflichtende Identitätsstrukturen für soziale Netzwerke.

Auf allen sozialen Plattformen werden, wie in Kapitel 14 ausgeführt, Bots zu einem immer größeren Problem, weil diese durch KI zunehmend schwerer zu entdecken sind. Bei der Anmeldung lediglich einen Haken bei »Ich bin kein Roboter« zu setzen, ist nicht ausreichend. Es sollte hier staatlich reguliert werden, wie Personen, die sich bei sozialen Netzwerken anmelden, nachweisen müssen, dass sie Menschen sind.

GEGENMASSNAHMEN ERGREIFEN

1) Mehr politischer Mut zu Gegenmaßnahmen!
Bedenkenträgerei ist eine unserer größten Schwachstellen. Die deutsche Zurückhaltung führt dazu, dass der russische Informationskrieg für Moskau praktisch mit keinerlei Kosten – weder politischer noch sonstiger Art – verbunden ist. Dies muss sich dringend ändern. Gegenmaßnahmen können gleichzeitig defensiv und offensiv sein. Wie beim Fußball kann eine Mannschaft nur gewinnen, wenn sie auf beiden Ebenen gut aufgestellt ist.

2) Eine selbstbewusste, klare politische Stellungnahme kann große Wirkung entfalten.
Ein eindrucksvolles Beispiel dafür bot am 24. Februar 2024 im Sicherheitsrat der Vereinten Nationen die Replik des polnischen Außenministers Radoslaw Sikorski auf eine Stellungnahme des russischen Botschafters Nebensja zum Ukraine-Krieg. Vor der Weltöffentlichkeit und in ganzen vier Minuten filetierte Sikorski mit feinem diplomatischem Florett die russische Staatspropaganda zur Ukraine Punkt für Punkt. Sikorskis Auftritt ging viral um die Welt und war ein klarer Punktsieg für Polen und den Westen.

Der Fall zeigt: Der demokratische Staat verfügt sehr wohl über Mittel und Wege, auf Lügen und Halbwahrheiten proaktiv zu reagieren, auch wenn diese nicht gesetzlich verboten sind. Eine zu große Zurückhaltung mauert uns in eine Defensive ein, die von Moskau rücksichtslos ausgenutzt wird.

3) Eine klare öffentliche Benennung der Verantwortlichen (»Attribution«) kann abschrecken.

Andere Länder – Frankreich, Schweden, die USA oder Großbritannien – haben hier geringere Skrupel als Deutschland. Oftmals weisen Minister und sogar Regierungschefs öffentlich auf die (russischen) Urheber von Desinformationskampagnen hin. Aggressives Verhalten muss politische Kosten verursachen.

4) Sanktionen müssen ausgeweitet und konsequenter umgesetzt werden.

Deutschland sollte zum Beispiel die Videoagentur Ruptly und das Russische Haus in Berlin ebenso sanktionieren wie deren Dachorganisationen RT DE und Rossotrudnitschestwo. Wichtig wäre auch, die Zahlungsströme aus Russland intensiver zu verfolgen und die Finanzquellen abzuschneiden. Auch die vielen kommerziellen Anbieter im Bereich Desinformation – bekannt geworden durch Cambridge Analytica oder Team Jorge[193] – müssen endlich stärker ins Visier genommen werden. Von russischem Gegendruck – Moskau hatte im Juni 2024 als Reaktion auf EU-Sanktionen den Zugang zu insgesamt 81 Medien aus 25 EU-Ländern gesperrt, darunter *Spiegel*, *Zeit* und FAZ – sollten wir uns nicht einschüchtern lassen.

5) Lügen und Halbwahrheiten sollten öffentlich richtiggestellt werden.

Wie dargelegt kann die Entscheidung im Einzelfall schwierig sein, ob sich eine Richtigstellung empfiehlt, welches das probate Mittel ist und wer es einsetzt. Je nach Dynamik der Verbreitung einer Nachricht kann es besser sein, nichts zu tun als zu handeln. Man muss aufpassen, dass man nicht selbst eine Desinformation verbreitet und dadurch größer macht. Manchmal ist der Eindruck stärker, wenn ein Minister sich mit der Autorität seines Amtes äußert, manchmal ist ein populärer Blogger oder Influencer effektiver. Oft ist es besser, auf Gefühle zu setzen oder auf Humor anstatt auf eine trockene Richtigstellung von Fakten, die zwar zutrifft, aber langweilig ist oder die Menschen in einer anderen Informationsblase schlicht nicht erreicht. Die Ukraine setzt deshalb Medienstars, Stand-up-Comedians und Gaming-Communitys ein. Um Vertrauen aufzubauen, ist es oft wichtiger, eine soziale oder emotionale Verbindung aufzubauen, als jemanden rational überzeugen zu wollen.

Erfahrungen in der Ukraine, bei den französischen Präsidentschaftswahlen oder im Fall Lisa zeigen eines: Entschließt man sich zu einem »Debunking«, dann muss es ganz schnell gehen. Verbreitet sich ein Narrativ zehn- oder hunderttausendfach, so ist die Schlacht rasch verloren. Irgendetwas bleibt immer hängen. Schnell sein kann im Zweifelsfall bedeuten, Mut zur Lücke zu haben. Denn oft gibt es nicht die Zeit, in Gründlichkeit abzuwägen, ob nicht eine noch bessere Variante existiert. In einem heißen Krieg ist das jedem klar. Für die Ukrainer ist der Faktor Zeit immer existenziell, denn ein erfolgreiches russisches Narrativ kann viele Menschenleben kosten. Im

Nebel des hybriden Kriegs wie der gegen den Westen ist dies weniger eindeutig; es ist deshalb klug, die richtigen Maßnahmen im Einzelfall abzuwägen.

6) Manchmal empfiehlt sich ein »Prebunking«, also eine Richtigstellung noch vor einem Ereignis.

Diesen Weg, der auch »Inokulation« genannt wird, wählten die angelsächsischen Geheimdienste, als sie vor der Ukraine-Invasion konkrete Anschlagsplanungen öffentlich machten und damit tatsächlich vereiteln konnten. Das »Global Engagement Center« des US-Außenministerium spezialisiert sich heute auf diesem Weg, also den Versuch, gestützt auf Hinweise der Nachrichtendienste, beginnende Propagandakampagnen so früh wie möglich zu erkennen und sie im Keim zu ersticken.

7) Medienkanäle brauchen Desinformations-Redakteure.

Viele Zeitungen beschäftigen Ombudsleute, die die Berichterstattung oder die Auswahl von Meinungsbeiträgen hinterfragen und Kontroversen ansprechen, die diese mit sich bringen könnten. Propaganda- oder Desinformations-Redakteure würden analog zu den Ombudsleuten die zu druckenden Artikel nach Propaganda und Desinformation absuchen, die Autoren bewusst oder unabsichtlich in ihren Artikeln reproduzieren.[194]

8) Offensive Maßnahmen dürfen nicht tabu sein.

Im Falle besonders aggressiver Angriffe mag es geboten sein, Individuen, Troll-Fabriken, Websites (die manipulativ vorgehen und oftmals mit russischen Geheimdiensten verbunden sind) oder Medienunternehmen per Cyberangriff zu blockieren. Es sollte auch möglich sein, Akteuren, die eindeutig als Agenten des Kremls unterwegs sind, den Zugang zu Talkshows, Pressekonferenzen oder sozialen Medien zu verwehren. Offensive Mittel können eskalieren, sie können aber auch schnell und effektiv sein und sollten deshalb auch für Deutschland in Erwägung gezogen werden. Denn sie signalisieren dem Aggressor, dass sein Vorgehen einen Preis hat.

INTERNATIONALE KOOPERATION

1) Auch international müssen Informationslücken geschlossen und der Informationsaustausch ausgeweitet werden.

Gute Ansätze sind die 2024 neu geschaffene Entwicklung eines Frühwarn- und Reaktionssystems zwischen Deutschland, Frankreich und Polen sowie der Austausch von Daten im Rahmen der Europäischen Union. An sie gilt es anzuknüpfen.

2) Social-Media-Plattformen müssen stärker reguliert werden.

Dies ist allerdings ein besonders dickes Brett. Social-Media-Plattformen entziehen sich bisher weitgehend der staatlichen Kontrolle, weil sie grundsätzlich ökonomische Anreize höher priorisieren als die Verbreitung authentischer Inhalte.

Mit dem Gesetz über digitale Dienste (»Digital Services Act«) und dem Gesetz über künstliche Intelligenz (»Artificial Intelligence Act«) verfügt die EU über zwei neue Gesetze mit weitreichenden Regelungen zur Verantwortlichkeit von Vermittlungsplattformen einschließlich Transparenzregelungen, Berichtspflichten, Beschwerde- und Meldesystemen sowie Streitschlichtungsmöglichkeiten. Im Frühjahr hat die Europäische Kommission die US-Firma Meta aufgefordert, das russische Desinformationsnetzwerk »Doppelgänger« vom

Netz zu nehmen und die Systeme so zu gestalten, dass Doppelgänger (und ähnliche Akteure) keine neuen Accounts registrieren können.[195] Ein ermutigender Schritt, dem weitere folgen sollten.

Den Plattformen muss auferlegt werden, ethisch fundierte Algorithmen zu verwenden, die der gegenwärtigen rein kommerziellen Logik entgegenwirken. Grundlegend zeigen ethisch korrekte Algorithmen Usern ein inhaltliches Meinungsspektrum an, um so die digitale Welt der echten Welt anzunähern. Die Bertelsmann Stiftung hat innerhalb des »Upgrade-Democracy«-Projekts für eine Neuausrichtung von Algorithmen detaillierte Handlungsmöglichkeiten ausformuliert.[196] Solche Vorschläge aus der Zivilgesellschaft sollten von staatlicher Seite durchgesetzt werden.

Die Gesetze, die im Kontext von KI schon beschlossen worden sind, müssen durchgesetzt werden. Die im »EU AI Act« enthaltene Kennzeichnungspflicht von KI-generierten Inhalten ist nur dann ein wirkungsvolles Mittel, wenn sie auch konsequent befolgt wird.[197] Ähnlich verhält es sich mit dem »Digital Services Act« (DSA), der seit Februar 2024 theoretisch voll anwendbar ist.[198] Das EU-Gesetz soll die großen Social-Media-Unternehmen zur Verantwortung ziehen, wenn diese illegale Aktivitäten auf deren Plattformen nicht unterbinden. Ohne konsequente Durchsetzung bleiben die Maßnahmen Schall und Rauch.

3) Transparency International für Desinformation

Peter Pomerantsev und Michael Weiss haben vorgeschlagen[199], eine transnationale Nichtregierungsorganisation zur weltweiten Beobachtung von Desinformationskampagnen zu gründen. Nach dem Vorbild von Freedom House (zum Schutz der Demokratie) oder Transparency International (gegen Korruption) könnte die neue NGO einen Index für alle Staaten erstellen, aus dem hervorgeht, wie groß jeweils die Gefahr von Desinformation ist. Journalisten und Experten könnten Definitionen zum besseren Umgang mit Desinformation und Propaganda, ein Ratingsystem und eine Charta für gutes Verhalten im Informationsraum erarbeiten. Diese Idee adressiert das bisherige vollständige Fehlen von Messlatten (»benchmarks«) zur Beurteilung von Desinformation. Benchmarks würden helfen, die Verschleierungstaktiken fremder Mächte und Krimineller aufzudecken und den Unterschied zwischen freien und staatlichen Medien deutlich zu machen. Sie könnten überdies dazu beitragen, verloren gegangenes Vertrauen in traditionelle Medien wieder zu fördern. Diese Initiative verdient deshalb Unterstützung.

WELCHE GEGENMASSNAHMEN WIRKEN?

Die Frage des Impacts stellt sich auch bei den Gegenmaßnahmen. Was wirkt denn wirklich? In einer 2023 veröffentlichten Studie untersuchte das »International Panel on the Information Environment« (IPIE) elf Kategorien von Gegenmaßnahmen.[200] Untersucht wurden unter anderem Blockieren oder Labeln von Usern oder Posts auf digitalen Plattformen, Bildungsmaßnahmen zur Förderung von Medienkompetenz, Debunking und Prebunking von Fake News, stärkere Verifizierungsverpflichtungen auf digitalen Plattformen oder die Unterstützung von Faktenchecker-Organisationen.

Die größte kurz- und mittelfristige Wirkung hatten das Labeln von Inhalten, also der Hinweis auf eine nicht vertrauenswürdige Quelle, sowie De- und Prebunking. Diese Maßnahmen sollten also auf jeden Fall umfangreich genutzt werden, was voraussetzt, dass die Plattformen entsprechende Möglichkeiten schaffen und bei der Umsetzung mitwirken.

ZUM SCHLUSS

Die Prinzipien der Meinungsfreiheit und -vielfalt einzuhalten, ist für Demokraten unverzichtbar. Unsere demokratischen Grundwerte zu unterminieren, ist Russlands Ziel, und wir dürfen schon deshalb auf keinen Fall in diese Falle treten. An dieser Stelle ist zurückhaltende Vorsicht aufseiten der Regierenden klug und geboten. Es macht deshalb Sinn, wenn sich Regierungen weiter vor allem auf die *Mechanismen* anstatt auf die konkreten Inhalte konzentrieren. Es macht Sinn, öffentliche Stellungnahmen nicht nur zivilgesellschaftlichen Akteuren zu überlassen. Und es ist auch sinnvoll, Inhalte nur dann zum Thema zu machen, wenn sie gesetzlich verboten sind. Aber wir haben dargestellt, dass es auch mit diesen Einschränkungen eine Vielzahl von effektiven Maßnahmen gibt, die es zu nutzen gilt, um unseren Informationsraum vor dem Kreml zu schützen.

ANHANG

DANKSAGUNG

Wir hätten dieses Buch niemals schreiben können ohne die Hilfe zahlreicher Experten, Kollegen und Freunde, mit denen wir uns monatelang über die vielen Facetten unseres Themas intensiv ausgetauscht haben. Für fachliche Expertise und kluge Kommentare und Anregungen bedanken wir uns bei Knut Abraham, Catherine Belton, Vojtek Berger, Irina Borogan, Marc-Antoine Brillant, Rüdiger von Fritsch, Sam Greene, Jakob Guhl, Lutz Güllner, Dominika Hajdu, Conrad Häßler, Fiona Hill, Uschi Jonas, Jakub Kalensky, Swantje Kortemeyer, Pia Lamberty, Ann-Katrin Müller, Katja Muñoz, Christoph Nehring, Peter Ptassek, Nicolas Ott, Paula Redondo, Marcel Rosenbach, Philipp Sälhoff, Anton Schechovzow, Irina Scherbakowa, Hannah Schimmele, Christoph Schult, Linus Siebert, Jens Siegert, Julia Smirnowa, Andrej Soldatow, Mikael Tofvesson, Kai Unzicker, Markus Wehner und Huberta von Voss-Wittig.

Großer Dank geht an unseren Lektor Ulrich Wank, der uns mit seiner langen Erfahrung und vielen einfühlsamen Ratschlägen sehr geholfen hat. Wir danken dem Verlagsleiter Jürgen Diessl für kluge Ratschläge und seine konstruktive wie schnelle Hilfe in allen Problemlagen. Für die ursprüngliche Idee und Ermutigung, dieses Buch zu schreiben, danken wir Lutz Meyer.

Besonders wertvoll war die umfassende kritische Durchsicht des Manuskripts durch Barbara von Ow-Freytag, Rüdiger von Fritsch, Julia Smirnowa und Katja Muñoz.

ABBILDUNGSVERZEICHNIS

Im Bucheinband: – *Russia's Propaganda & Disinformation Ecosystem*, vom Digital Threat Analysis Center (DTAC), Stand Februar 2022

Seite 91 – Alina Lipps Telegram Kanal mit 186.889 Abonnenten, Stand 8. Juli 2024

Seite 111 – Michael Jackson *Before You Vote Listen…* Durch den Kreml verbreitetes Meme im Vorfeld der US-Präsidentschaftswahl 2016

Seite 123 – Gefälschter Tweet der Bundesaußenministerin Annalena Baerbock

Seite 163 – Telegramkanal von Russländer & Friends mit 78.591 Abonnenten, abgerufen am 28.4.2024

Seite 170 – Telegramkanal von Michael Wendler, abgerufen am 20.1.2024

Seite 273 – Repräsentative Umfrage *Die Ukraine hat historisch keinen eigenen Gebietsanspruch und ist eigentlich ein Teil Russlands*, CEMAS

ANMERKUNGEN

1 Mendras, Marie: *La Guerre permanente: L'Ultime stratégie du Kremlin*, Paris 2024.

2 Thumann, Michael: *Revanche*, München 2023.

3 Giles, Keir: *Russia's war on Everybody*, London 2022.

4 Bingener, Reinhard und Markus Wehner: *Die Moskau-Connection*, Berlin 2023, S. 112.

5 Belton, Catherine: *Putin's People*, New York 2020.

6 Atai, Golineh: *Die Wahrheit ist der Feind. Warum Russland so anders ist*, Berlin 2019.

7 »Vladimir Putin has been fighting not just Ukraine, but his own people«, in: *The Economist*, 02.02.2024.

8 Gudkov, Lev: »Der ›Führer der Nation‹. Putin und das Kollektivbewusstsein in Russland«, in: *Osteuropa* 5–6 (2023), S. 23–71.

9 Giles, Keir: *Russia's war on everybody*, London 2022.

10 Fritsch, Rüdiger von: *Russlands Weg*, Berlin 2021.

11 »Putin: Russia Would Not Object to Ukraine Joining EU«, *Voice of America*, 31. Oktober 2009, https://www.voanews.com/a/a-13-2004-12-10-voa48/308427.html.

12 Putin, Wladimir: »On the Historical Unity of Russians and Ukrainians«, in: *Foreign Policy*, 12.07.2021.

13 Schmidt, Friedrich: »›Das Böse reproduziert sich‹. Interview mit Lew Gudkow«, in: FAZ, 05.10.2023.

14 Fritsch, Rüdiger von: *Russlands Weg*, Berlin 2020.

15 Sager, Peter: *Desinformation in den Medien: Beitrag zur Begriffserklärung mit besonderer Berücksichtigung der Monopolmedien*. SOI-Sonderdruck. Schweizerisches Ost-Institut, 1981.

16 Rid, Thomas: *Active Measures. The Secret History of Disinformation and Political Warfare*, New York 2020.

17 Schultz, Richard H. und Roy Godson: »Dezinformatsia: Active Measures in Soviet Strategy«, in: *American Political Science Review* 78 (1984), H.4, S.1211.

18 Nehring, Christopher und Douglas Selvage: *Die AIDS-Verschwörung. Das Ministerium für Staatssicherheit und die AIDS-Desinformationskampagne des KGB*, Berlin 2014.

19 Wehner, Markus: »Die Friedensbewegung ließ sich von Moskau instrumentalisieren«, in: FAZ, 07.04.2023.

20 Rid, Thomas: Active Measures. *The Secret History of Disinformation and Political Warfare,* New York 2020.

21 Ebd.

22 DiResta, Renée: »Computational propaganda: If you make it trend, you make it true«, in: *The Yale Review* 106 (2018), H.4, S.12–29.

23 Barlow, John Perry: »A Declaration of the Independence of Cyberspace«, https://www.eff.org/de/cyberspace-independence.

24 DiResta, Renée: »Computational propaganda: If you make it trend, you make it true«, in: *The Yale Review* 106 (2018), H.4, S.12–29.

25 Ebd.

26 Vosoughi, Soroush, Deb Roy und Sinan Aral: »The Spread of True and False News Online«, in: *Science* 359 (2018), S.1146–1151.

27 DiResta, Renée: »Computational propaganda: If you make it trend, you make it true«, in: *The Yale Review* 106 (2018), H.4, S.12–29.

28 DiResta, Renée: »How Online Mobs Act Like Flocks Of Birds«, in: *Noema Mag*, 03.11.2022, https://www.noemamag.com/how-online-mobs-act-like-flocks-of-birds/.

29 »Die sozialen Medien machen uns wütender, offenbart eine Studie«, in: CORDIS, European Commission, https://cordis.europa.eu/article/id/430608-trending-science-social-media-making-us-angrier-study-reveals/de.

30 Guhl, Jakob: »Impaired Vision: How Social Media Consumption Correlates with Views on Ukraine, Human Rights and Democracy in Ger-

many«, in: ISD, https://www.isdglobal.org/digital_dispatches/impaired-vision-how-social-media-consumption-correlates-with-views-on-ukraine-human-rights-and-democracy-in-germany/.

31 Habermas, Jürgen: *Ein neuer Strukturwandel der Öffentlichkeit und die deliberative Politik*, Berlin 2022.

32 Han, Byung-Chul: *Die Krise der Narration*, Berlin 2023.

33 Putin, Wladimir: »On the Historical Unity of Russians and Ukrainians«, in: *Foreign Policy*, 12.07.2021.

34 Schmidt, Friedrich: »Medwedjew droht den Deutschen mit dem Tod«, in: FAZ, 04.03.2024.

35 Belton, Catherine: »Kremlin disinfo chips at Ukraine«, in: *Washington Post*, 18.02.2024.

36 »The Kremlin's efforts to covertly spread disinformation in Latin America«, Media Note, US Department of State, 07.11.2023, https://www.state.gov/the-kremlins-efforts-to-covertly-spread-disinformation-in-latin-america/.

37 Glicker, Max und Clint Watts: »Russia's Propaganda and Disinformation Ecosystem – 2022 Update and New Disclosures«, Microsoft Threat Analysis Centre, 15.02.2022, https://miburo.substack.com/p/russias-propaganda-and-disinformation.

38 Thumann, Michael: *Revanche*, München 2023.

39 »Ich werde nicht so tun, als wäre ich objektiv«. Interview mit Margarita Simonjan, in: *lenta.ru*, 07.03.2013, https://lenta.ru/articles/2013/03/07/simonyan/.

40 Simonjan, Margarita. »Keinerlei Objektivität«, in: *Kommersant*, 7.4.2012

41 Garmaschapowa, Alexandra: »Wo die Trolle leben«, in: *Nowaja Gaseta*, 09.09.2013.

42 Aro, Jessikka: *Putins Armee der Trolle*, München 2019.

43 Buschek, Christo u.a.: »Wie Russland seine Trollarmeen bastelt und dirgieren will«, in: *Der Standard*, 03.04.2023, https://www.derstandard.

de/consent/tcf/story/2000145000740/wie-russland-seine-trollarmeen-bastelt-und-dirigieren-will.

44 Schmid, Fabian und Andreas Proschofsky: »Die zehn wichtigsten Erkenntnisse aus den geheimen Vulkan-Files«, in: *Der Standard*, 31.03.2023, https://www.derstandard.de/story/2000145044048/die-zehn-wichtigsten-erkenntnisse-aus-den-geheimen-vulkan-files.

45 Soldatov, Andrei und Irigina Borgan: »Russian Cyberwarfare: Unpacking the Kremlin's Capabilities«, CEPA, 08.09.2022, https://cepa.org/comprehensive-reports/russian-cyberwarfare-unpacking-the-kremlins-capabilities/.

46 Greenberg, Andy: »Hackers linked to Russia's Military claim credit for sabotaging US water utilities«, in: *Wired*, 17.04.2024, https://www.wired.com/story/cyber-army-of-russia-reborn-sandworm-us-cyberattacks/.

47 Aro, Jessikka: *Putins Armee der Trolle*, München 2019.

48 »›Eine Waffe im Informationskrieg‹. Demokratiefeindliche Narrative in Russlands Angriffskrieg gegen die Ukraine«, Amadeu Antonio Stiftung, Berlin 2022.

49 Paul, Christopher und Miriam Matthews: »The Russian ›Firehose of Falsehood‹ Propaganda Model: Why It Might Work and Options to Counter It«, RAND, 11.07.2016, https://www.rand.org/pubs/perspectives/PE198.html.

50 SSCI Report, https://www.intelligence.senate.gov/sites/default/files/documents/report_volume5.pdf.

51 DiResta, Renee, Kris Shaffer, Becky Ruppel, David Sullivan, Robert Matney, Ryan Fox, Jonathan Albright, and Ben Johnson. »The tactics & tropes of the Internet Research Agency.« (2019). Seite 91, https://digitalcommons.unl.edu/senatedocs/2/?ref=reneediresta.com.

52 »Disinformation and ›fake news‹: Interim Report – Digital, Culture, Media and Sport Committee, House of Commons«, https://publications.parliament.uk/pa/cm201719/cmselect/cmcumeds/363/36302.htm.

53 Rosenbach, Marcel und Christoph Schult: »Baerbocks Digitaldetektive decken russische Lügenkampagne auf«, in: *Der Spiegel*, 26.01.2024. https://www.spiegel.de/politik/deutschland/desinformation-ausrussland-auswaertiges-amt-deckt-pro-russische-kampagne-auf-a-765bb30e-8f76-4606-b7ab-8fb9287a6948, 26. Januar 2024.

54 »Russische Propaganda: EU-Kommissarin warnt vor Einfluss Moskaus auf deutsche Politik«, Der Spiegel, 14. Mai 2023, Abschn. Politik, https://www.spiegel.de/politik/deutschland/desinformation-eu-kommissarin-warnt-vor-einfluss-moskaus-auf-deutsche-politik-a-f8cb150a-96ba-4a65-9ba3-be38022809fd.

55 Rosenbach, Marcel und Christoph Schult: »Baerbocks Digitaldetektive decken russische Lügenkampagne auf«, in: *Der Spiegel*, 26.01.2024.

56 Jahresbericht des Bundesamts für Verfassungsschutz von 2022.

57 Lamberty, Pia und Katharina Nocun: *Gefährlicher Glaube. Die radikale Gedankenwelt der Esoterik*, Köln 2024.

58 Umland, Andreas: »Historische Esoterik als Erkenntnismethode. Wie russische Pseudo-Wissenschaftler zu Moskaus antiwestlicher Wende beigetragen haben, in: *SIRIUS* 7 (2023), H.1, S.3–10, https://doi.org/10.1515/sirius-2023-1003.

59 Seliger, Marco: »Als er gefragt wird, ob er Geld aus Russland bezogen habe, antwortet Hubert Seipel ›Geht's noch?‹«, in: *Neue Zürcher Zeitung*, 15. 11. 2023.

60 Davies, Franziska: »Russland, die Ukraine und Frau Krone-Schmalz, in: *Osteuropa*, 30.11.2022, https://zeitschrift-osteuropa.de/blog/desinformation/.

61 »Platzeck: Krim-Annexion nachträglich legalisieren«, in: FAZ, 18.11.2014.

62 Kreutzmann, Susann: »Vertuschen und Tricksen: Wie eine ›Klimastiftung‹ US-Sanktionen gegen Nord Stream 2 trotzen sollte«, in: *Neue Zürcher Zeitung*, 04.04.2023.

63 Havlicek, Sasha u.a.: »›Make Germany Great Again‹ – Kremlin, Alt-

Right and International Influences in the 2017 German Elections«, Institute for Strategic Dialogue, London 2017.

64 Leyendecker, Hans und Georg Mascolo: »Lauter Alarm, leise Entwarnung«, in: *Süddeutsche Zeitung*, 29.08.2017, https://www. sueddeutsche.de/wirtschaft/hacking-angriff-lauter-alarm-leise-entwarnung-1.3644808.

65 Smirnova, Julia u.a.: »Digitale Gewalt und Desinformation gegen Spitzenkandidat:innen vor der Bundestagswahl 2021«, Institute for Strategic Dialogue, 16.9.2021.

66 »Doppelganger Strikes Back: Unveiling FIMI Activities Targeting European Parliament Elections«, EUvsDisinfo, 19.06.2024, https://euvsdisinfo.eu/doppelganger-strikes-back-unveiling-fimi-activities-targeting-european-parliament-elections/.

67 Schinkels, Pauline: »Russische Desinformation: Wie uns Russland in die Netzwerke funkt«, in: *Zeit Online*, 29.05.2024, https://www.zeit.de/digital/internet/2024-05/russische-desinformation-fake-news-superwahljahr-manipulation.

68 »AfD und Sahra Wagenknecht: Russische Trollarmeen unterstützen auf Social Media«. Der Spiegel. 27.7.2024.

69 Klimeniuk, Nikolai: »Propaganda in bester Lage«, in: *Frankfurter Allgemeine Sonntagszeitung*, 14.04.2024.

70 »›Eine Waffe im Informationskrieg‹. Demokratiefeindliche Narrative in Russlands Angriffskrieg gegen die Ukraine«, Amadeu Antonio Stiftung, Berlin 2022.

71 »YouTube sperrt Ken Jebsens Kanal endgültig«, in: *Der Spiegel*, 22.1.2021 https://www.spiegel.de/netzwelt/web/ken-jebsen-youtube-sperrt-seinen-kanal-endgueltig-a-60015044-6e11-45cd-bfb4-0d9e459a605f.

72 Ebd.

73 Lamberty, Pia: »Jahrestag des russischen Angriffskriegs auf die Ukraine: Glaube an Propaganda- und Verschwörungserzählungen«, CeMAS, 22.02.2024, https://cemas.io/blog/prorussische-verschwoerungserzaehlungen/.

74 Jones, Sam: »Wirecard fugitive helped run Russian spy operations across Europe«, in: *Financial Times*, 05.04.2024, https://www.ft.com/content/c3b50060-aa53-40fd-a698-579e8e1ae67d.

75 Katie Bo, Lillis Pleitgen, Natasha Bertrand, Frederik Pleitgen »Exclusive: US and Germany Foiled Russian Plot to Assassinate CEO of Arms Manufacturer Sending Weapons to Ukraine | CNN Politics«, CNN, 11. Juli 2024, https://www.cnn.com/2024/07/11/politics/us-germany-foiled-russian-assassination-plot/index.html.

76 Jones, Sam u.a.: »Russia plotting sabotage across Europe, intelligence agencies warn«, in: *Financial Times*, 05.05.2024, https://www.ft.com/content/c88509f9-c9bd-46f4-8a5c-9b2bdd3c3dd3.

77 Pancevski, Bojan: »Russian Saboteurs Blamed for Arson«, in: *Wall Street Journal*, 24.06.2024.

78 Diehl, Jörg: »Kölner Silvesternacht: Ernüchternde Bilanz der Justiz«, in: *Der Spiegel*, 11.03.2019, https://www.spiegel.de/panorama/justiz/koelner-silvesternacht-ernuechternde-bilanz-der-justiz-a-1257182.html.

79 »Database«, EUvsDisinfo, https://euvsdisinfo.eu/disinformation-cases/?text=cologne&_=1711645257978.

80 Schaubert, Medina: »Der ›Fall Lisa‹. Entwicklungen in Berlin Hellersdorf-Marzahn«, in: *bpb.de*, 09.10.2018, https://www.bpb.de/themen/migration-integration/russlanddeutsche/271945/der-fall-lisa/.

81 Freytag, Peter: »Vereint im Propagandakrieg«, in: *Kontext*, 03.02.2016, https://www.kontextwochenzeitung.de/medien/253/vereint-im-propagandakrieg-3416.html.

82 Panagiotidis, Jannis: »Postsowjetische Migranten in Deutschland. Perspektiven auf eine heterogene ›Diaspora‹«, in: *bpb.de*, 20.03.2017, https://www.bpb.de/shop/zeitschriften/apuz/243862/postsowjetische-migranten-in-deutschland-perspektiven-auf-eine-heterogene-diaspora/.

83 »Database«, EUvsDisinfo, https://euvsdisinfo.eu/disinformation-cases/?text=cologne&_=1711645257978.

84 »Berlin: Steinmeier weist Lawrow in die Schranken«, in: *Zeit Online*, 27.01.2016, https://www.zeit.de/politik/2016-01/berlin-angebliche-vergewaltigung-kritik-aussenminister-sergej-lawrow.

85 Gebauer, Matthias: »Bundeswehr: Fake-News-Attacke gegen deutsche Soldaten in Litauen«, in: *Der Spiegel*, 16.02.2017, https://www.spiegel.de/politik/ausland/bundeswehr-fake-news-attacke-gegen-deutsche-soldaten-in-litauen-a-1134925.html.

86 »Disinfo: Not a Single Criminal Case Has Been Opened in Germany for More than 500 Sex Crimes Committed by Refugees«, EUvsDisinfo, 27.06.2018, https://euvsdisinfo.eu/report/not-a-single-criminal-case-has-been-opened-in-germany-for-more-than-500-sex-crimes-committed-by-refugees.

87 »Database«, EUvsDisinfo, https://euvsdisinfo.eu/disinformation-cases/?text=migration%20germany&numberposts=30.

88 »Disinfo: Germany Has a Habit of Building Concentration Camps in Poland«, EUvsDisinfo, 27.06.2018, https://euvsdisinfo.eu/report/germany-has-a-habit-of-building-concentration-camps-in-poland.

89 »Disinfo: The Situation with COVID-19 in Germany Is Worsening Because of Migrants«, EUvsDisinfo, 01.12.2020, https://euvsdisinfo.eu/report/the-situation-with-covid-19-in-germany-is-worsening-because-of-migrants.

90 »Alle Corona-Fälle in den Landkreisen, Bundesländern und weltweit«, Stand 01.03.2023, in: *Tagesspiegel Online*, https://interaktiv.tagesspiegel.de/lab/karte-sars-cov-2-in-deutschland-landkreise/.

91 »Disinfo: Refugees from Greek Camps Will Jeopardise Germany's Health and Safety«, EUvsDisinfo, 23.04.2020, https://euvsdisinfo.eu/report/pending-check-the-refugees-from-greek-camps-will-jeapordise-german-publics-health-and-safety.

92 Blum, Petra und Sebastian Erb: »Wie eine russische Propagandaseite Sanktionen umgeht«, in: *Süddeutsche Zeitung*, 24.08.2023, https://www.

sueddeutsche.de/medien/russland-propaganda-internet-sanktionen-fsb-gesteuert-1.6158607?reduced=true.

93 »Konstantin Knyrik«, *Open Sanctions*, https://www.opensanctions.org/entities/Q113512788/.

94 »Disinfo: Coronavirus an Anglo-Saxon Biological Warning: Originates in US Labs; Targets Opponents of the US«, EUvsDisinfo, 27.02.2020, https://euvsdisinfo.eu/report/coronavirus-american-creation-with-selective-targeting-abilities.

95 »Disinfo: Coronavirus Was Developed by Biologists to Create a Vaccine against AIDS«, EUvsDisinfo, 18.04.2020, https://euvsdisinfo.eu/report/coronavirus-was-developed-by-biologists-to-create-a-vaccine-against-aids.

96 Echtermann, Alice: »Nein, in SARS-CoV-2 wurden nicht im Labor Sequenzen von HIV eingefügt«, in: *correctiv.org*, 20.05.2020, https://correctiv.org/faktencheck/2020/05/20/nein-in-sars-cov-2-wurden-nicht-im-labor-sequenzen-von-hiv-eingefuegt/.

97 »Disinfo: Smoking Protects against Coronavirus«, EUvsDisinfo, 15.03.2020, https://euvsdisinfo.eu/report/smoking-protects-against-coronavirus; »Disinfo: COVID-19 Is a Biological Weapon to Make the Planet's Population Infertile«, EUvsDisinfo, 16.03.2020, https://euvsdisinfo.eu/report/covid-19-is-a-biological-weapon-to-make-the-planets-population-infertile; »Disinfo: Coronavirus Mutation May Be Due to 5G Networks«, EUvsDisinfo, 21.03.2020, https://euvsdisinfo.eu/report/coronavirus-mutation-may-be-due-to-5g-networks.

98 »Disinfo: The US Involved in the Release of COVID-19 from a Laboratory in Wuhan«, EUvsDisinfo, 31.05.2021, https://euvsdisinfo.eu/report/the-us-involved-in-the-release-of-covid-19-from-a-laboratory-in-wuhan; »Disinfo: COVID-19 Was Released from a US Lab«, EUvsDisinfo, 29.04.2021, https://euvsdisinfo.eu/report/covid-19-was-released-from-a-us-lab;«

»Disinfo: COVID-19 Came from a Laboratory«, EUvsDisinfo, 29.05.2020, https://euvsdisinfo.eu/report/covid-19-came-from-a-laboratory; »Disinfo: Coronavirus Was Created by Americans in Ukrainian Laboratories«, EUvsDisinfo, 26.04.2020, https://euvsdisinfo.eu/report/coronavirus-created-by-americans-in-ukrainian-laboratories; »Disinfo: The Coronavirus Might Be an Act of Anglo-Saxon Revenge«, EUvsDisinfo, 06.04.2020, https://euvsdisinfo.eu/report/the-coronavirus-might-be-an-act-of-anglo-saxon-revenge.

99 »Disinfo: Germany Lies about Navalny's Poisoning, It Is a Pretext to New Sanctions against Russia«, EUvsDisinfo, 04.09.2020, https://euvsdisinfo.eu/report/germany-lies-about-navalnys-poisoning-it-is-a-pretext-to-new-sanctions-against-russia; »Disinfo: US Used Navalny Case to Block Russian Vaccine against Covid-19«, EUvsDisinfo, 29.08.2020, https://euvsdisinfo.eu/report/us-used-navalny-case-to-block-russian-vaccine-against-covid-19.

100 Smirnova, Julia und Hannah Winter: *Ein Virus des Misstrauens*, ISD 2021.

101 Lamberty, Pia und Miro Dittrich: »Gefälschte Impfausweise auf Telegram«, CeMAS, 11.05.2021, https://cemas.io/blog/gefaelschte-ausweise-telegram/.

102 »Disinfo: Covid-19 Vaccines Are More Dangerous to Most People than the Virus Itself«, EUvsDisinfo, 17.07.2021, https://euvsdisinfo.eu/report/covid-19-vaccines-are-more-dangerous-to-most-people-than-the-virus-itself.

103 »Disinfo: It Is Absurd to Suggest That Russia May Inspire Coronavirus-Related Conspiracy Theories«, EUvsDisinfo, 11.12.2020, https://euvsdisinfo.eu/report/it-is-absurd-to-suggest-that-russia-may-inspire-coronavirus-related-conspiracy-theories.

104 Jäckle, Sebastian und Uwe Wagschal: »Vertrauen in die Politik während der Corona-Krise«, in: *dms – der moderne staat – Zeitschrift für Public Policy, Recht und Management* 15 (2022), H.1, S.149–174.

105 Amadeu Antonio Stiftung (Hg.): »COVID-Leugner:innen unterstützen Putins Infokrieg – Deutsche Nazis unterstützen ukrainische Ultranationalisten. Eine Analyse rechtsextremer Narrative, Desinformationen und verschwörungsideologischer Mobilisierungen im Russland-Ukraine-Krieg – und was wir dagegen tun können«, März 2022.

106 »Corona – Zweifel und Verschwörungstheorien 2021«, Statista, Oktober 2021, https://de.statista.com/statistik/daten/studie/1193680/umfrage/zustimmung-zu-aussagen-ueber-corona-zweifel-und-verschwoerungsmythen/.

107 Sagatz, Kurt: »Glaubwürdigkeit der Medien: Vertrauen nimmt in Corona-Pandemie zu«, in: *Tagesspiegel Online*, 08.04.2021, https://www.tagesspiegel.de/gesellschaft/medien/vertrauen-nimmt-in-corona-pandemie-zu-5394925.html.

108 Bingener, Reinhard und Wehner, Markus: *Die Moskau-Connection*, München 2023

109 »Эксперт: Владимир Путин стал лидером мирового консерватизма«, РБК, 10. Dezember 2013, https://www.rbc.ru/politics/10/12/2013/5704145f9a794761c0ce4b19.

110 Bundeszentrale für politische Bildung, »Vereint gegen liberale Werte: Wie Russland den rechten Rand in Europa inspiriert und fördert«, bpb.de, 24. Juli 2017, https://www.bpb.de/themen/rechtsextremismus/dossier-rechtsextremismus/253039/vereint-gegen-liberale-werte-wie-russland-den-rechten-rand-in-europa-inspiriert-und-foerdert/.

111 »Die Rückkehr des völkischen Nationalismus | Internationale Politik«, zugegriffen 13. August 2024, https://internationalepolitik.de/de/die-rueckkehr-des-voelkischen-nationalismus.

112 »Nach Annexion der Krim: AfD-Sprecher Gauland äußert Verständnis für Russland«, FAZ.NET, 22. März 2014, https://www.faz.net/aktuell/politik/nach-annexion-der-krim-afd-sprecher-gauland-aeussert-verstaendnis-fuer-russland-12859603.html.

113 »AfD: Tino Chrupalla berichtet vom Vorfall nach Krankenhaus-Behandlung«, FAZ.NET, 11. Oktober 2023, https://www.faz.net/aktuell/politik/inland/afd-tino-chrupalla-berichtet-vom-vorfall-nach-krankenhaus-behandlung-19236063.html.

114 Becker Sven, Amann Melanie, »Marcus Pretzell: Russische Stiftung bezahlte Krimreise des AfD-Politikers«, *Der Spiegel*, 21. Januar 2017, Abschn. Politik, https://www.spiegel.de/politik/deutschland/marcus-pretzell-russische-stiftung-bezahlte-krimreise-des-afd-politikers-a-1130921.html.

115 Bensmann, Marcus: »Alternative für Russland: Wie sich die AfD systematisch nach Russland orientiert«, in: *correctiv.org*, 22. 9. 2023, https://correctiv.org/aktuelles/russland-ukraine-2/2023/09/22/alternative-fuer-russland-wie-sich-die-afd-systematisch-nach-russland-orientiert/.

116 Schmidt, Martin: »Statisten in Putins Inszenierung?«, in: *tagesschau.de*, 19. 03. 2024, https://www.tagesschau.de/inland/innenpolitik/russland-wahl-beobachter-afd-100.html.

117 Gürgen, Malen, »Russland und die AfD: Putins blaue Helfer«, *Die Tageszeitung: taz*, 11. März 2019, Abschn. Politik, https://taz.de/efr/Putins-blaue-Helfer/.

118 Shekhovtsov, Anton: *Russian Political Warfare*, Hannover 2023.

119 Grozev, Christo u.a.: »Mitarbeiter eines AfD-Abgeordneten soll Verbindung zu russischem FSB-Agenten haben«, in: *Der Spiegel*, 02. 02. 2024; https://theins.ru/politika/263990, 04. 08. 2023.

120 »Чекистская альтернатива для Германии. Как депутаты Бундестага выполняли поручения агента Пятой службы ФСБ«, *The Insider*, https://theins.ru/ppolitika/268808, 01. 02. 2024.

121 Belton, Catherine: »Kremlin tries to build antiwar coalition in Germany, documents show«, in: *Washington Post*, 21. 04. 2023.

122 Ebd.; Baumgärtner, Maik u.a.: »Alternative gegen Deutschland«, in: *Der Spiegel*, 26. 4. 2024.

123 Belton, Catherine: »Kremlin tries to build antiwar coalition in Germany, documents show«, in: *Washington Post*, 21.04.2023.

124 Reinbold, Fabian, »Die Putin-Versteher«, in: *Der Spiegel*, 17.3.2014

125 Baumgärtner, Maik u.a.: »Alternative gegen Deutschland«, in: *Der Spiegel*, 26.4.2024.

126 Bensmann, Marcus: »Tschechischer Parlamentarier bestätigt: Bis zu einer Million Euro russisches Geld soll über Polen geflossen sein«, in: *correctiv.org*, 05.04.2024, https://correctiv.org/aktuelles/russland-ukraine-2/2024/04/05/tschechischer-parlamentarier-bestaetigt-bis-zu-einer-million-euro-russisches-geld-soll-ueber-polen-geflossen-sein/.

127 Müller, Ann-Katrin und Maik Baumgärtner: »AfD-Politiker Bystron soll sich über Stückelung der Geldscheine beschwert haben«, in: *Spiegel Online*, 24.04.2024, https://www.spiegel.de/politik/deutschland/afd-politiker-petr-bystron-soll-sich-ueber-stueckelung-der-geldscheine-beschwert-haben-a-286416d6-bb5f-4f8e-b62d-153de52503fc.

128 Thomas, Elise: »Ein bisschen Propaganda«, ISD, 30.06.2023, https://isdgermany.org/ein-bisschen-propaganda/.

129 Dieckmann, Cornelius u.a.: »Wer ist der mutmaßluche China-Spion im Europaparlament«, in: *Der Spiegel* 18 (2024).

130 Forster, Jonas: »AfD-Sptzenkandidat pöbelt beim Bier«, in: *Der Westen*, 17.02.2024, https://www.derwesten.de/politik/afd-spitzenkandidat-maximilian-krah-ampel-regierung-id300843329.html.

131 »FBI befragt AfD-Politiker Krah wegen Verdacht auf mögliche russische Zahlungen, in: *mdr aktuell*, 17.04.2024, https://www.mdr.de/nachrichten/deutschland/politik/afd-maximilian-krah-fbi-befragung-spizenkandidat-europawahl-100.html.

132 Shandra, Alya und Robert Seely: »The Surkov Leaks. The inner workings of Russia's Hybrid War in Ukraine«, Royal United Services Institute for Defense and Security Studies, Juli 2019, https://static.rusi.org/201907_op_surkov_leaks_web_final.pdf.

133 Ebd.

134 Belton, Catherine: »Kremlin disinfo chips«, in: *Washington Post*, 18.02.2024.

135 Nimmo, Ben, Margarita Franklin, David Agranovich, Lindsay Hundley, und Mike Torrey. *Quarterly Adversarial Threat Report*, 2022, https://about.fb.com/wp-content/uploads/2023/02/Meta-Quarterly-Adversarial-Threat-Report-Q4-2022.pdf

136 »In Ukraine, Russia tries to discredit leaders and amplify internal divisions«, Atlantic Council, 29.02.2024, https://www.atlanticcouncil.org/in-depth-research-reports/issue-brief/in-ukraine-russia-tries-to-discredit-leaders-and-amplify-internal-divisions/.

137 »The Kremlin's efforts to covertly spread disinfomation in Latin America«, US Deaprtment of State, 07.11.2023, https://www.state.gov/the-kremlins-efforts-to-covertly-spread-disinformation-in-latin-america/.

138 Belton, Catherine: »Kremlin tries to build antiwar coalition in Germany, documents show«, in: *Washington Post*, 21.04.2023.

139 Dieniezhna, Emiliia: »Wie Russland Propaganda in Deutschland macht«, in: *Süddeutsche.de*, 10.01.2023, https://www.sueddeutsche.de/muenchen/propaganda-russland-ukraine-deutschland-weihnachten-1.5729545.

140 Timmermann, Sophie: »US-Finanzierung von 46 Biolaboren in der Ukraine ist bekannt und hat nichts mit Biowaffen zu tun«, in: *correctiv.org*, 12.07.2022, https://correctiv.org/faktencheck/2022/07/12/us-finanzierung-von-46-biolaboren-in-der-ukraine-ist-bekannt-und-hat-nichts-mit-biowaffen-zu-tun/.

141 Echtermann, Alice und Uschi Jonas: »Gefälschte Regierungsdokumente und Nachrichtenseiten: Russische Desinformationskampagne nimmt Deutschland ins Visier«, in: *correctiv.org*, 30.09.2022, https://correctiv.org/faktencheck/hintergrund/2022/09/30/gefaelschte-regierungsdokumente-und-nachrichtenseiten-russische-desinformationskampagne-nimmt-deutschland-ins-visier-prigoschin/.

142 Ebd.

143 Timmermann, Sophie: »Ein Jahr Krieg in der Ukraine: Wie Desinformation zu einer mächtigen Waffe wurde«, in: *correctiv.org*, 24.02.2023, https://correctiv.org/faktencheck/hintergrund/2023/02/24/ein-jahr-krieg-in-der-ukraine-wie-desinformation-zu-einer-maechtigen-waffe-wurde/.

144 The Truth behind Olena Zelenska's $ 1,1 m Cartier haul, *The Economist*, 4.5.2024

145 Lamberty, Pia: »Jahrestag des russischen Angriffskriegs auf die Ukraine: Glaube an Propaganda- und Verschwörungserzählungen«, CeMAS, 22.02.2024, https://cemas.io/blog/prorussische-verschwoerungserzaehlungen/.

146 »France blames Russia's FSB for anti-Semitic Star of David graffiti campaign«, in: *France24*, 23.02.2024, https://www.france24.com/en/france/20240223-france-blames-russia-s-fsb-for-anti-semitic-star-of-david-graffiti-across-paris.

147 Belton, Catherine: »Russia Is Working to Subvert French Support for Ukraine, Documents Show«, in: *Washington Post*, 01.01.2024, https://www.washingtonpost.com/world/2023/12/30/france-russia-interference-far-right/.

148 »Disinfo: Ukrainian Weapons Supplied by the US Used by Hamas«, EUvsDisinfo, 08.10.2023, https://euvsdisinfo.eu/report/ukrainian-weapons-supplied-by-the-us-used-by-hamas.

149 »Disinfo: Hamas Uses NATO Weapons Sold by Ukraine«, EUvsDisinfo, 09.10.2023, https://euvsdisinfo.eu/report/hamas-uses-nato-weapons-sold-by-ukraine.

150 »Disinfo: Israel Bombs Civilians While Russia Hits Only Military Targets«, EUvsDisinfo, 09.10.2023, https://euvsdisinfo.eu/report/israel-bombs-civilians-while-russia-hits-only-military-targets.

151 »Disinfo: Hamas Is a Victim of Mainstream Media, Just like Russia«, EUvsDisinfo, 26.10.2023, https://euvsdisinfo.eu/report/hamas-is-a-victim-of-mainstream-media-just-like-russia.

152 Künstliche Intelligenz – Verständnis, Statista, Juli 2023, https://de.statista.com/statistik/daten/studie/1402707/umfrage/verstaendnis-von-kuenstlicher-intelligenz/.

153 »Global Views on A.I. 2023. How people across the world feel about artificial intelligence and expect it will impact their life«, Ipsos, Juli 2023, https://www.ipsos.com/sites/default/files/ct/news/documents/2023-07/Ipsos%20Global%20AI%202023%20Report-WEB_0.pdf.

154 Schmieder, Jürgen: »Innovationen, die aus der Porno-Industrie kamen«, in: *Süddeutsche.de*, 20.03.2017, https://www.sueddeutsche.de/wirtschaft/technologie-und-sex-innovationen-die-aus-der-porno-industrie-kamen-1.3424485.

155 »Moore's Law«, Intel, 18.09.2023, https://www.intel.com/content/www/us/en/newsroom/resources/moores-law.html.

156 Sadeghi, McKenzie: »Top 10 Generative AI Models Mimic Russian Disinformation Claims A Third of the Time, Citing Moscow-Created Fake Local News Sites as Authoritative Source«, in: *NewsGuard*, 18.06.2024, https://www.newsguardtech.com/special-reports/generative-ai-models-mimic-russian-disinformation-cite-fake-news/.

157 Bontcheva, Kalina u.a.: »Generative AI and Disinformation: Recent Advances, Challenges, and Opportunities«, University of Sheffield, Februar 2024, https://edmo.eu/wp-content/uploads/2023/12/Generative-AI-and-Disinformation_-White-Paper-v8.pdf.

158 »Doppelganger Operation«, EU Disinfo Lab, Stand: Juni 2024, https://www.disinfo.eu/doppelganger-operation/.

159 »AI Experts predict by 2026 90 of online content will be generated by artificial intelligence«, IDCA, 27.09.2022, https://idc-a.org/news/industry/AI-Experts-Predict-By-2026-90-Of-Online-Content/127ab0c0-34ba-4c03-8bad-1e4f21923f31.

160 @mfa_ukraine, 01.05.2024, https://www.instagram.com/reel/C6anSXHN9QK/.

161 »Auswärtiges Amt deckt russische Desinformationskampagne auf«, in:

Zeit Online, 26.01.2024. https://www.zeit.de/politik/2024-01/russland-desinformationskampagne-auswaertiges-amt.

162 Projekt »Ethik der Algorithmen«, Bertelsmann Stiftung, https://www.bertelsmann-stiftung.de/de/unsere-projekte/abgeschlossene-projekte/projekt?tx_rsmbstcontent_projectlist%5Baction%5D=show&tx_rsmbstcontent_projectlist%5Bcontroller%5D=Projectlist&tx_rsmbstcontent_projectlist%5Bproject%5D=169&cHash=b2dd9563c582bec8a3260a55281473aa.

163 »TikTok und Rechtsextremismus«, in: *bpb.de*, 11.10.2023, https://www.bpb.de/themen/rechtsextremismus/dossier-rechtsextremismus/541511/tiktok-und-rechtsextremismus/.

164 »TikTok und Correctiv machen sich stark gegen Desinformation«, TikTok Newsroom, 09.10.2023, https://newsroom.tiktok.com/de-de/tiktok-und-correctiv-gegen-desinformation.

165 Steves, Marvin/Nehring, Christopher, in IT-SICHERHEIT, »Wie Cyberkriminelle und der Einsatz von KI unsere Sicherheit bedrohen«, 6. Mai 2024, https://www.itsicherheit-online.com/cybersecurity/wie-cyberkriminelle-und-der-einsatz-von-ki-unsere-sicherheit-bedrohen/.

166 Costello, Thomas H., Gordon Pennycook und David G. Rand: »Durably Reducing Conspiracy Beliefs Through Dialogues with AI«, PsyArXiv Preprints, 03.04.2024, doi:10.31234/osf.io/xcwdn.

167 Applebaum, Anne: »Democracy is losing the propaganda war«, in: *The Atlantic*, 06.05.2024.

168 Ebd.

169 Halll Jamieson, Kathleen: »How Russian Hackers and Trolls Exploited U.S. Media in 2016«, in: *Proceedings of the American Philosophical Society* 163 (2019), H. 2, S. 122–135, https://www.jstor.org/stable/45380625.

170 Mongraine, Philippe: »Suspicious Minds: Unexpected Election Outcomes, Perceived Electoral Integrity and Satisfaction With Democracy in American Presidential Elections«, in: *Political Research Quar-*

terly 76 (2023), H. 4, https://journals.sagepub.com/doi/full/10.1177/10659129231166679.

171 Blankenship, Benjamin T. u. a.: »Threat, trust, and Trump: identity and voting in the 2016 presidential election«, in: *Politics, Groups, and Identities* 7 (2019), H. 3, S. 724–737, https://www.tandfonline.com/doi/abs/10.1080/21565503.2019.1633932.

172 Allcott, Hunt u. a.: »The effects of Facebook and Instagram on the 2020 election: A deactivation experiment«, in: Proc Natl Acad Sci USA 121 (2024), H. 21, https://pubmed.ncbi.nlm.nih.gov/38739793/.

173 Hockenos, Paul: »Russia just helped swing a European election«, in: *Foreign Policy*, 17.04.2024, https://foreignpolicy.com/2024/04/17/slovakia-president-pellegrini-russia-election-interference-disinformation/.

174 Zmušková, Barbara: »More details about Russian interference in Slovakia's election emerge«, in: *euractiv*, 16.10.2023, https://www.euractiv.com/section/politics/news/more-details-about-russian-interference-in-slovakias-election-emerge/.

175 Odarchenko, Kateryna: »Slovak Vote Shows Need for NATO Action on Russian Disinformation«, in: *cepa.org*, 31.01.2024, https://cepa.org/article/slovak-vote-shows-need-for-nato-action-on-russian-disinformation/.

176 Shekhovtsov, Anton: »Die ›Meat Waves‹ der russischen Propaganda«, in: *materie.at*, 12.05.2024, https://materie.at/gk/die-meat-waves-der-russischen-propaganda/.

177 »Junge Menschen in Deutschland vertrauen der Demokratie und der EU«, Bertelsmann Stiftung, 06.02.2024, https://www.bertelsmann-stiftung.de/de/themen/aktuelle-meldungen/2024/februar/junge-menschen-in-deutschland-vertrauen-der-demokratie-und-der-eu; Dankbar, Christine: »Die Ampel verliert laut Umfrage weiter Vertrauen: SPD hat das größte Problem«, in: *fr.de*, 05.02.2024, https://www.fr.de/politik/ampel-koalition-umfrage-zufriedenheit-vertrauen-bertelsmann-studie-umfrage-spd-politik-92815709.html.

178 »Medienvertrauen sinkt moderat und nähert sich weiter dem Zustand vor der Corona-Krise an«, JGU Mainz, 17.04.2024, https://presse.uni-mainz.de/medienvertrauen-sinkt-moderat-und-naehert-sich-weiter-dem-zustand-vor-der-corona-krise-an/.

179 Guhl, Jakob: »Impaired vision: How social media consumption correlates with views on Ukraine, human rights and democracy in Germany«, ISD, 05.02.2024, https://www.isdglobal.org/digital_dispatches/impaired-vision-how-social-media-consumption-correlates-with-views-on-ukraine-human-rights-and-democracy-in-germany/.

180 »Desinformation als hybride Bedrohung«, BMI Bund, 22.03.2023, https://www.bmi.bund.de/SharedDocs/schwerpunkte/DE/desinformation/artikel-desinformation-hybride-bedrohung.html.

181 Lamberty, Pia, »Jahrestag des russischen Angriffskriegs auf die Ukraine: Glaube an Propaganda- und Verschwörungserzählungen«, CeMAS, zugegriffen 13. August 2024, https://cemas.io/blog/prorussische-verschwoerungserzaehlungen/.

182 »Umgang mit Desinformation«, bundesregierung.de, 23.05.2024, https://www.bundesregierung.de/breg-de/schwerpunkte/umgang-mit-desinformation/umgang-mit-desinformation-1905340.

183 Bunde Tobias, Eisentraut Sophie, Knapp Natalie, Leonard Schütte, Hammelehle Julia, Kump Isabell, Mudie-Mantz Amadèe, Pauly Jintro, »Munich Security Report 2023: Re:vision,« Munich: Munich Security Conference, February 2023, https://doi.org/10.47342/ZBJA9198.

184 »Russische Einflussnahme im Westen – Französischer Premier spricht von ›unserem neuen Weltkrieg‹«, in: *Spiegel Online*, 06.06.2024, https://www.spiegel.de/ausland/gabriel-attal-franzoesischer-premier-spricht-von-unserem-neuen-weltkrieg-a-08fc8d57-19e4-4ef6-b0e1-81ca50b0becc.

185 Kalenský, Jakub and Osadchuk, Roman. Hybrid CoE Research Report 11: How Ukraine fights Russian disinformation: Beehive vs mammoth. 24.1.2024

186 Unterrichtung durch das Parlamentarische Kontrollgremium. Öffentliche Bewertung des Parlamentarischen Kontrollgremiums gemäß§ 10 Absatz 2 Satz 1 des Kontrollgremiumgesetzes. Russische Einflussnahme in Deutschland. Drucksache 20/10655. 13.03.2024. https://dserver.bundestag.de/btd/20/106/2010655.pdf.

187 Kalensky, Jakub und Roman Osadchuk: »West needs to catch up with Ukraine on fighting Russian disinformation«, in: *euromaidanpress.com*, 10.02.2024, https://euromaidanpress.com/2024/02/10/ukraine-leads-as-west-struggles-in-fight-against-russian-propaganda/.

188 Myers, Steven Lee: »Russian Disinformation Videos smear Biden ahead of U.S. election«, in: *New York Times*, 15.05.2024.

189 »Fighting disinformation gets harder, just when it matters most«, in: *The Economist*, 01.05.2024.

190 Ebd.

191 Greenberg, Andy: »Hackers Linked to Russia's Military Claim Credit for Sabotaging US Water Utilities«, in: *Wired*, 17.04.2024.

192 Muñoz, Katja: »The AI Election Year«, DGAP-Memo, 07.02. 2024, https://dgap.org/en/research/publications/ai-election-year.

193 Buschek, Christo u.a.: »Ihr Auftrag: Fälscht die Wahl! Ihr Preis: 15 Millionen. Ihr Name: Team Jorge«, in: *Der Spiegel* 8 (2023).

194 Pomerantsev, Peter und Michael Weiss: »The Menace of Unreality: How the Kremlin Weaponizes Information, Culture and Money«, IMR/The Interpreter, 2014, https://imrussia.org/media/pdf/Research/Michael_Weiss_and_Peter_Pomerantsev__The_Menace_of_Unreality.pdf.

195 »Commission opens formal proceedings against Facebook and Instagram under the Digital Services Act«, European Commission, 30.04.2024, https://ec.europa.eu/commission/presscorner/detail/en/ip_24_2373.

196 Projekt »Ethik der Algorithmen«, Bertelsmann Stiftung, https://www.bertelsmann-stiftung.de/de/unsere-projekte/ethik-der-algorithmen.

197 »Das EU-Gesetz zur künstlichen Intelligenz. Aktuelle Entwicklungen und Analysen zum EU-KI-Gesetz«, https://artificialintelligenceact.eu/de/.

198 »Das Digital Services Act Paket. Gestaltung der digitalen Zukunft Europas«, Europäische Kommission, 17.05.2024, https://digital-strategy.ec.europa.eu/de/policies/digital-services-act-package.

199 Pomerantsev, Peter und Michael Weiss: »The Menace of Unreality: How the Kremlin Weaponizes Information, Culture and Money«, IMR/The Interpreter, 2014.

200 »Fighting disinformation gets harder, just when it matters most«, in: *The Economist*, 01.05.2024.

Wenn nicht anders vermerkt war der letzte Zugriff für alle Links: 08.07.2024.

Russia's Disinformation & Propaganda

RUSSIA INTEL LINKED

GRU

InfoRos
RUSSIA
Source: UST

ONEWORLD GLOBAL THINK TANK
RUSSIA
Source: NYT

BRICS
RUSSIA
Source: NYT

RI
REBEL INSIDE
Source: WSJ

ТРАГЕДИЯ ДОНБАССА
DONBASS TRAGEDY
Source: WAPO

SVR

Strategic Culture Foundation
RUSSIA
Source: UST

OrientalReview.org
RUSSIA
Source: WSJ

FONDSK.RU
RUSSIA
Source: AP

Одна Родина
ODNARODYNA
UKRAINE
Source: AP

NEO New Eastern Outlook
New Eastern Outlook
RUSSIA
Source: WSJ

FSB

NEWS FR
CRIMEA
Source: US

ПОЛИТ НАВИГАТ
POLIT NAVIGA
UKRAINE
Source: AF

KREMLIN ASSOCIATES

RUBALTIC·RU
KALININGRAD
Source: Rebaltica

ANALYTICAL NETWORK ANNA NEWS AGENCY
ANNA NEWS
UKRAINE
Source: DFRLab

Украина●ру
UKRAINA.RU
UKRAINE
Source: euromaidanpress.com

BELVPO BELARUS
Source: Inform Napalm

ASD.NEWS
UKRAINE
Source: Ukraine World

ALT-INFO
GEORGIA
Source: Myth Detector

DZIENNIK POLITYCZNY
POLAND
Source: Rebaltica

observateur continental
FRANCE
Source: disinfo.eu

DONBASS INSIDER
UKRAINE
Source: Ukraine World

DIARIO OCTUBRE
SPAIN
Source: CCN.CNI

USA REALLY
UNITED STATES
Source: UST

AL JAMAHIRIYA
LIBYA
Source: 4freerussia.org

AFRIQUE MEDIA
CAMEROON
Source: 4freerussia.org

RUSS

YEVGENY

PATRIOT MEI
RUS
Source:

RIA-F
RUS
Source:

- Troll Fa
- Election
- Logistic
- Mercena

RUSSIA OVERT MEDIA

RT
RUSSIA

RUPTLY
GERMANY

redfish

maffick

Source: Daily Beast, CNN

SPUTNIK
RUSSIA

РИА НОВОСТИ
RIA NOVOSTI
RUSSIA

TVZVEZDA
RUSSIA

TASS
RUSSIA